Walter Gehres · Bruno Hildenbrand

Identitätsbildung und Lebensverläufe bei Pflegekindern

Walter Gehres
Bruno Hildenbrand

Identitätsbildung und Lebensverläufe bei Pflegekindern

Bibliografische Information Der Deutschen Nationalbibliothek
Die Deutsche Nationalbibliothek verzeichnet diese Publikation in der
Deutschen Nationalbibliografie; detaillierte bibliografische Daten sind im Internet über
<http://dnb.d-nb.de> abrufbar.

1. Auflage 2008

Alle Rechte vorbehalten
© VS Verlag für Sozialwissenschaften | GWV Fachverlage GmbH, Wiesbaden 2008

Lektorat: Katrin Emmerich

Der VS Verlag für Sozialwissenschaften ist ein Unternehmen von Springer Science+Business Media.
www.vs-verlag.de

Das Werk einschließlich aller seiner Teile ist urheberrechtlich geschützt. Jede Verwertung außerhalb der engen Grenzen des Urheberrechtsgesetzes ist ohne Zustimmung des Verlags unzulässig und strafbar. Das gilt insbesondere für Vervielfältigungen, Übersetzungen, Mikroverfilmungen und die Einspeicherung und Verarbeitung in elektronischen Systemen.

Die Wiedergabe von Gebrauchsnamen, Handelsnamen, Warenbezeichnungen usw. in diesem Werk berechtigt auch ohne besondere Kennzeichnung nicht zu der Annahme, dass solche Namen im Sinne der Warenzeichen- und Markenschutz-Gesetzgebung als frei zu betrachten wären und daher von jedermann benutzt werden dürften.

Umschlaggestaltung: KünkelLopka Medienentwicklung, Heidelberg
Druck und buchbinderische Verarbeitung: Krips b.v., Meppel
Gedruckt auf säurefreiem und chlorfrei gebleichtem Papier
Printed in the Netherlands

ISBN 978-3-531-15400-8

Inhaltsverzeichnis

I. Pflegekinder zwischen Herkunftsfamilie und Pflegefamilie   10

- Sind Pflegekinder Findelkinder?
- Die nicht hintergehbare Bindung von Pflegekindern an ihre Herkunftsfamilie
- Das Pflegeverhältnis als Ersatz für Adoption
- Zentrale Themen des Aufwachsens in einer Pflegefamilie
- Juristische Ausgangslage
- Zum Zusammenhang von Kindeswohl und Elternrecht
- Perspektiven der Forschung zum Aufwachsen in einer Pflegefamilie

II. Die Untersuchung: Konzepte und Methodik   22

- Konzepte der soziologischen Sozialisationstheorie
- Methodik

III. Formen von Pflegeverhältnissen: Die Fallmonographien   39

Dieter Werner

1. Das frühe Abhandenkommen der Familie und das Leben in der radikalen Ersatzfamilie Hoffmann/Pauly   39

- Das zentrale Lebensthema von Dieter Werner: Die Suche nach Identität
- Die Herkunftsfamilie
- Der Aufenthalt von Dieter Werner in der Pflegefamilie Hoffmann/Pauly als lebensgeschichtlicher Normalisierungsprozess
- Der stabilisierende Rahmen der Pflegefamilie Hoffmann/Pauly
- Ähnliche familiengeschichtliche Erfahrungen bei den Pflegeeltern und bei ihrem Pflegesohn als Wirkfaktor
- Das Modell des »Ganzen Hauses« als sozialisatorischer Wirkfaktor

2. Die Rückwende zur Herkunftsfamilie   46

- Identitätsfördernde Entwicklungen und die Entdeckung der Herkunftsfamilie
- Ein Rückblick: Kindheit und Jugend als Leidensprozess – die Zugmetapher

- » Die Erweiterung von selbstbestimmter Handlungsfähigkeit und Lebenspraxis im Prozess der Ablösung von der Pflegefamilie
- » Perspektiven für die Zukunft

Gabriele Schubert

1. Integration der Herkunftsfamilie durch die Pflegefamilie und gleichzeitige Förderung der Autonomie — 50

- » Aufwachsen in zwei Familien als Lebensthema
- » Die Herkunftsfamilie
- » Der Aufenthalt in der Pflegefamilie Babeck als Aufenthalt im erweiterten Verwandtschaftssystem unter einem Dach

2. Das integrierende und gleichzeitig autonomiefördernde Familienmodell der Pflegefamilie Babeck — 53

- » Die Pflegefamilie als Gegenmodell zur Herkunftsfamilie
- » Die Pflegefamilie als stabilisierender, die leibliche Mutter integrierender Rahmen
- » Gemeinsame biografische Erfahrungen der Pflegeeltern: Zwei Familiengeschichten von Vertriebenen
- » Das Konzept des erweiterten Verwandtschaftsmilieus als günstiger Rahmen für Autonomieentwicklung
- » Weitere biografische Entwicklung von Gabriele Schubert: Eingespurt in einen milieutypischen weiblichen Normallebenslauf
- » Perspektiven für die Zukunft

Pia Altdorf

1. Der »gescheiterte« Aufenthalt in der strukturverschobenen Herkunftsfamilie (Verwandtenpflege) — 61

- » Ringen um Zugehörigkeit als Lebensthema von Pia Altdorf
- » Lebensgeschichtliche Ausgangslage – Aufwachsen in einer strukturverschobenen Familie
- » Uneindeutige Anwesenheit des leiblichen Vaters mit der Konsequenz uneindeutiger Triaden
- » Aufwachsen in der Verwandtenpflegefamilie Altdorf/Bolle: Die Paradoxie des Bruder-Vater-Verhältnisses als Sollbruchstelle
- » Pias Ausbruch aus der Verwandtenpflege
- » Gründe für das »Scheitern« des Aufenthalts in der Verwandtenpflege
- » Pias Übergang von der ersten in die zweite Pflegefamilie

2. Der gelungene Aufenthalt in der Pfarrfamilie als offene, milieugestützte Wohngemeinschaft ... 67

- » Die Pfarrfamilie Steinbach.
- » Strukturelle Äquivalenzen von Herkunftsfamilie und Pflegefamilie
- » Das Pfarrhaus als spezifischer Ort der Identitätsbildung

3. Pias Aufenthalt in der Pfarrfamilie Steinbach und ihre Lebenssituation heute ... 72

- » Soziale Integration trotz erheblicher affektiver Distanz in der Anfangsphase des Pflegeverhältnisses
- » Der Ablöseprozess von Pia und ihre Lebenssituation heute

Jakob Altdorf

1. Jakob Altdorf in der milieugestützten Pflegefamilie als Wohngemeinschaft ... 74

- » Jakobs Weg in die Pflegefamilie Steinbach
- » Die Entwicklung der Familienbeziehungen zwischen Jakob, Pia und ihren Halbgeschwistern nach Aufnahme Pias in die Pflegefamilie Steinbach
- » Der weitere Lebensverlauf bei Jakob, sein Ablöseprozess und seine Lebenssituation heute

Pia und Jakob Altdorf in der Millieupflege

1. Die Identitätsentwicklung von Pia und Jakob Altdorf in den jeweiligen Pflegefamilien. Die Bedeutung der Milieupflege ... 77

- » Die Ausgangslage: Anwesende Mütter, abwesende Väter im stabilen bürgerlich-protestantischen Milieu.
- » Die Kirchengemeinde als Ort von Milieupflege
- » Das Pfarrhaus als öffentlicher Ort, an dem Zugehörigkeit erst entwickelt werden muss

2. Grenzen des offenen pflegefamilialen Milieus und der Milieupflege ... 79

Christoph Wilhelm

1. Identitätsbildung unter den Bedingungen der Schwäche triadischer Strukturen in der Herkunftsfamilie und des Aufenthalts in der fachlich informierten Pflegefamilie ... 80

- » Die lebens- und familiengeschichtliche Ausgangslage von Christoph
- » Der prekäre Status von Christoph Wilhelm in seiner Herkunftsfamilie
- » Die signifikanten Anderen in der Sozialisationsgeschichte von Christoph

2. Die fachlich informierte Pflegefamilie Strauch ... 84

- » Struktur der Pflegefamilie Strauch: Ein Kleinstheim
- » Lebensgeschichtliche Ausgangsbedingungen der Pflegemutter
- » Lebensgeschichtliche Ausgangsbedingungen des Pflegevaters
- » Sozialisatorische Beiträge und Ressourcenentwicklung in der Pflegefamilie bzw. im Kleinstheim Strauch
- » Nachholende Strukturbildung in der Pflegefamilie Strauch
- » Die sozialisatorische Funktion der Pflegemutter und der Eltern des Pflegevaters

3. Christophs Aufenthalt in der Pflegefamilie Strauch und sein weiterer Lebenslauf ... 88

- » Die wesentlichen Unterstützungsleistungen der Pflegefamilie während Christophs Aufenthalt
- » Der weitere Lebensverlauf bei Christoph, sein Ablöseprozess und seine Lebenssituation heute

Lukas Lohe

1. Gelingende Sozialisation trotz des Ausfalls des Vaters und eines flüchtigen, wenig strukturierten Herkunftsmilieus in der fachlich informierten Pflegefamilie ... 92

- » Die lebens- und familiengeschichtliche Ausgangslage von Lukas Lohe
- » Die Lebensgeschichte von Lukas Lohe: Affektive Verstrickung, soziale Desorientierung und mangelnde Strukturbildung
- » Die signifikanten Anderen in der Biografie von Lukas Lohe

2. Lukas Lohe in der Pflegefamilie Strauch und sein weiterer biografischer Verlauf ... 96

- » Lukas Lohe in der Pflegefamilie Strauch
- » Der weitere Lebensverlauf bei Lukas, sein Ablöseprozess und seine Lebenssituation heute

Die Unhintergehbarkeit der sozialisatorischen Triade am Beispiel der Biografieverläufe von Christoph und Lukas

IV. Identitätsbildung von Kindern und Jugendlichen zwischen Herkunftsfamilie, Pflegefamilie und Jugendamt   101

- » Zur Erinnerung: Fragestellung und Vorgehen.
- » Sozialisation in der Pflegefamilie im Modus des Als-ob.
- » Eigene biografische Erfahrungen von Pflegeeltern hinsichtlich biografischer und sozialer Desintegration.
- » Typen von Pflegefamilienverhältnissen und Bindungsformen.
- » Unterschiedliche Biografieverläufe
  Gemeinsamkeiten und Unterschiede von Laienpflegefamilien und fachlich informierten Pflegefamilien.
- » Die Bedeutung außerfamilialer Sozialisationseinflüsse.
- » Die Unhintergehbarkeit der sozialisatorischen Triade.
- » Fazit: Wann ist die Pflegefamilie als Ort öffentlicher Sozialisation sinnvoll?

Literatur   127

Namenregister   140

Sachregister   144

Über die Autoren   148

I. Pflegekinder zwischen Herkunfts- und Pflegefamilie

Sind Pflegekinder Findelkinder?

Moses war Sohn einer Mutter, die ihn vor seinem Vater verheimlichen wollte. Als er drei Monate alt war, legte die Mutter Moses in ein Kästlein aus Papyrusrohr und setzte das Kästlein mit dem Sohn im Schilf des Nil aus. Das Kästlein wurde von einer Pharaonentochter entdeckt und von deren Magd aus dem Fluss geborgen. Die Pharaonentochter nahm den Jungen als ihren Sohn an. Jedoch hat die Tante des Moses, die Schwester seines Vaters, sowohl das Aussetzen als auch das Bergen des Jungen beobachtet (Moses 2, 1-10).[1]

Wenn die Bundesarbeitsgemeinschaft für Kinder in Adoptiv- und Pflegefamilien e. V., die, entgegen ihrem Namen, eine Interessengemeinschaft von Pflege- und Adoptiveltern ist, ihr Internetportal *moses-online* nennt, dann ist ihr möglicherweise nicht bewusst, welche Botschaft sie mit diesem Namen aussendet. Diese Botschaft lautet: Pflegekinder sind Findelkinder, die rechtlich wie Waisenkinder zu behandeln sind. Ihre Herkunft liegt im Verborgenen. Man muss jedoch damit rechnen, dass jemand auftritt, der oder die weiß, von wem das Findelkind abstammt.

Die nicht hintergehbare Bindung von Pflegekindern an ihre Herkunftsfamilie

Katja,[2] 1979 geboren, hat acht Geschwister, die jeweils von verschiedenen Vätern stammen. Alle dieser Kinder werden relativ früh in Kinderheimen oder Pflegefamilien untergebracht. Das erste Mal kommt Katja im Alter von drei Jahren in eine Pflegefamilie, nachdem ihr Vater sie und eine ihrer Schwestern sexuell missbraucht hat. Der Vater erhält wegen dieses Delikts und wegen weiterer Sexualdelikte in dieser Familie eine mehrjährige Gefängnisstrafe.

Katjas Aufenthalte in Pflegefamilien werden jeweils nach ca. ein bis zwei Jahren beendet und verlaufen nach einem identischen Handlungsmuster: Erst erfolgt eine intensive Zuwendung der jeweiligen Pflegeeltern zu Katja, der auch viel Anerkennung entgegengebracht wird. Dem folgen heftige Ablehnung und Rückgabe beim Jugendamt. Die letzte Pflegefamilie, bevor Katja zu einer Pflegefamilie kommt, in der sie es vier Jahre lang aushält (und die es ebenso lange mit ihr aushält), lässt sie, als sie zehn Jahre alt ist,

---

[1] Diese Geschichte ist weitaus facettenreicher als die Darstellung im Großen Brockhaus 19. Auflage, an der wir uns hier orientieren.

[2] Alle personenbezogenen Angaben in diesem Buch sind verfremdet.

mitsamt ihrem Koffer vor dem Jugendamt stehen und verbietet ihr, je wieder Kontakt zu ihr zu suchen, in welcher Form auch immer.

Auch der Aufenthalt in der Pflegefamilie Strauch, der knapp fünf Jahre dauert, verläuft nach einem ähnlichen Muster und endet – aus Sicht der Pflegeeltern - vorzeitig. Katja ist in der Schule eine gute Schülerin, beliebt bei den Lehrerinnen und Lehrern, und sie hat eine Empfehlung zum Wechsel von der Grundschule ins Gymnasium. Während des Aufenthalts in dieser Pflegefamilie beginnt sie, sich wieder ihrer Herkunftsfamilie anzunähern. Zunächst verbringt Katja auf eigenen Wunsch häufiger Wochenenden bei ihrem Vater, besucht mit ihm Volksfeste. Er stellt sie als seine Freundin vor. Allerdings gibt es keine Anzeichen auf sexuelle Übergriffe. Zunehmend entsteht bei Katja der Wunsch, zum Vater zu ziehen. Diese Option wird aber vom Vater abgelehnt, weil er mittlerweile wieder verheiratet ist und zusammen mit seiner Frau kleine Kinder hat. Daraufhin wendet sich Katja erneut ihrer Mutter zu. Diese ist mittlerweile alkoholkrank und lebt mit einem ebenfalls an Alkoholismus erkrankten Mann zusammen. Die Bewältigung der Alltagspraxis fällt der Mutter schwer, und während der häufiger werdenden Wochenendbesuche übernimmt Katja Aufgaben im Haushalt. Nachdem sich der Wunsch von Katja, zu ihrer Mutter zu ziehen, verfestigt, besuchen die Pflegeeltern Strauch zusammen mit Katja deren Mutter, um diese Möglichkeit auszuloten. Die Mutter sieht dabei nicht ein, warum sie sich um ihre – aus ihrer Sicht – fast erwachsene Tochter kümmern und deren nächtliches Herumziehen an den Wochenenden einschränken solle, schließlich habe sie in diesem Alter genauso wie Katja gelebt. Die Pflegeeltern Strauch lehnen daraufhin die Rückkehr zur Herkunftsmutter ab. Einige Wochen später kehrt Katja aber von einem Wochenendbesuch bei ihrer Mutter nicht mehr zurück, und das Pflegeverhältnis wird beendet. Ein halbes Jahr später erfahren die Pflegeeltern, dass Katja ihr erstes Kind bekommen hat und wie die Mutter von Sozialhilfe lebt. Es stellt sich heraus, dass seit drei Generationen in dieser Herkunftsfamilie alle weiblichen Mitglieder im Alter von 16 Jahren ihr erstes Kind bekommen haben.

Das Pflegeverhältnis als Ersatz für Adoption

Die 1985 geborene Inge Bracht bringt 2007, also im Alter von 22 Jahren, einen Jungen, Moritz, zur Welt. Der Vater des Jungen lebt zum Zeitpunkt der Geburt seines Sohnes in einer neuen Paarbeziehung und ist in einer therapeutischen Wohngemeinschaft untergebracht. Den Krankenschwestern fällt auf, dass Frau Bracht Schwierigkeiten hat, ihrem Kind angemessen zu begegnen. Sie wenden sich an den Sozialdienst der Klinik. Dort setzt man sich mit dem für Inge Bracht zuständigen Jugendamt in Verbindung.

Die für den Bezirk, in welchem Frau Bracht gemeldet ist, zuständige Sozialarbeiterin des Allgemeinen Sozialen Diensts (ASD) des Jugendamts, Frau Klönne, erkundet deren soziales Umfeld. Sie findet heraus, dass Frau Bracht bis auf eine nicht näher bestimmbare »Ziehmutter« alleine dasteht. Ihre leibliche Mutter lebt in einem Pflegeheim, der Vater ist vor acht Jahren verstorben, die Geschwister, vier an der Zahl, sind nicht auffindbar. Vor diesem Hintergrund beschließt Frau Klönne, Frau Bracht die Unterbringung in einer Mutter-Kind-Einrichtung in der Nähe ihres Wohnorts vorzuschlagen. Sie klärt das dafür Nötige mit der von ihr ausgewählten Einrichtung und will mit Frau Bracht das Weitere absprechen. Dazu kommt es zunächst aber nicht, denn Frau Bracht hat zum vereinbarten Zeitpunkt das Krankenhaus verlassen, ihren Sohn Moritz aber im Krankenhaus zurückgelassen. Erst in einem weiteren Anlauf kann Frau Bracht zu einem Gespräch bewogen werden, und sie willigt in das Vorhaben der Sozialarbeiterin ein.

Gemäß einer Erziehungsvereinbarung soll Frau Bracht zunächst für sechs Monate in der Mutter-Kind-Einrichtung bleiben. Bereits nach drei Monaten jedoch wird Moritz vom Jugendamt nach § 42 KJHG in Obhut genommen, nachdem beobachtet wurde, wie Frau Bracht ihren Sohn geschlagen und erheblich verletzt hat. Das Jugendamt stellt einen Antrag auf Sorgerechtsentzug und zeigt Frau Bracht wegen Körperverletzung an. Moritz wird einer Bereitschaftspflegestelle und nach einem Monat für unbestimmte Zeit einer Pflegefamilie übergeben. Gleichzeitig wechselt die Zuständigkeit im Jugendamt von Frau Klönne, ASD, zu Frau Larch vom Pflegekinderdienst.

Bei der von Frau Larch ausgewählten Pflegefamilie handelt es sich um ein kinderloses Paar mit einem eigenen Betrieb, das sich beim Jugendamt zunächst als adoptionswillig gemeldet hat. Nachdem das Jugendamt dem Paar ein Kind mit den gewünschten Merkmalen (Junge, bis 3 Jahre alt) nicht vermitteln kann, erklärt es sich bereit, auch ein Pflegekind zu übernehmen.

Zentrale Themen des Aufwachsens in einer Pflegefamilie

In der Präambel zur Konvention über die Rechte des Kindes heißt es, dass »das Kind zur vollen und harmonischen Entfaltung seiner Persönlichkeit in einer Familie und umgeben von Glück, Liebe und Verständnis aufwachsen sollte«. Wo die leibliche Familie dies nicht zu leisten vermag, kann eine Pflegefamilie einspringen, dafür ist diese Hilfe zur Erziehung gedacht.

Es heißt aber auch in dieser Konvention, dass das Kind »so weit wie möglich das Recht (hat), seine Eltern zu kennen und von ihnen betreut zu werden« (Art. 7 Satz 1). Kinder nehmen dieses Recht früher oder später für sich in Anspruch. Ungezählt sind die Bücher und Filme, in denen es darum geht, dass ein Kind im frühen Erwachsenenalter den leiblichen Vater oder die leibliche Mutter oder beide sucht. Schon in der griechischen Mythologie, neben der Bibel im europäischen Kulturraum die zweite Quelle der Darstellung menschlicher Grundthemen, war dies ein Thema: Telemach, der Sohn des Odysseus, suchte seinen Vater, die Telemachie ist zum Begriff der Suche nach dem Vater in der Psychotherapie geworden (Klosinski 1985).

Die im vorigen aufgeführten Beispiele weisen auf zentrale Themen des Aufwachsens in einer Pflegefamilie im Spannungsfeld zwischen Kindeswohl und Elternorientierung hin:

» Pflegekinder sind keine Findelkinder. Sie stammen von Eltern, die bekannt sind, mindestens gilt das für die Mutter. Dass Pflegekinder vorübergehend oder auf unbestimmte

Zeit nicht bei ihren leiblichen Eltern leben können, ist einer vorübergehenden oder in der Dauer nicht absehbaren Notlage geschuldet. Die Angelegenheiten dieser Kinder unter dem Stichwort *moses-online* zu verhandeln ist, gewollt oder ungewollt, eine Irreführung.

» Pflegefamilien können leibliche Familien nicht ersetzen, wie katastrophal deren Verhältnisse auch immer beschaffen sein mögen. Pflegefamilien können ihren Pflegekindern in entscheidenden Phasen ihres Lebens jene Geborgenheit vermitteln, die sie benötigen, um ihr Leben zu bewältigen. Sie können aber nicht die leibliche Herkunft ihrer Pflegekinder tilgen. Die Herkunftsfamilie hat eine Bindungskraft, die insbesondere im Konfliktfall stärker ist als die der Pflegefamilie, auch wenn der Aufenthalt in der Pflegefamilie lange gedauert hat.

» Eine Pflegefamilie ist keine Adoptivfamilie oder der Struktur nach dieser gleichgestellt.[3] Auch wenn ein Kind in einer Pflegefamilie untergebracht ist, bevor es das erste Lebensjahr vollendet hat, muss damit gerechnet werden, dass dieses Kind irgendwann, vermutlich spätestens in der Adoleszenz, die Frage stellen wird: Woher komme ich? Wenn die Pflegefamilie nicht von Anfang an auf diese Frage eingerichtet ist bzw. auf diese Frage vorbereitet wird, dann wird sie diesem Kind, wenn es gut geht, zwar unverzichtbare Erfahrungen von Bindung vermitteln, ihm aber seine biografische Selbstverortung rauben. Beides: Bindung und biografische Selbstvergewisserung, sind konstitutiv für eine gelingende Identitätsentwicklung und können nicht gegeneinander ausgespielt werden. Und ein weiteres: Wer die Bindung über die Herkunft stellt und von einer gelingenden Bindung die Persönlichkeitsentwicklung abhängig macht, vernachlässigt nicht nur die Bedeutung von Herkunft, sondern überdies, dass Pflegekinder durchaus in der Lage sind, auch bei prekären Bindungsverhältnissen erwartbare und unvorhergesehene Lebenskrisen zu überstehen und sich resilient zu zeigen.

Pflegekinder stehen also zwischen dem Wunsch nach Geborgenheit, die ihnen, wenn die Herkunftsfamilie ausfällt, ihre Pflegefamilie auch vermitteln kann (wenn es gut geht), und dem Wunsch, die leiblichen Eltern zu kennen und mit ihnen Umgang zu haben. Wie Pflegekinder, leibliche Eltern und Pflegefamilien mit diesen beiden Orientierungen umgehen und was aus diesen Pflegekindern im Erwachsenenalter geworden ist, in welchen Beziehungskonstellationen sie heute leben und welche Bedeutung ihre leiblichen und ihre Pflegeeltern heute noch für sie haben, das ist Thema dieses Buches.[4,5]

---

[3] Die englische Gesetzgebung verbietet sogar die Adoption von Pflegekindern durch ihre Pflegeeltern.

[4] Diesem Buch liegen unsere Forschungen über »Öffentliche Sozialisation – Identitätsbildung in der Pflegefamilie« sowie über »Die Genese von sozialisatorischen Kernkompetenzen in der Pflegefamilie – Salutogenese und Resilienz« zugrunde, die zwischen 2001 und 2005 am Institut für Soziologie der Friedrich-Schiller-Universität Jena durchgeführt und von der Deutschen Forschungsgemeinschaft gefördert wurden. Projektleiter war Prof. Dr. Bruno Hildenbrand, Projektmitarbeiterinnen und -mitarbeiter waren Dr. Walter Gehres, Daniela Raupp M. A., Daniela Schmidt M. A., Regina Soremski M. A.

Juristische Ausgangslage

In den Artikeln 6 GG, Absatz 1 und Absatz 2[6] werden das juristische Verständnis von Familie, ihre Bedeutung für die Sozialisation des Kindes, das wechselseitige rechtliche Verhältnis zwischen Eltern und ihrem nachwachsenden Kind sowie die Schutzpflicht des Staates gegenüber dieser Lebensgemeinschaft geregelt. Gemäß dem Grundgesetz ist die Familie deshalb besonders schützenswürdig, weil damit ein institutioneller Rahmen für die Reproduktion und Sozialisation von Kindern gesetzt wird (Gröschner 2000). Der Kern des verfassungsrechtlichen Familienbegriffs bestehe darin, dass die Familie als eine Beistandsgemeinschaft verstanden werde, also als eine umfassende Gemeinschaft, die »der auf Dialog angelegten geistigen Natur des Menschen entspreche« (Gröschner zitiert hier aus einer Auslegung des Bundesverfassungsgerichtes, vgl. Gröschner 2000, S. 53). Gemäß Art. 6 Abs. 1 GG schütze der Staat die Familie als »Lebens- und Erziehungsgemeinschaft«. Dabei werde durchaus der Prozess der abnehmenden Elternverantwortung und Wandlung dieser Lebensgemeinschaft zu einer »Hausgemeinschaft« und im Erwachsenenalter der Kinder einer bloßen »Begegnungsgemeinschaft« gesehen, allerdings gebe es eine »lebenslange Verpflichtung, einander Beistand zu leisten« (Gröschner 2000, S. 53). Die lebenslange Solidarität der verwandtschaftlich verbundenen Familienmitglieder ist auch im rechtlichen Sinne nicht aufhebbar. »Aber als Verantwortungsverhältnis begriffen ist das Verwandtschaftsverhältnis ein – im weitesten Sinne des Wortes – Versorgungsverhältnis, d. h. ein Verhältnis, in dem sich die Sorge um das körperliche, seelische und geistige Wohl der (nächsten) Verwandten in entsprechenden Versorgungsleistungen äußert. Diese prinzipiell bedingungslos übernommen, unbedingten und unbefristeten Versorgungsleistungen sind es, die den Wert der Familie für die Gemeinschaft und mit ihm den staatlichen Schutz des Art. 6 Abs. 1 GG begründen« (Gröschner 2000, S. 54).

Juristisch werden die verwandtschaftlich und damit leiblich begründeten »rechtlichen Familien« von »faktischen Familien« wie Stieffamilien oder Pflegefamilien unterschieden. Pflegeverhältnisse können zwar durchaus im Sinne des Art. 6 Abs. 1 GG besonders schutzwürdig sein, wenn eine gewachsene Bindung entstanden ist (Gröschner 2000, S. 55), aber der Artikel 6 Absatz 2 und damit der Kern des verfassungsrechtlichen

---

[5] Zur zahlenmäßigen Bedeutung dieses Themas: Das Statistische Bundesamt der Bundesrepublik Deutschland weist am Ende des Jahres 2005 21.476 Jungen und 20.770 Mädchen in Vollzeitpflegefamilien ohne Großeltern- und Verwandtenpflege aus. Bei Großeltern und Verwandten lebten zum Stichtag 4.140 Jungen und 3.978 Mädchen, also zusammen 8.118 Kinder und Jugendliche. Das sind bundesweit ca. 0,3 % aller unter 18-Jährigen (Kindler 2007). In der Schweiz leben ca. 7.500 (Hochrechnungen auf der Grundlage von Erhebungen in den einzelnen Kantonen) und in Österreich (Angaben des Österreichischen Statistischen Zentralamts von 1996) ca. 4.500 Kinder und Jugendliche in Pflegefamilien.

[6] Die entsprechenden Artikel lauten: »Ehe und Familie stehen unter dem besonderen Schutze der staatlichen Ordnung« (Art. 6 Abs. 1 GG) und »Pflege und Erziehung der Kinder sind das natürliche Recht der Eltern und die zuvörderst ihnen obliegende Pflicht« (Art. 6 Abs. 2 GG).

Elternbegriffs ist nicht übertragbar. Denn das Elternrecht gründet auf Verantwortung auf der Grundlage leiblicher Verbundenheit, die aber gerade bei Pflegeverhältnissen nicht gegeben ist. Pflegeeltern übernehmen Sozialisationsaufgaben im Auftrag staatlicher Behörden. Pflegeeltern sind aber keine Eltern im Sinne des Artikel 6, Abs. 2 GG, denn »der Verfassungsgeber geht davon aus, dass diejenigen, die einem Kinde das Leben geben, von Natur aus bereit und berufen sind, die Verantwortung für seine Pflege und Erziehung zu übernehmen« (Gröschner 2000, S. 55). Das natürliche Elternrecht steht demnach über dem vertraglichen Betreuungsrecht z. B. von Pflegeeltern, und Gröschner führt weiter aus: »Die Begründung für dieses, Nichtjuristen vermutlich überraschende und womöglich enttäuschende Ergebnis lässt sich verfassungsdogmatisch auf eine einigermaßen handliche Formel bringen: Die Familie i. S. d. Art. 6 Abs. 1 GG ist beziehungsorientiert; die Elternschaft i. S. d. Art. 6 Abs. 2 GG statusorientiert; während Beziehungen für das Recht immer auch von den faktischen Verhältnissen her relevant werden, kommt es für einen Status wie die Elternverantwortung nicht auf tatsächliche Beziehungsstrukturen an, sondern allein auf die Zuordnung rechtlicher Positionen zu einer Person (...). Es gibt verfassungsrechtlich demnach zwar faktische oder soziale Familien, aber keine faktische oder soziale Elternschaft« (Gröschner 2000, S. 57).

Das bedeutet für den Status und für die Funktionen von Pflegeeltern, dass sie die leiblichen Eltern nicht ersetzen können und dass ihre zentralen Leistungen in einer anderen Gestaltung des familialen Zusammenlebens begründet werden müssen. Mit einer gegenüber dem Herkunftsmilieu von Pflegekindern anderen Art des Zusammenlebens, einer anderen affektiven Rahmung und einer anderen Art des Umgangs mit Lebensaufgaben und Krisen des Kindes können Pflegeeltern im Sinne »faktischer Lebenspraxis« eine für das Kind hilfreiche Alternative zu der Herkunftsfamilie entwickeln, ohne sich mit dieser zu vergleichen, mit ihr gar zu konkurrieren oder sich an ihrem für sie verfassungsrechtlich niemals erreichbaren Status zu orientieren. Die Herkunftsfamilie ist rechtlich quasi ohne Konkurrenz. Entsprechend kann für die Pflegefamilie das Prinzip der zeitlich unbegrenzten Zugehörigkeit des Pflegekindes zu dieser Familie nicht gelten, wenn es auch faktisch vorkommt, dass ein Kind bis zum Erwachsenenalter in einer Pflegefamilie aufwächst.

Zum Zusammenhang von Kindeswohl und Elternrecht

Die bisherigen Ausführungen zum rechtlichen Status von leiblichen Familien und Pflegefamilien zeigen, dass Fragen des Kindeswohls von Fragen des Elternrechts nicht getrennt, auch nicht gegeneinander ausgespielt werden können. Der Status der leiblichen Familie in der Verfassung der Bundesrepublik Deutschland ist keine willkürliche Konstruktion der verfassungsgebenden Versammlung, sondern entspricht der Wirklichkeit von Familien als Zwei-Generationen-Kernfamilien, die sich seit etwa 1000 Jahren in Westeuropa ausgebildet hat (Mitterauer 1990), sowie dem im Alltag und bei den Alltagshandelnden verankerten Familienbild. Aus der Perspektive der Kinder sind davon abweichende Familiensituationen wie z. B. die Situation der Alleinerziehendenfamilie, der Stieffamilie, der Adoptivfamilie oder eben der Pflegefamilie zwar empirisch nicht selten, aber eben immer ein Fall, dem eine andere, mitunter idealisierte Version vom Leben in einer vollständigen, leiblichen Familie gegenüber gestellt wird. Das war auch die zentrale Botschaft, die uns eine Gruppe von 20 Pflegekindern, mit denen wir uns über ihre Familienvorstellungen unterhalten haben, mit auf unseren Forschungsweg gegeben hat. Auf die Frage, was sie sich als Erwachsene erhoffen, war die Antwort: eine normale Familie gründen zu können. »Normal« heißt in ihrem Verständnis: eine Familie, die aus Vater, Mutter und leiblichen Kindern besteht.

Auch die Jugendhilfe kann Kindeswohl und Elternrecht nicht voneinander trennen. Denn es müssen Eltern- und Kinderrechte miteinander verknüpft werden, um überhaupt Jugendhilfemaßnahmen im Rahmen des KJHG gewähren zu können. Anders formuliert: Am Hilfeplangespräch nach § 36 KJHG/SGB VIII sind leibliche Eltern, Kind, Jugendamt und Pflegefamilie gemeinsam zu beteiligen. Diese auf die besondere Situation des Einzelfalles zugeschnitte Jugendhilfepraxis, bei der alle beteiligten Akteure, insbesondere Kinder bzw. Jugendliche und ihre Eltern, gleichermaßen um einen Interessenausgleich ringen und sich dann unter der Leitung des Jugendamtes auf eine Hilfemaßnahme einigen, ist am ehesten geeignet, um die Rechte und den Schutz des Kindes bzw. Jugendlichen zu garantieren.[7]

Die Studie von Faltermeier (2001) über die Herkunftseltern von Heim- und Pflegekindern dokumentiert schließlich die Folgen, die entstehen können, wenn Pflegeeltern und Mitarbeiterinnen und Mitarbeiter von Jugendhilfebehörden versuchen, den verfassungsrechtlich garantierten und nicht aufhebbaren Status von Herkunftseltern in Frage zu stellen. Jahrelange Prozesse und Kämpfe um das Kind von drei Seiten (Herkunftseltern, Pflegeeltern und Jugendhilfebehörde) bedeuten für die davon betroffenen Kinder und Jugendlichen, dass ein Zugehörigkeits- und Loyalitätskonflikt zwischen Herkunftseltern und Pflegeeltern auf Dauer gestellt wird.

Damit sind wesentliche Konfliktlinien beschrieben, die das soziale Feld der Betreuung in der Pflegefamilie bestimmen und die Prozesse der Identitätsbildung von Pflegekindern rahmen: Es geht um Zugehörigkeit und Dauer, um Besitzansprüche und Loyalitäten. Für die Bewältigung dieser Konflikte gibt es – aus Sicht der Pflegekinder – gute und weniger gute Lösungen. Diese zu rekonstruieren und auf die Lebensverläufe der untersuchten Pflegekinder zu beziehen ist Aufgabe des Hauptteils dieses Buches. Zuvor wollen wir jedoch einen Blick auf die Forschungslage werfen und unsere eigenen Konzepte und Methoden darstellen.

---

[7] Dass das Recht mitunter nicht die maßgebliche Rolle spielt, sogar gebeugt werden kann, wenn Jugendamt, Pflegeeltern und Gerichtsbarkeit zusammenspannen und auch die leiblichen Eltern bzw. der leibliche Vater auf Konflikt aus sind, zeigt der Fall Görgülü. Der in diesem Zusammenhang ergangene höchstrichterliche Spruch stärkt die Rechte der leiblichen Eltern und macht deutlich, dass das bloße Verstreichen von Zeit (ein beliebtes Argument von Fachleuten, die der Bindungsforschung verpflichtet sind) kein Argument sein kann, wenn es darum geht, die Beziehungen des Kindes zu seinen leiblichen Eltern zu regeln. Vgl. die Dokumentation einer Tagung des DIJuF vom 14.-15.3.2005 von Henriette Katzenstein in Heidelberg, www.dji.de.

Perspektiven der Forschung zum Aufwachsen in einer Pflegefamilie

Im Verhältnis zum Forschungsinteresse an der stationären Unterbringung im Heim ist das an Problemen des Pflegekinderbereichs in Deutschland eher gering (Maywald & Widemann 1997, S. 12). An dieser Einschätzung hat sich seit 1997 im Kern nichts geändert. Seit den 50er Jahren des 20. Jahrhunderts sind nur dreizehn größere Arbeiten im deutschsprachigen Raum entstanden (Dührssen 1955, Blandow 1972, Junker u. a. 1978, Kwapil 1987, Kumer u. a. 1988, Güthoff & Jordan 1997, Kötter 1994, Müller-Schlottmann 1998; Blandow u. a. 1999; Rahel-Gassmann 2000; Steimer 2000; Faltermeier 2001; Marmann 2005). Die neueste Arbeit zu dieser Thematik von Blandow u. a. (1999) ist eine systemtheoretisch orientierte Begleitforschung zur Spezialisierung und Qualifizierung der Vollzeitpflege durch einen freien Träger. Obwohl sich die Autoren dieser Studie differenziert mit verschiedenen Facetten der Vollzeitpflege auseinandersetzen, sind die erkenntnisleitenden Fragestellungen wie in den meisten anderen Studien mit Ausnahme von Dührssen (1958) und Juncker u. a. (1978) weniger an grundsätzlichen als vielmehr an sehr spezifischen Themen orientiert und berücksichtigen allenfalls am Rande Identitätsbildungsprozesse sowie die mittel- und langfristige biografische Entwicklung der Pflegekinder (vgl. z. B. auch die Übersicht bei Textor/Warndorf 1995, S. 43ff.). Darüber hinaus werden sehr spezifische, auf die Pflegefamilie bezogene Gesichtspunkte wie z. B. die Qualität der Kooperation und gegenseitigen Achtung zwischen verschiedenen Helfergruppen, Pflegeeltern und leiblichen Eltern behandelt (z. B. Blandow u. a. 1999), das Lebensalter des Pflegekindes bei der Aufnahme (z. B. Heitkamp 1987), das Alter der Pflegeeltern oder niedrige Abbruchquoten (z. B. Blandow 1972, Junker u. a. 1978).

Im angelsächsischen Raum dagegen spielt die Forschung über Pflegefamilien – auch wegen der im Verhältnis zur Heimerziehung größeren Bedeutung dieser Hilfeform – eine größere Rolle. McDonald u. a. (1996) erwähnen 29 retrospektive Studien in den USA zwischen 1960 und 1992 (z. B. Zimmerman 1982; Festinger 1983; Rowe u. a. 1984; Fansel/Finch/Grundy 1990). In Großbritannien sind vor und seit Beginn der "Looking after Children-Initiative" im Jahr 1987 zahlreiche empirische Arbeiten entstanden, die der individuellen Entwicklung und Persönlichkeitsbildung der Hilfeadressaten einen größeren Raum einräumen (z. B. Millham, S.; Bullock, R. u. a. 1986; Parker, R., u. a. 1991; Jackson, S. 1995, Rowe u. a. 1984; Übersicht bei Colton u. a. 1995 und Axford u. a. 2005). In diesen Untersuchungen wird das Gelingen einer Sozialisation in der Pflegefamilie in erster Linie an "funktionalen" gesellschaftlichen Aspekten wie schulische, berufliche, rechtliche, beziehungsmäßige, gesundheitliche und soziale Entwicklung gemessen. Eine diese Einzelaspekte integrierende und auf den Einzelfall bezogene Forschung gibt es nicht, weshalb Colla u. a. (1999) hinsichtlich der Forschungslage in Europa resümieren: »Auch zeichnet sich ab, dass neben quantitativ verfahrenden empirischen Untersuchungen dringend eine biografisch akzentuierte Forschung erforderlich wird, (...) um die Wirkungen von Heimerziehung und Pflegekinderwesen zu erfassen und zu beurteilen. Hinzu kommt, dass nur auf solchem Wege eine Theorie jener basalen Bedürfnisse von jungen Menschen entwickelt werden kann, die für eine angemessene Betreuung und Hilfe ›am anderen Ort‹ unabweislich ist« (Colla u. a. 1999, S. 4).

Studien, die Sozialisationsprozesse bei Kindern und Jugendlichen in der Pflegefamilie untersuchen, beziehen sich meist auf die Bindungstheorie. Die Bindungstheorie wird auch von Pflegeeltern und ihren Organisationen bemüht, wenn es darum geht, ihren Anspruch auf ihr Pflegekind gegenüber dem der leiblichen Eltern zu begründen. In der Regel geschieht dies mit Verweis auf die im Zeitverlauf entstandenen Bindungen, die auf keinen Fall unterbrochen werden dürften. Dem kommt die Bindungsforschung entgegen. Bindungserfahrungen und deren Entwicklungsdynamik werden hier als zentraler Bezugspunkt von Identitätsbildungsprozessen verstanden (Hopf 2005). Den frühen, dyadischen Erfahrungen in der Interaktion zwischen der Mutter und ihrem Kind zum Ausgangspunkt gilt die zentrale Aufmerksamkeit. Die vom Kind internalisierten Beziehungsmuster (sichere, unsicher-ambivalente, unsicher-vermeidende und dissoziale Bindung) werden zur Grundlage der Persönlichkeitsentwicklung erklärt. Sicher gebundene Kinder haben demnach die Erfahrung gemacht, dass ihre Mütter einfühlsam auf ihre affektiven Bedürfnisse eingehen und sie sich auch in schwierigen Lebenssituationen auf die Zuwendung und Unterstützung ihrer zentralen Bezugsperson verlassen können. Bei allen anderen Bindungsarten sei dies beeinträchtigt (Rehberger 2006, Hopf 2005). Diese verinnerlichten psychologischen Beziehungsmuster werden, so die Bindungstheorie, als »internal working models« im Laufe der biografischen Entwicklung zwar modifiziert, aber ihre Grundstrukturen bleiben erhalten. Studien, die der Bindungsforschung verpflichtet sind, zeigen, dass die Sozialisation in einer Pflegefamilie dann das Potenzial zum Aufbau von stabilen Bindungen aufweist, wenn Kinder vom Jugendhilfesystem intensiv betreut werden und längerfristige, an den Lebensbedingungen der Kinder und ihrer Herkunftseltern orientierte Hilfekonzepte die Grundlage staatlichen Handelns bilden. Wenn Kinder, vor allem im Säuglings- und Kleinkindalter, nicht so oft das Heim oder die Pflegefamilie wechseln müssen und eine an den herkunftsfamilialen Ausgangslagen, Bedürfnissen und Entwicklungsaufgaben des Kindes orientierte Begleitung durch das Jugendhilfesystem sichergestellt wird, dann können nicht nur Bindungsqualitäten und ihre Entwicklung gefördert, sondern darüber hinaus auch mehr Impulse für die Bewältigung von Problemen in Herkunftsfamilien und den Identitätsbildungsprozess der Kinder gegeben werden. Das ist aber in Bezug auf das Untersuchungsfeld, England und Wales, nach den Ergebnissen aktueller Studien – trotz Verbesserungen in den letzten Jahren – mehrheitlich nicht der Fall: »Auch wenn es einige Verbesserungen in der Stabilität des Pflegesystems gegeben haben mag, werden die Kinder doch noch zu häufig umplatziert. Anzahl und Gründe für Umplatzierungen müssen ständig überwacht werden, wie auch, welches das Spezifische an den Kindern ist, die umplatziert werden: Einige der ganz kleinen Kinder in dieser Studie wurden ebenso häufig umplatziert wie die Teenager der gesamten Kohorte« (Ward u.a. 2006, S. 142).

Wird die Bindungstheorie zum dominanten oder gar alleinigen Erklärungsmodell für Individuierungsprozesse erklärt, dann wird nicht gesehen,

» dass Menschen trotz widriger Umstände gedeihen können (Welter-Enderlin & Hildenbrand 2006);

» dass die leibliche Herkunft eine zentrale Rolle bei der Identitätsbildung des Kindes spielt;
» dass außerhalb der unmittelbaren Familienbeziehungen sowohl in der leiblichen als auch in der Pflegefamilie signifikante Andere zwar nicht kompensierend, aber doch ausgleichend wirken können (Hildenbrand 2007a).

Arbeiten aus dem angelsächsischen Raum bevorzugen einen solchen offenen Ansatz. Beek & Schofield (2004), Neil & Howe (2004) und Schofield (2003) zeigen, dass in Pflegeverhältnissen Kräfte zur Entwicklung eines eigenständigen Familiensystems mobilisiert werden können. Im Gegensatz zur deutschen Diskussion über die Bedeutung von sicheren Bindungen, primär konzeptualisiert im ERSATZFAMILIENKONZEPT (vgl. Nienstedt & Westermann 2004) bzw. *exklusiven Konzept* (Eckert-Schirmer 1997), wird in den englischen Studien die Herkunftsfamilie nicht ausgegrenzt bzw. als den Sozialisationsprozess einschränkend konnotiert, sondern die doppelte Elternschaft wird als integraler Bestandteil von Pflegeverhältnissen verstanden (Beek & Schofield 2004, Neil & Howe 2004, Wilson & Sinclair 2004, S. 165ff.). Besonders weit geht in diesem Kontext das »psychosoziale Modell der Langzeitpflege« von Schofield (2003, S. 207ff.). Schofield schließt aufgrund ihrer Forschungsergebnisse, dass die Entwicklung von Kindern und Jugendlichen in Fremdfamilien am besten in fünf Sozialisationsbereichen durch Pflegepersonen unterstützt werden kann: im Aufbau einer stabilen Bindung, in einer auf Selbstwirksamkeit des Kindes orientierten Fürsorge, einer reflexiven Handlungspraxis der Pflegepersonen, einer weitgehenden Gewährung pflegefamilialer Zugehörigkeit, einschließlich der Akzeptanz leiblicher Eltern, und schließlich in der Unterstützung einer resilienten Haltung der Pflegekinder. Die Autorin entwickelte dieses Konzept auf der Grundlage von Interviews mit 40 ehemaligen Langzeitpflegekindern im Alter zwischen 18 und 30 Jahren. Dabei geht sie teilweise über ihren eigenen konzeptionellen Rahmen hinaus, indem sie für den Interviewleitfaden nicht nur Fragen aus dem »Adult Attachment Interview (AAI)« übernimmt, sondern bei Themen jenseits der Beziehungsgestaltung auch offene Fragen einbaut, etwa zur Bedeutung des Aufwachsens in Pflegefamilien oder zum Stellenwert des sozialpädagogischen Hilfesystems.

Zwei neuere Studien, eine aus England und eine aus den USA, befassen sich mit der biografischen Entwicklung von Pflege- und Heimkindern. Taylor (2006) verfolgt mit ihrer Studie vornehmlich zwei Anliegen: Zum einen will sie den häufig vermuteten Zusammenhang zwischen öffentlicher Sozialisation und Straffälligkeit in späteren Lebensphasen, die eine Folge stationärer Jugendhilfe sei, überprüfen. Zum anderen möchte sie Erfahrungen und Berichte von Menschen sammeln, die das Jugendhilfesystem als Klientinnen und Klienten persönlich erlebt haben. Ihre zentrale Frage richtet sie auf jene Bedingungen und Faktoren der öffentlichen Sozialisation, die es ermöglichen, soziale Integration und die Entwicklung einer autonomen Lebenspraxis zu fördern. Dabei zeigt sie, dass in der gegenwärtigen Jugendhilfepolitik in Großbritannien Kinder und Jugendliche in zwei Kategorien eingeteilt werden, nämlich in die Kategorie der fürsorgebedürftigen Kinder, sofern sie nicht straffällig sind, sowie in die der überwachungsbedürftigen Kinder, sofern sie aufgrund ihres Handelns dem Jugendstrafrechtssystem zugeordnet werden.

Förderung und Unterstützung erhielten nur die Kinder und Jugendlichen im Jugendhilfesystem. Die empirische Grundlage ihrer Studie bilden weitgehend offene Interviews mit 24 weiblichen und 15 männlichen jungen Menschen im Alter zwischen 16 und 27 Jahren, die Erfahrungen entweder mit der Jugendhilfe oder mit der Jugendgerichtsbarkeit gemacht haben. Zehn Männer davon lebten zum Erhebungszeitpunkt in einem Jugendgefängnis und zehn Frauen in einem Frauengefängnis. Zentrales Ergebnis von Taylors Untersuchung ist, dass sich Zusammenhänge zwischen stationärer Unterbringung und späterer krimineller Karriere nachweisen lassen, allerdings nur dann, wenn Jugendhilfe und Jugendgerichtsbarkeit ihre Klienten nicht unterstützen und auch nicht die Eltern bzw. zentrale erwachsene Bezugspersonen der jungen Menschen in ihre Unterstützungs- bzw. Jugendhilfeaktivitäten einbeziehen. Gleichzeitig zeigt die Studie aber auch, dass die Entstehung einer devianten Karriere in Folge der Unterbringung in Heimen oder Pflegefamilien weitgehend vermieden werden kann, wenn Instanzen der öffentlichen Sozialisation und der Jugendhilfepolitik fünf zentrale Zusammenhänge beachten:

» mehr Verständnis für die vielfältigen Erfahrungen der Klienten und ihrer Herkunftsfamilien;
» mehr Aufmerksamkeit für Gewalt, der Klienten in vielfältigen Formen im Rahmen öffentlicher Jugendhilfe ausgesetzt sind;
» die Ermöglichung von Beziehungsstabilität durch geringe Personalfluktuation;
» Förderung der schulischen Bildung von Klienten;
» Unterstützung im Übergang zur Selbstständigkeit, indem die Klienten beim Aufbau von privaten Netzen begleitet werden.

In der ethnographischen Studie von Swartz (2005) »Parenting for the State« (Elternschaft für den Staat) wird ein freier Träger im Großraum Los Angeles untersucht, welcher Pflegeverhältnisse vermittelt und begleitet. Diese Arbeit ist in mehrfacher Hinsicht aufschlussreich. Es handelt sich um eine der wenigen eher grundlagenorientierten Arbeiten aus dem angelsächsischen Raum. Sie dauerte vier Jahre. 22 Monate davon arbeitete die Autorin im Untersuchungsfeld. Datengrundlage bilden 42 Pflegefamilien sowie 22 sozialpädagogische Fachkräfte des freien Trägers, die Pflegefamilien betreuen. Intensivinterviews führte die Autorin mit 15 Pflegemüttern, drei Pflegevätern, zehn Sozialarbeiterinnen und -arbeitern sowie drei Agenturleitern durch. Die Pflegekinder selbst und ihre leiblichen Eltern wurden nicht befragt, obwohl Swartz sehr wohl die zentrale Bedeutung dieser Akteure im Sozialisationsfeld erkennt: »Auch ihre Stimmen und die ihrer leiblichen Eltern müssen gehört und in die Diskussion über die Reform des Pflegekinderwesens eingebracht werden, aber dieses Projekt war nicht in der Lage, diese wichtige Perspektive zu erfassen« (Swartz 2005, S. 15).

Von den Ergebnissen dieser Studie sind, bezogen auf unser Thema, besonders zwei hervorzuheben:

» Die geringe Anerkennung der sozialisatorischen Kompetenzen von Pflegepersonen durch die sie betreuenden Sozialarbeiter, Jugendhilfepolitik und deren Einbeziehung in die Gestaltung des Pflegeprozesses: »Diese Studie zeigt, dass Antworten auf das Problem des Pflegekinderwesens weniger in aufwendigen Kontrollmechanismen als darin liegen, zu verstehen, welches die Perspektiven und die Bedürfnisse aller Teilnehmer an einem Pflegeverhältnis sind, um ein System zu entwickeln, damit diese Beiträge erkannt und wertgeschätzt werden« (Swartz 2005, S. 150). Zu diesem Befund ist auch Wozniak (2002, S. 216) in ihrer Studie gekommen.

» Die geringe Berücksichtigung von ethnischen Aspekten und unterschichtsspezifischen Werten und Normen in der mittelschichtorientierten Jugendhilfepraxis von Behörden und der Mehrzahl der Pflegepersonen (die Mehrzahl der Pflegekinder in den USA z. B. rekrutiert sich aus der armen Bevölkerung und gehört Minoritäten an, vor allem Schwarzen, Farbigen und Einwanderern aus Lateinamerika, vgl. Swartz 2005, S. 5).

II. Die Untersuchung: Konzepte und Methodik

Konzepte der soziologischen Sozialisationstheorie

Strukturelle Ansätze der soziologischen Sozialisationstheorie (Parsons 1981, Oevermann 2001, Allert 1998, Hildenbrand 2002) bieten die theoretische Basis für unsere These, dass sich Herkunftsfamilien und Pflegefamilien grundlegend voneinander unterscheiden, woraus zwangsläufig die Annahme folgt, dass die eine Familienform die andere nicht ersetzen kann. Herkunftsfamilien, also Familien, bestehend aus Eltern und deren leiblichen Kindern, sind gekennzeichnet:

» durch die zeitliche Unbegrenztheit der Beziehungen, zumindest bis zur Ablösung der Kinder (*Solidarität des gemeinsamen Lebensweges*);
» durch eine enge Verbindung zwischen biologischen und sozialen Funktionen (*Nichtaustauschbarkeit von Personen*);
» durch die Präsenz einer Paarverbindung (*erotische Solidarität*), aus der Dritte, nämlich die Kinder, ausgeschlossen sind;
» durch das Bestehen einer emotionalen, dauerhaften und belastbaren Bindung zwischen allen beteiligten Familienmitgliedern (*affektive Solidarität*);
» durch ein unbeschränktes Vertrauen, den die Mitglieder einer Familie einander entgegenbringen (*unbedingte Solidarität*).

Mit diesen fünf Punkten haben wir einen Rahmen des sozialisatorischen Interaktionssystems Familie beschrieben, innerhalb dessen sich jene triadische Interaktion entwickeln kann, die zentral für den Individuierungsprozess der Sozialisanden ist. Ein struktureller Unterschied zwischen der Gattenbeziehung und der Eltern-Kind-Beziehung besteht darin, dass die Gattenbeziehung zwischen zwei autonomen Subjekten stattfindet, während die Eltern-Kind-Beziehung asymmetrisch ist. Die Familie bildet somit eine Triade, bestehend aus einem Paar zweier autonomer Subjekte einerseits und einem noch nicht individuierten Subjekt andererseits. Ein Unterschied zwischen der Gattenbeziehung und der Eltern-Kind-Beziehung besteht insofern, als zwischen Eltern und Kindern die Körperbasis der Beziehung nicht erotisch gestaltet sein darf. Das universelle Inzesttabu treibt das Kind, sobald es das erforderliche Alter dazu erreicht hat, aus der Familie hinaus, um außerhalb eine eigene, eigenständige und erwachsene erotische Beziehung zu begründen. Demgegenüber ist die erotische Beziehung zwischen den Gatten nicht nur nicht inzestuös und damit erlaubt, sondern sogar für die Beziehung grundlegend.

Demnach bestehen in der Kernfamilie mindestens drei dyadische Sozialbeziehungen, in denen die Beziehungspartner einen ungeteilten Anspruch aufeinander haben. Dies hat zur Konsequenz, dass es im familialen Interaktionssystem notwendig zu Widersprüchen kommen muss. In der Auseinandersetzung der familialen Interaktionspartner mit diesen Widersprüchen sehen die erwähnten struktural orientierten soziologischen Sozialisationstheoretiker die zentrale sozialisatorische Leistung der Familie; sie ist eine *notwendig widersprüchliche Einheit von sich ausschließenden Dyaden*. Affektive Basis, Dauer und Verlässlichkeit bilden die Grundlage dafür, dass das sich bildende Subjekt Konflikte überhaupt aushalten kann, die notwendig sind, um bezogene Individuation i. S. Hegels auszubilden. Erst auf dieser Grundlage kann sich die Grundform von Sozialität mit den Struktureigenschaften der Reziprozität (Mead 1969) bzw. exzentrischen Positionalität (Plessner 1975) und damit individuelle Autonomie entwickeln. In Anlehnung an Mead hat Krappmann die Kernkompetenzen der Identität, um die es hier geht, benannt: die Fähigkeiten zur Perspektivenübernahme, zur Ambiguitätstoleranz, zur Rollendistanz und zur Identitätsdarstellung (Krappmann 2000).

Die Auseinandersetzungen in der widersprüchlichen Einheit des triadischen familialen Sozialisationssystems sind Voraussetzung dafür, dass sich der Sozialisand in allen das gesellschaftliche Ganze ausmachenden Beziehungen – jenen innerhalb familialer Beziehungen als auch jenen in rollenförmig bestimmten Beziehungen wie z. B. der Arbeitswelt – als autonomes Subjekt orientieren kann. In Anlehnung an Oevermann schreibt Allert: »Die Liebe des Elternpaars liefert den Schlüssel zur Gestaltung des menschlichen Bildungsprozesses (beim Kind), sie bereitet die Erfahrung im Umgang mit affektiven und moralischen Konflikten vor und bildet die Grundlage für das Vertrauen in eine durch Kontingenz und Fremdheit bestimmte Sozialwelt« (Allert 1997, S. 31).

In einer ganzen Reihe von Forschungsarbeiten aus dem Bereich der Säuglingsforschung (z. B. Fivaz-Depeursinge & Corboz-Warnery 2001) und der Psychoanalyse (z. B. Peisker 1991; Happel 2003; Mahler 1992) ist mittlerweile unstritten, dass es für eine gelingende Entwicklung von Kindern günstig ist, in einem sozialisatorischen Interaktionssystem, das durch die Verschränkung von Paar- und Eltern-Kind-Beziehung gekennzeichnet ist, aufzuwachsen. Während Fivaz-Depeursinge und Corboz-Warnery (2001) in ihren empirischen Arbeiten insbesondere die Bedeutung der affektiven Rahmung durch die Triade und deren Relevanz für die Identitätsentwicklung des Kindes bereits im Säuglingsalter hervorheben, sieht die psychoanalytisch orientierte Forschung die Bedeutung des »Dritten« (in der Regel handelt es sich um den Vater des Kindes) darin, dem Kind zu helfen, sich aus der dyadischen Beziehung zur Mutter zu lösen und es mit neuen Erfahrungsmöglichkeiten zu konfrontieren. Der Vater als Repräsentant des Realitätsprinzips soll idealerweise die »Intimität der Dyade« (Peisker 1991) der frühen Mutter-Kind-Einheit durch die Sicherheit der Triade ersetzen. Im Einzelnen nennt Peisker (1991) in Anlehnung an Lidz folgende Entwicklungsaufgaben des Vaters bzw. symbolischen Dritten im Rahmen triadischer Strukturen:

» Er unterstützt die Mutter in ihren mütterlichen Funktionen.
» Er ist der Hüter der Generationsgrenze.

---

[8] Zu dem an dieser Stelle regelmäßig geäußerten Verdacht des Biologismus äußern wir uns im Abschnitt über die Methodik.

> Er soll ein positives Identifikationsmodell für den Sohn sein, und er soll die weibliche Identifikation der Tochter mit der Mutter fördern, »indem er in einer partnerschaftlichen Ehebeziehung die Achtung vor der Persönlichkeit der Frau vorlebt« (Peisker 1991, S. 23).

Kein anderes System, weder das Verwandtschaftssystem noch Personen (Konstellationen) außerhalb von Familie und Verwandtschaft, kann die sozialisatorische Triade strukturell ersetzen, auch wenn dies ständig versucht wird und wenn Scheidungen und Wiederverheiratungen an der Tagesordnung sind. Hier ist der Unterschied zwischen *strukturell* und *faktisch* maßgeblich: Die Kernfamilie ist *strukturell* vom Verwandtschaftssystem und von anderen Personen außerhalb von Familie und Verwandtschaft isoliert, Eltern sind *strukturell* nicht ersetzbar. Jedoch hat die Kernfamilie *faktisch* Beziehungen zum Verwandtschaftssystem und darüber hinaus, und *faktisch* kommt es zu Stiefelternsituationen und Adoptionen. Personen außerhalb der Eltern-Kind-Beziehung, die für das Kind in seinem Sozialisationsverlauf wichtig sind und die wir signifikante Andere zweiten und dritten Grades nennen, können bis zu einem gewissen Grad die Ausfälle in der sozialisatorischen Triade *ausgleichen*, aber sie können die ursprüngliche Triade *nicht ersetzen*. Fehlt also ein Element in dieser Triade, z. B. der Vater (Funcke 2007, Hildenbrand 2002) oder, wie im Fall der Sozialisation in Pflegefamilien, die Eltern, fordert dies zu Kompensationsleistungen heraus.

Im Unterschied zu Oevermann sind wir nicht der Auffassung, dass mit dem Fehlen voll ausgebildeter triadischer Beziehungen die Entwicklung des Sozialisanden stagniert oder der Sozialisand krank wird. Dies sei der Fall, wenn Situationen aufträten, in denen das Kind der triadischen Auseinandersetzung ausweiche (Oevermann 2001, S. 98). Strukturell dieselbe Situation ist gegeben, wenn das Kind durch Abwesenheit der Eltern oder eines Elternteils gar nicht in die Situation kommen kann, triadische Beziehungen einzugehen bzw. ihnen auszuweichen. Wenn dies grundsätzlich Stagnation in der Entwicklung oder Pathologie nach sich zöge, wäre ein namhafter Teil der Bevölkerung in industrialisierten Ländern davon betroffen.

Dies ist aber erkennbar nicht der Fall. Es muss also Möglichkeiten geben, in der Identitätsentwicklung mit triadischen Abwesenheiten zurechtzukommen. Eine dieser Möglichkeiten ist die Sozialisation in der Pflegefamilie, die strukturell auch nicht auf einer anderen Ebene liegt als beispielsweise die Sozialisation in einer Stieffamilie. Hier wie dort kann der abwesende Elternteil nicht ersetzt werden. Deshalb wird vor allem von familientherapeutisch orientierten Fachleuten bei Stieffamilien die Aufrechterhaltung eines »co-parenting system«, bestehend aus den leiblichen Eltern, als die am ehesten gelingende Konstellation angesehen (Krähenbühl u. a. 2001, Hennon, Hildenbrand & Schedle, im Druck, Théry und Dhavernas 1998). Überträgt man diese Auffassung auf das Verhältnis von leiblichen Eltern und Pflegeeltern, kommt man zwangsläufig zu einem

---

[10] Aus systematischen Gründen verzichten wir hier auf die Behandlung von Geschwisterbeziehungen. Auf diese kommen wir bei der Besprechung der untersuchten Fälle zurück.

Konzept der Einbeziehung der leiblichen Eltern in die Arbeit mit Pflegefamilien. Angesichts der mitunter schwierigen, die Versorgung und die Unversehrtheit des Kindes nicht sicherstellenden Verhältnisse, aus denen Pflegekinder kommen, bleibt dieses Konzept allerdings hinter der Realität vielfach notwendig zurück.

Wir werden in diesem Buch anhand der Rekonstruktion kreativer Lösungen von Pflegefamilien zeigen, dass das Ausgrenzen der leiblichen Eltern trotz des Umstandes, dass sie nicht ersetzbar sind, periodisch das Vorgehen der Wahl sein kann, aber im Zeitverlauf nicht die einzige Option bleiben muss (und, je nach Fall, darf). Wir können zeigen, dass für die Verselbstständigung im Erwachsenenalter die Bildung eines Verhältnisses zu den leiblichen Eltern, wie immer dies gestaltet sein möge, unerlässlich ist.

Zunächst aber knüpfen wir an unsere Vorstellung der zentralen Konzepte an, mit denen wir in dieser Untersuchung arbeiten, und kommen nun zu den strukturellen Eigenschaften einer Pflegefamilie. Diese sind:

» Die Personen sind austauschbar, denn die soziale Elternschaft wird durch einen Pflegevertrag begründet. Es handelt sich – aus der Sicht der Jugendhilfebehörden – um eine psychosoziale Dienstleistung der Pflegeeltern an einem den Pflegeeltern zunächst »fremden« Kind.
» Es besteht keine Solidarität des gemeinsamen Lebensweges, denn das Betreuungsverhältnis ist rechtlich festgelegt und befristet. Es dauert längstens bis zum 27. Lebensjahr, in den meisten Fällen allerdings nur bis zum Erreichen der Volljährigkeit.
» Gleichzeitig leben Pflegeeltern und Pflegekind über u. U. lange Zeit zusammen und begründen eine wechselseitig affektive, vertrauensvolle Beziehung und die entsprechenden Formen von Solidarität.
» Es bestehen zwei Sozialsysteme, die möglicherweise gleichermaßen und gleichzeitig Anspruch auf ein Kind fordern, nämlich die leiblichen Eltern und die Pflegeeltern, und als Dritter tritt die Jugendhilfebehörde als jene Instanz auf den Plan, die einer eigenen Logik bei der Regulierung von Pflegeverhältnissen folgt und an Gesetze und Verfahren, mitunter auch an wirtschaftliche oder ideologische Erwägungen gebunden ist und deshalb u. U. die Unterbringung in einer Pflegefamilie der Heimunterbringung vorzieht, obwohl letztere von der Sache her angezeigt wäre, weil das Heim teurer ist oder als untaugliche Hilfeform generell abgelehnt wird.

Wächst ein Kind in einer Pflegefamilie auf, dann wird das Gelingen seiner Sozialisation entscheidend davon abhängen, ob es die Beteiligten schaffen, in diesem Wirrwarr möglicher Beziehungsgestaltungen einen Weg zu finden, der den Beteiligten gemäß ist. Leibliche Eltern und Pflegekind sind in dieser Handlungskette die schwächsten Glieder – darin liegt der Grund für das Pflegeverhältnis, und sie haben mit öffentlicher Sozialisation oftmals keine Erfahrung. Folglich liegt die Hauptlast der Verantwortung bei der Jugendhilfebehörde, ggf. bei einem freien Träger, der Pflegeverhältnisse anbahnt und betreut, und schließlich bei der Pflegefamilie selbst. Letztere lebt 24 Stunden am Tag mit dem Pflegekind zusammen und steht damit im Zentrum eines Geschehens, das wegen seiner Widersprüchlichkeit hohe Anforderungen an die soziale Gestaltungskraft der Beteiligten stellt.

Diese skizzierte theoretische Ausgangslage bildet die Grundlage für die beiden zentralen Fragestellungen unserer Forschungsprojekte:

» Wie wird der Verlauf der Sozialisation in Pflegefamilien von den beteiligten Akteuren gestaltet?
» Wie gelingt es jungen Menschen in öffentlicher Erziehungshilfe, sich zu einem autonomen, mit sich selbst identischen Individuum zu entwickeln, anders gesprochen: Was kommt dabei heraus, wenn ein Kind in einer Pflegefamilie aufwächst?

Um diese Fragestellungen zu bearbeiten, haben wir über vier Jahre hinweg junge Erwachsene, ihre Pflegefamilien und ihre leiblichen Familien begleitet, beobachtet und befragt. Rechnen wir die gelegentlichen Anrufe bei den untersuchten ehemaligen Pflegekindern nach dem offiziellen Abschluss der Forschung dazu, die uns dazu dienen, deren weiteren Lebensweg zu verfolgen und so unsere Annahmen darüber zu überprüfen, dann überschauen wir einen Zeitraum von insgesamt sechs Jahren. Mit Verantwortlichen aus der Kinder- und Jugendhilfe sowie mit einer Interessensgruppe aktueller und ehemaliger Pflegekinder haben wir Experteninterviews geführt. Zu diesem Kernbestand an Daten treten Hintergrunderfahrungen aus einem anderen Projekt, das wir im Bereich der Kinder- und Jugendhilfe durchführen und in dem es um die Transformation der Kinder- und Jugendhilfe in Ost und West nach der Einführung des KJHG/SGB VIII geht, sowie Erfahrungen aus vielen Supervisionen mit Fachleuten der Kinder- und Jugendhilfe und der Kinder- und Jugendpsychiatrie.

Wie wir das für die Beantwortung unserer Forschungsfragen erforderliche Material erhoben und analysiert haben, ist Gegenstand des folgenden Abschnitts.

Methodik

Vorbemerkung. Dieser Untersuchung liegt eine interpretative und fallrekonstruktive Methodik zugrunde. Diese Methodik gehört zum Kanon soziologischer Forschung und braucht sich, im Unterschied zu den 70er Jahren des letzten Jahrhunderts, nicht mehr eigens gegenüber dem Mainstream der sich »empirisch« nennenden Forschung zu legitimieren. Das hat sich jedoch bis zur Psychologie noch nicht herumgesprochen, was nicht weiter verwundert, da die Breite wissenschaftstheoretischer Positionen an psychologischen Instituten in der Regel nicht vermittelt wird, vielfach auch nicht bekannt ist. Dies führt dazu, dass Psychologen, wenn unsere Forschungsergebnisse ihren eigenen Selbstverständlichkeiten widersprechen, zur Kritik daran weiter nichts einfällt, als die »geringe« Fallzahl zu monieren und die Komplexität fallrekonstruktiver Forschung auf die Darbietung »winziger Bruchstücke der Lebensgeschichten« (Westermann o. J., S. 1) zu reduzieren. Deshalb werden wir bei der Darstellung unseres methodischen Vorgehens etwas breiter ausholen müssen. Allen, die mit fallrekonstruktiver Forschung vertraut sind, sei empfohlen, die folgenden Seiten zu überschlagen.

Nomothetische, idiographische und fallrekonstruktive Forschung. Seit Windelband (1894) und Rickert (1899/1986) hat es sich eingebürgert, zwischen nomothetischer und idiographischer Forschung zu unterscheiden (Matthiessen 2003, Bohler & Hildenbrand 2003). Nach Rickert besteht seit Aristoteles »das Wesen aller wissenschaftlichen Begriffsbildung oder Darstellung in erster Linie darin, dass man die Bildung *allgemeiner* Begriffe anstrebt, unter welche die verschiedenen Einzelgestaltungen sich als Exemplare unterordnen lassen. Das Wesentliche in den Dingen und Vorgängen ist dann das, was sie mit den unter denselben Begriff fallenden Objekten gemeinsam haben, und alles rein Individuelle geht als unwesentlich nicht mit in die Wissenschaft ein« (Rickert 1986, S. 58). An dieser Stelle greift Rickert auf den Hegelschen Begriff der Wirklichkeit zurück und stellt ihn in die Dialektik von Allgemeinem und Besonderem bzw. Konkretem. Das bedeutet einerseits: »Nur das *Allgemeine* am Wirklichen können wir *vorhersagen*, und gerade dadurch vermögen wir uns in ihm zurechtzufinden. Wäre die Welt nicht generalisierend *vereinfacht*, so würde ihre Berechnung und Beherrschung nie gelingen. Die unübersichtliche Mannigfaltigkeit des Individuellen und Besonderen *verwirrt* uns, solange sie nicht durch die generalisierende Begriffsbildung überwunden ist« (Rickert 1986, S. 63f.). Andererseits zeigt sich in der Rekonstruktion der konkreten Wirklichkeit in der Kulturwelt die Grenze generalisierender naturwissenschaftlicher Begriffsbildung. Denn »das Wirkliche haben wir im Besonderen und Individuellen, und niemals lässt es sich aus allgemeinen Elementen ausbauen« (Rickert 1986, S. 63).

Auch Max Weber bestimmt in diesem wissenschaftstheoretischen Kontext seine »Verstehende Soziologie« als eine Wirklichkeitswissenschaft: »Wir wollen die uns umgebende Wirklichkeit des Lebens, in welches wir hineingestellt sind, in ihrer Eigenart verstehen« (Weber 1922/1988, S. 170). Angesichts der Komplexität von Mensch und Sozialwelt in der Verbindung physischen und psychischen Seins weist Weber darüber hinaus auf die Problematik bzw. Grenze kausaler Erklärungsversuche hin. Die kausale Erklärung im Sinne einer Rückführung besonderer Erscheinungen auf allgemeine Gesetze in der Sozialwelt als erschöpfender kausaler Regress sei angesichts der komplexen Wirklichkeit praktisch unmöglich. Für Webers Wissenschaftslehre gilt deshalb: »Nur diejenigen Ursachen, welche die im Einzelfalle »*wesentlichen*‹ Bestandteile eines Geschehens zuzurechnen sind, greifen wir heraus: die Kausalfrage ist, wo es sich um die *Individualität* einer Erscheinung handelt, nicht eine Frage nach Gesetzen, sondern nach konkreten kausalen Zusammenhängen« (Weber 1988, S. 178). Wichtig ist also, zu entscheiden, welcher individuellen Konstellation Kausalzusammenhänge als Ergebnis zuzurechnen sind.

Dilthey weist darauf hin, dass der Ausgang der Idiographik beim Einzelfall nicht bedeuten dürfe, dass der Weg zu generellen Begriffen (bei Max Weber: Typen) und Erkenntnissen prinzipiell versperrt sei. Zwar gelte einerseits, dass die hermeneutische Begriffsbildung darauf gerichtet ist, »das Feste, Dauernde aus dem Fluß des Verlaufs herauszuheben« (Dilthey 1974, S. 177). Andererseits jedoch bewege sich die Hermeneutik in doppelter Richtung: »In der Richtung auf das Einmalige geht sie vom Teil zum Ganzen und rückwärts von diesem zum Teil, und in der Richtung auf das Allgemeine besteht dieselbe Wechselwirkung zwischen diesem und dem Einzelnen« (Dilthey 1974, S. 177).

Dieser knappe Rückblick auf die Diskussion der Bedeutung fallrekonstruktiver Forschung an der Wende vom 19. zum 20. Jahrhundert zeigt, wie komplex die Begründungen einer einzelfallorientierten Forschung damals schon angelegt waren. In der Folge jedoch traten die nomothetischen Verfahren ihren Siegeszug an, und die hermeneutischen Positionen, die sich seither in der Bandbreite von phänomenologisch orientierter Soziologie, Symbolischem Interaktionismus und Strukturalismus entwickelten, gerieten zunehmend in eine defensive Position. Jedoch sind seit den 90er Jahren des 20. Jahrhunderts verstärkte Bemühungen zu verzeichnen, unabhängig vom Mainstream und seinen Imperativen an der Grundlegung fallrekonstruktiver Forschung zu arbeiten. Feagin, Orum & Sjoberg (1991) sowie Ragin & Becker (1992) haben einschlägige Sammelbände vorgelegt, und mit dem Reader von Kraimer (2000, vgl. dazu auch Hildenbrand 2003) erschien eine Übersicht über den Stand der methodologischen Grundlegung der Fallrekonstruktion in Deutschland. Ein Lehrbuch zur fallrekonstruktiven Familienforschung hat Hildenbrand (2004) verfasst. Dieses liegt den folgenden Ausführungen zugrunde.

Fall, Rekonstruktion, Familie: Definitionen. Unter einem Fall wird hier ein Gebilde mit eigener *Bildungsgeschichte* bzw. eigener Geschichte der Individuierung sowie mit definierbaren, sowohl bei den Akteuren innerhalb wie außerhalb des Falles mental und in Handlungen erzeugten Grenzen verstanden. Fälle können demnach Individuen und Familien, Institutionen wie Vereine und Firmen, Stadtviertel, Gemeinden und Regionen bis hin zu nationalen Gesellschaften sein. Hier aber geht es um Individuen und um Familien als Fälle, genauer: Es geht um zwei Familiensysteme, um die Herkunftsfamilie und um die Pflegefamilie. Das Beziehungsdreieck Herkunftsfamilie – Pflegefamilie – Jugendhilfebehörde bildet eine dritte Fallebene. Die vierte Fallebene ist das ehemalige Pflegekind selbst.

Gegenstand einer Fallanalyse ist die *Rekonstruktion* der *Struktur* eines Falles. Der Begriff »Rekonstruktion« deutet darauf hin, dass der Sozialforscher nicht *Ordnung* in den Fall als Ausschnitt von sozialer Wirklichkeit hineinlegt. Stattdessen wird diese Wirklichkeit als bereits geordnete begriffen, deren *Strukturen* es zur Sprache zu bringen gilt, und zwar in der *Sprache des Falles* selbst. Das Ziel der Fallrekonstruktion besteht dann darin, diese Ordnung nachzuzeichnen, eben: zu rekonstruieren. Insbesondere geht es dabei um die Interaktion von Handlung und Struktur, also darum, wie Strukturen durch Handeln hervorgebracht werden und diese wiederum das Handeln strukturieren (Hildenbrand 2007).

Der Begriff *Fallstruktur* bezieht sich darauf, dass in der *fallrekonstruktiven Familienforschung* (wir verwenden diesen Begriff synonym zu *Einzelfallforschung*) angenommen wird, dass Individuen bzw. Kollektive (Familien) in kontinuierlichen Handlungsprozessen *Muster* herausbilden, die typisch erwartbar sind. Die *Fallstruktur* stellt dann die geordnete Sequenz von *Entscheidungsmustern* eines Falles dar, die erwartbar wiederkehren und sich in jedem Aspekt eines Falles im Zeitverlauf wieder finden lassen müssen. Im *Forschungsprozess* wird diese Fallstruktur als *Hypothese* formuliert. Indem wir in Bezug auf eine Fallstruktur von einer Hypothese sprechen, machen wir deutlich, dass der Prozess der Rekonstruktion einer Fallstruktur als *Entwicklung und Überprüfung von Hypothesen* verläuft und dass dieser Prozess, wie die *soziale Wirklichkeit* selbst, offen ist.

Eine *Fallstruktur* gilt dann als bestimmt, wenn mindestens eine Phase in der Wiederholung strukturierter lebenspraktischer Entscheidungen eines Falles und damit dessen kontinuierliche Entwicklung identifiziert werden kann. In diesem Falle handelt es sich dann um eine *Fallstrukturreproduktion*, die beobachtet wird. Von *Strukturtransformation* wird dann gesprochen, wenn eine Veränderung der Strukturiertheit eines Falles und damit dessen diskontinuierliche Entwicklung im Material identifiziert wird.

Den Abschluss einer Fallrekonstruktion bildet die *Fallmonographie*. Sie beinhaltet die umfassende Darstellung der *Fallstrukturhypothese*, in welcher alle Strukturaspekte sowie ihr Zusammenhang untereinander unter Einbeziehung von Material beschrieben werden. Dabei richtet sich der Umfang des einbezogenen Materials danach, wie viel davon erforderlich ist, damit die Leserin bzw. der Leser die Entwicklung der *Fallstrukturhypothese* nachvollziehen kann.

Eine *Fallmonographie* ist von einer *Fallbeschreibung* zu unterscheiden. Letztere verfolgt lediglich das Ziel, eine möglichst umfassende, inventarische Darstellung des Lebens einer sozialen Einheit ohne Anspruch auf die *Rekonstruktion* von *Strukturierungsgesetzlichkeiten* und damit ohne theoretische Relevanz zu geben. Fallbeschreibungen haben somit in der fallrekonstruktiven Forschung keine Bedeutung.

Fallrekonstruktion und Theoriebildung. Im Prinzip ist es möglich, anhand einer einzigen Fallrekonstruktion eine Theorie zu entwickeln. Dies ergibt sich daraus, dass, wie eingangs ausgeführt, die Fallrekonstruktion *Allgemeines* und *Besonderes* zugleich erschließt: Der Fall ist ein *Allgemeines*, insofern er sich im Kontext *objektiv gegebener gesellschaftlicher Strukturen* gebildet hat. Er ist ein *Besonderes*, insofern er sich in Auseinandersetzung mit diesen *individuiert* hat. Wo möglich, sollten jedoch mehrere Fälle analysiert werden, da die zu entwickelnde, je spezifische *Theorie* reichhaltiger wird, wenn mehrere Fälle systematisch miteinander kontrastiert werden (siehe weiter unten).

Bei der fallrekonstruktiven Familienforschung betrachten wir die Familie aus drei Perspektiven: Familie als System sozialisatorischer Interaktion, Familie als Milieu, Familie als geschichtlich gewachsener Generationenzusammenhang.

Familie als System sozialisatorischer Interaktion. Auf diesen Punkt sind wir im vorigen Kapitel bereits eingegangen, als wir die strukturellen Unterschiede zwischen Herkunftsfamilien und Pflegefamilien herausgearbeitet haben. Er muss daher an dieser Stelle nicht wieder aufgegriffen werden. Wichtig ist hier, dass Tonbandprotokolle von Familiengesprächen die wesentliche Datengrundlage für die Erfassung dieser Perspektive bilden.

Familie als Milieu. Die triadische Interaktionsstruktur der Familie ist eingebettet in die »Familie als Milieu«. Die Milieustudie der Familie ist das zweite Element einer fallrekonstruktiven Familienforschung. Hier wird die Familie in Anlehnung an die phänomenologisch orientierte Soziologie (Berger & Kellner 1965, Grathoff 1989) als symbolische Sinnwelt betrachtet. Diese Sinnwelt wird zum einen durch einen Erzählzusammenhang konstituiert, in welchem das kollektive Familiengedächtnis mehr oder weniger konsistent gebildet, erhalten und modifiziert wird (Hildenbrand & Jahn 1988). Dieses Familiengedächtnis formt implizit die Sinnwelt einer Familie und prägt sie im Sinne einer »natürlichen Selbstverständlichkeit«. Es kann aber auch zur Grundlage von Prozessen der Selbstthematisierung in der Familie und der Familie (Winter 1990) vor allem in Krisenzeiten dienen. Zum Milieu gehören des Weiteren räumliche und zeitliche Strukturierungsprozesse: Wer sitzt wann mit wem am Tisch, wer schläft wann und wo mit bzw.

bei wem, wer kann welchen Raum beanspruchen und wer nicht? Dies sind typische Fragen, die an die Familie als einem Milieu gestellt werden und die die Anlage einer fallrekonstruktiven Familienstudie als Ethnographie nahe legen (Hildenbrand 1983).[10]

Familie als geschichtlich gewachsener Generationenzusammenhang. In diachroner Betrachtung kommen wir zur Familie als einem geschichtlich gewachsenen Sozialzusammenhang. Dies ergibt sich schon daraus, dass ein Verständnis einer spezifischen Eltern-Kind-Interaktion auf die Rekonstruktion von drei Generationen angewiesen ist: Kinder individuieren sich in der Auseinandersetzung mit Eltern, die ihrerseits wieder sich von ihren eigenen Eltern abgelöst und damit individuiert haben. Dies bedeutet, dass die fallrekonstruktive Familienforschung auch Generationenforschung ist, die zudem verschränkt ist mit der makrosoziologischen Betrachtung von Generationenlagen im Sinne Mannheims (Grathoff 1989, S. 139ff., Mannheim 1928, Oevermann 2001).

Biografie. In unserer Untersuchung fragen wir nach dem Beitrag der Pflegefamilie zur Identitätsbildung von Pflegekindern. Untersucht haben wir junge Erwachsene im Alter zwischen (damals) 21 und 32 Jahren. Mit ihnen haben wir biografische Interviews durchgeführt und diese mit den Mitteln der soziologischen Biografieforschung untersucht. Im Zentrum steht das »narrative Interview« (Riemann 1987). Hier wird die Untersuchungsperson gebeten, in einer Stegreiferzählung seine Lebensgeschichte zu erzählen. Dies wird dann (vereinfacht dargestellt) unter den Aspekten der Strukturierung dieser Erzählung (was wird erzählt, welche Abfolge von Ereignissen wird gewählt?) und der verwendeten Deutungsmuster (wie wird diese Abfolge gedeutet?) analysiert. Danach wird das Ergebnis dieser Analyse verglichen mit den Ergebnissen der objektiven Daten der zu analysierenden Lebensgeschichte, vor allem auch im Kontext der objektiven Daten der Familiengeschichte über drei Generationen. Die biografieanalytische Perspektive erlaubt es uns also, das Individuum nicht nur als Teil einer Familie (bzw. zweier Familien), sondern in der Perspektive seiner Eigenständigkeit nach der Ablösung zu verstehen.

Praktisches Vorgehen bei der Fallrekonstruktion. Unter einem Fall wird, wie erwähnt, ein *soziales Gebilde* verstanden, das seine *Strukturiertheit* ständig *reproduziert*, ggf. auch *transformiert*, und das *Grenzen* nach außen aufweist. Was allerdings der Fall ist und wo dessen Grenzen liegen, kann vorab nur ansatzweise bestimmt werden; vielfach ergibt sich die Kontur des Falles erst im Verlauf der *Fallrekonstruktion*. Daher ist auch der Vorwurf an die fallrekonstruktive Familienforschung unzulässig, sie befasse sich mit der Familie als einer biologischen Einheit (Lenz 2003, S. 489).[11] In soziologischer Betrach-

---

[10] Bourdieu betrachtet die ethnographische Sichtweise als »Gegengift« gegen (allzu rigide) strukturalistische Konzeptionen (Bourdieu 2002, S. 70).

[11] Noch deutlicher äußert sich Arno Gruen in seinem Vorwort zu Nienstedt & Westermann (2004). Wer das Buch dieser Autoren gelesen habe, schreibt er, könne »denen entgegentreten, die das Konzept der Identität missbrauchen, wenn sie im Grunde eine Blut-und-Boden-Psychologie vertreten, die auf Abwehr und Verneinung des Menschlichen basiert. Wenn völlig abgelöst von der Qualität der Eltern-Kind-Beziehung a priori die leiblichen Eltern als Identitätsquelle ihrer Kinder idealisiert werden, so wird (…) eine biologische Sicht vertreten, von der wir gemeint haben, sie sei längst überwunden« (Gruen 2004).

tung sind biologische Gegebenheiten immer als sozial konstruierte Gegebenheiten zu betrachten: Biologische Dispositionen »manifestieren sich in jedem Feld in der spezifischen Form, die ihm dieses Feld zu einem bestimmten Zeitpunkt zuweist« (Bourdieu 1997, S. 658). Als Familie analysieren wir zunächst das, was die Akteure uns *als* Familie präsentieren.

Zugang zum Feld. Während vielfach angenommen wird, der Zugang zum Feld würde dadurch erleichtert, dass möglichst das Bekannte untersucht wird, ist genau das umgekehrte Verfahren richtig: Je fremder das Feld, desto eher können die *Sozialforscher als Fremde* auftreten, denen die *Untersuchten* etwas zu erzählen haben, das für die Forscher neu ist. Des Weiteren wird durch die Wahl eines fremden, d. h. dem Forscher oder der Forscherin nicht vertrauten Falles das Problem zumindest eingedämmt, dass Forscher, die Untersuchungen in ihrer eigenen Kultur durchführen, die für diese selbst weitgehend fraglos ist, sich bei der *Interpretation dieser Kultur* nicht auf die *Interpretationsmuster* berufen, auf die sie als *Alltagsakteure* vertrauen (Cicourel 1970). Deshalb haben wir Individuen und Familien untersucht, die uns nicht bekannt waren. Falls sie einzelnen aus unserem Forschungsteam jedoch bekannt waren (dies ist in zwei Fällen gegeben), mussten andere Mitglieder der Forschungsgruppe die Datenerhebung übernehmen und auch bei der Datenanalyse, die in der interpretativen Sozialforschung vorzugsweise in Gruppen stattfindet, die leitende Funktion übernehmen.

Datenerhebung. Ziel der Datenerhebung ist es, *Material* zu generieren, das *prozessual* organisiert ist und somit die Rekonstruktion der *Reproduktion einer Fallstruktur*, die ja ihrerseits *Prozess* ist, ermöglicht. Dabei muss der Zeitraum der Prozesse, der überschaut werden soll, ausreichend umfänglich bemessen werden, damit diese Prozesse in die Wahrnehmung eintreten können. In der fallrekonstruktiven Familienforschung benötigen wir entsprechend einen Überblick über drei Generationen, d. h. über drei Triaden. Unsere Erfahrung ist, dass wir mit der Erfassung eines Familiengenogramms dem am sparsamsten entsprechen können (Hildenbrand 2004, 2007b).

Kernstück der Datenerhebung im Rahmen fallrekonstruktiver Familienforschung ist das *familiengeschichtliche Gespräch*. Dieses dient dazu, das geeignete Material zu generieren, um die Prozesse der Konstruktion der spezifischen Individualität eines Falles analysieren zu können. In der fallrekonstruktiven Familienforschung hat das familiengeschichtliche Gespräch forschungs*strategisch* eine zentrale Bedeutung. Die Beteiligten berichten nicht nur über die spezifische Wirklichkeit dieser Familie, sondern sie konstruieren und modifizieren sie im Verlaufe des Gesprächs.[12] Dabei kommen Aspekte familienspezifischer Weltsichten zum Ausdruck, die den Alltag dieser Familien durchgängig strukturieren. Daraus lassen sich vier Konsequenzen für die Bedeutung des familiengeschichtlichen Gesprächs in der fallrekonstruktiven Familienforschung ableiten (Hildenbrand & Peter 2002):

---

[12] Dem liegt die Auffassung zugrunde, dass Biografien ständigen Umschreibungs- und Umdeutungsprozessen unterliegen. Es gibt also nicht *die* Biografie. Max Frisch hat dies so formuliert: »Jedermann erfindet sich früher oder später eine Geschichte, die er für sein Leben hält«.

» Die Aufgabe des gemeinsamen familiengeschichtlichen Erzählens spricht die Familie als *Erzählgemeinschaft* an. Mit Schapp (1976) sind wir der Auffassung, dass Sinnzusammenhänge des menschlichen Lebens geschichtenförmig organisiert sind, und wir nehmen des Weiteren an, dass diese Geschichten eine doppelte Struktur haben: Sie bewahren, indem sie Erlebtes in einen sinnhaften Zusammenhang bringen. Sie schaffen aber auch Neues, indem sie die Tendenz haben, über das Bewahrende hinauszuweisen.

» Über das familiengeschichtliche Erzählen finden wir Zugang zu den im kollektiven Gedächtnis der Familie (Halbwachs 1966) bewahrten routinehaften Handlungs- und Orientierungsmustern.

» Des Weiteren finden wir Zugang zu jenen Situationen in der Familiengeschichte, in denen die bestehenden routinehaften Handlungs- und Orientierungsmuster nicht mehr taugen, in denen die Familie also in eine Krise geraten ist. Das Maß der Autonomie der Lebenspraxis von Individuen, Paaren und Familien zeigt sich nun gerade darin, wie diese Krisen bewältigt und so die Grundlagen geschaffen werden, neue Routinen einzurichten (Oevermann 2001).

» Es kann nicht erwartet werden, dass Familien ihre Geschichte als eine kohärente und konsistente Einheit erzählen. Jedoch bieten in der Regel einzelne Geschichten, die immer wieder erzählt werden, die Grundlage, auf der Familien in aktuellen Deutungs- und Entscheidungssituationen – typischerweise in Situationen der Krise, also z. B. in Krankheitssituationen – einen sicheren Stand gewinnen.

» Familiengeschichtliches Erzählen bringt jedoch nicht nur Orientierungs- und Handlungsmuster zutage. Erzählen als gemeinschaftliche Aufgabe bedingt gemeinsames Handeln bzw. Aushandeln. Das familiengeschichtliche Erzählen stellt ein Experiment dar, in dem Verständigungsprozesse innerhalb einer Familie angestoßen und damit untersuchbar werden. Diese Daten können folglich zur Analyse der Interaktionsmuster der jeweiligen Familie benutzt werden.

Beobachtungsprotokolle werden so angefertigt, dass Beobachtung und Deutung voneinander getrennt sind: Die Beobachtung wird möglichst interpretationsfrei notiert und der so entstandene Text analysiert (Schatzman & Strauss 1973, S. 99f.).

Datenanalyse. Wir verzichten ausdrücklich darauf, zunächst die Daten für alle Fälle einer geplanten Studie zu erheben und dann erst mit der *Datenanalyse* zu beginnen. Der Grund dafür ist, dass zu Beginn einer Untersuchung noch nicht abzusehen ist, welche Fälle für das vorliegende Forschungsthema relevant sind. Stattdessen erheben wir die Fälle nacheinander im Stil des *theoretical sampling*, wie es aus der Grounded Theory (Glaser & Strauss 1973/1998, Strauss 1994) bekannt ist. Mehr dazu weiter unten.

Das grundlegende Prinzip der fallrekonstruktiven Forschung ist die *Sequenzanalyse*. Ihr Ziel ist es, die Strukturiertheit eines Falles im sequentiellen Ablauf ihrer Reproduktion zu rekonstruieren. Der für diese Vorgehensweise zentrale Verfahrensschritt ist dabei der die Möglichkeiten des weiteren Verlaufs einer *Interaktion* oder einer *Äußerungseinheit* an jeder *Sequenzposition* aufgrund einer extensiven Auslegung der *objektiven Bedeutungsstrukturen* zu bestimmen und dann die *objektive Bedeutung* des tatsächlich erfolgten nächsten Zuges im *Interaktionsablauf* damit zu konfrontieren (Oevermann 1991, Wernet 2000).

Zunächst ziehen wir aus der Verschriftung des familiengeschichtlichen Gesprächs die »objektiven Daten« der Familienmitglieder über drei Generationen heraus und fertigen ein Genogramm an. Zu den »objektiven Daten« gehören: Geburts-, Heirats- und Sterbedaten, Daten zu Ausbildungen und ausgeübten Berufen, Wohnorte, Religionszugehörigkeit. Da Fallrekonstruktionen von Familien mindestens drei Generationen und deren jeweilige Generationenlagen erfassen, werden zusätzlich sozialhistorische Daten herangezogen (Archivmaterialien, Ortschroniken, Informationen über die historische Entwicklung von Berufen, historische Prozesse spezifischer Orte, Regionen und Gesellschaften etc.). Die so rekonstruierte Familiengeschichte als Gründungsgeschichte, in Form von »*objektiven*« *Daten* repräsentiert und in einem Genogramm veranschaulicht, bietet die Grundlage für die Rekonstruktion von Handlungs- und Entscheidungsmustern, die von Generation zu Generation tradiert werden.

Der zweite Schritt besteht darin, die Eingangssequenz des familiengeschichtlichen Gesprächs als Interaktionsprozess zu analysieren. Mit der *Selbststrukturierung der Interviewsituation* durch die Familie zu Beginn des Interviews, im Beobachtungsprotokoll festgehalten und in der Verschriftung des Gesprächs objektiviert, bilden sich ihre Handlungsmuster und Konstruktionsprozesse ihrer Wirklichkeit ab. Von besonderer Bedeutung ist dabei die Eingangssequenz. Hier muss die Familie die Aufgabe lösen, sich gegenüber Fremden als Familie zu präsentieren und eine ungewohnte Situation, das familiengeschichtliche Gespräch, zu strukturieren.

Im dritten Schritt stellen wir eine thematische Übersicht über das familiengeschichtliche Gespräch her und unterziehen einzelne Abschnitte, in denen spezifische Themen verhandelt werden, wiederum sequentiellen Analysen. Die im Rahmen dieser Themen erzählten *Geschichten* sind eine weitere Datenquelle für nur teilweise bewusste Konstruktionsprozesse, die die Familienwirklichkeit betreffen.

Im vierten Schritt analysieren wir die vorhandenen Beobachtungsprotokolle, in denen Sitzordnung, Beschreibung der Wohnung, des Hauses und des Wohnumfeldes der Familie erfasst sind.

Eine *Fallrekonstruktion* kann als vorläufig abgeschlossen gelten, wenn eine integrierte, d. h. alle für den Untersuchungszweck bedeutsamen Aspekte berücksichtigende *Fallstrukturhypothese* formuliert werden kann, die ihre Plausibilität über die unterschiedlichen Datentypen und deren Analyse hinweg behält.

Fallrekonstruktion und Fallkontrastierung. Fallkontrastierung findet, wie erwähnt, nach dem Prinzip des *theoretical sampling* (Glaser & Strauss 1973/1998, Kap. III) statt. In einem zentralen Punkt weichen wir jedoch vom Konzept der Grounded Theory ab: Wir betreiben das *theoretical sampling* nicht auf der Ebene von Gruppen, die vom Forscher auf Grundlage *empirischer Vorentscheidungen* zusammengestellt (»kreiert«, vgl. Glaser & Strauss 1998, S. 61) werden, sondern auf der Grundlage von *Strukturen* rekonstruierter Fälle: »Statt sie (die Ähnlichkeiten empirischer Gegebenheiten) als Gegebenheiten der Erfahrung zu erfassen, verstehen wir sie als Wesenheiten der Vernunft« (Lévi-Strauss 1990, S. 37). Das bedeutet, dass zunächst der erste Fall erhoben und analysiert wird.

Dann wird *gedankenexperimentell* ein zweiter, zum ersten *maximal kontrastierender Fall* konstruiert. Dazu wird ein passender realer Fall ausfindig gemacht und analysiert. Nun wird die erwartete Ausprägung und Richtung der *maximalen Kontrastierung* verglichen mit der *tatsächlich eingetretenen*. Hieraus werden *gedankenexperimentell* die Bedingungen für einen dritten, zu den ersten beiden Fällen maximal kontrastierenden Fall formuliert, ein dazu passender realer Fall ausfindig gemacht und analysiert. Dieses Verfahren wird so lange fortgeführt, bis eine *Sättigung* der sich entwickelnden Theorie eintritt (vgl. dazu die Skizze in Hildenbrand 2004, S. 69).

Typenbildung. Die Typenbildung gilt seit Max Webers Ausführungen zur »gedanklichen Gestalt des Idealtypus« als Vorgehen der Wahl, wenn es um Generalisierung im Rahmen sinnverstehender Soziologie geht. Allerdings sind mit seiner Konzeption einige Probleme verbunden: Das erste Problem kann mit folgender Frage benannt werden: Gehen die Fallrekonstruktionen im allgemeinen Typus auf, oder werden sie darin als Einzelfall bewahrt? Max Weber ist hier unentschlossen. Einerseits sind für ihn Idealtypen »theoretische Konstruktionen unter illustrativer Benutzung des Empirischen« (Weber 1988, S. 205). Wenn es dabei bliebe, würde der Einzelfall im Idealtypus aufgehen, und die übergreifende Fallstruktur, aus der heraus einzelne Phänomene des Falls ihre Bedeutung gewinnen, würde verschwinden. Andererseits aber maß Weber der Kasuistik eine große Bedeutung zu. So schreibt er über die seinerzeit im Entstehen begriffene Psychoanalyse: »Gleichwohl unterliegt es keinem Zweifel, dass Freuds Gedankenreihen für ganze Serien von kultur-, speziell *religions*historischen und sittengeschichtlichen Erscheinungen zu einer Interpretationsquelle von sehr großer Bedeutung werden *können* (...) Vorbedingung wäre die Schaffung einer exakten ›*Kasuistik*‹« (zitiert nach Marianne Weber, 1926/1989, S. 379). Das heißt, dass Theoriebildung sich beständig im Spannungsfeld von abstrahierender Fallrekonstruktion und Typenbildung ereignet. Dieses Spannungsfeld wird vielfach dadurch aufgelöst, dass aus der Untersuchungsgruppe Fälle herausgelöst werden, die dann als »reine Fälle« (Gerhardt 1991) oder als »Referenzfälle« (Giegel, Frank & Billerbeck 1987) eine dominante Rolle in der Theoriebildung übernehmen. Das zweite Problem hängt eng mit dem ersten zusammen und bezieht sich darauf, dass Fälle nicht einfach unter Typen subsumiert werden können. Typen haben in der Logik der fallrekonstruktiven Familienforschung keine größere Bedeutung als die einer Hilfskonstruktion (eben: *Mittel* und nicht *Ziel*) in der vergleichenden Fallrekonstruktion. Sie dienen der Verallgemeinerbarkeit von Fallrekonstruktionen im Fallvergleich (Nagel 1997) und haben damit eine wichtige Rolle im Theoriebildungsprozess. Jedoch müssen sich diese Typen, und mit ihnen die Theorie, die auf sie aufbaut, aufgrund der »ewigen Jugendlichkeit idealtypischer Konstruktionen« (Weber 1988, S. 206) immer neu am Fall bewähren.

Zum Gang von Fallrekonstruktion, Fallkontrastierung und Typenbildung in der vorliegenden Untersuchung. Die von uns untersuchten ehemaligen Pflegekinder waren durchweg in ihren Herkunftsfamilien massiv problematischen Lebensereignissen ausgesetzt: Verleugnung der Eltern-Kind-Beziehung und Ausgrenzung; Erleben, dass der eigene Vater den Bruder erschlägt, sexuelle Grenzüberschreitungen; früher Tod beider Eltern. Wir haben keine Fälle in unserem Sample, die der klassischen Situation des sexuellen Missbrauchs entsprechen, bei dem die Fachleute zu einer radikalen Trennung der Kinder von ihren Eltern raten. Zu Fällen mit schwerer sexueller Traumatisierung machen wir demzufolge auch keine Aussagen in dieser Studie.[13] Alle der von uns untersuchten ehemaligen Pflegekinder führen heute ein selbstbestimmtes, unabhängiges Leben, sie sind berufstätig oder in Ausbildung und leben in mehr oder weniger stabilen Beziehungen. Dass dies so ist, haben sie nach unserer Einschätzung in erheblichem Ausmaß ihrem Aufenthalt in einer Pflegefamilie zu verdanken.

Insofern kontrastieren die untersuchten ehemaligen Pflegekinder untereinander minimal. Maximal – auf der Ebene der externen, d. h. vor der Durchführung der Fallstudie erwarteten Kontrastierung – unterscheiden sich die von uns untersuchten Pflegefamilien durchweg.

Wir zeichnen nun den Gang des *theoretical sampling* nach. Unsere Studie begann mit zwei Pflegekindern, die in einem Pfarrhaus aufgewachsen sind, nachdem ihre Eltern früh starben. Die Pflegeeltern, also die Pfarrerin und ihr Ehemann, führten in der Tradition des lutherischen Pfarrhauses ein offenes Haus und gestalteten die Pflegefamiliensituation dem entsprechend. Eines der beiden hier aufgewachsenen Pflegekinder war zuvor bei seinem deutlich älteren Bruder und dessen noch älterer Partnerin in Verwandtenpflege. Dieser Aufenthalt endete aufgrund struktureller Verwerfungen vorzeitig. Diese bestanden zum einen zwischen der Geschwisterbeziehung und der Pflegevater-Pflegetochter-Beziehung, zum anderen zwischen dem Pflegekind und den Pflegeeltern als Paar.

Als maximalen Kontrast zum offenen pflegefamilialen Milieu des Pfarrhauses wählten wir als nächstes eine Pflegefamilie aus, die sich dezidiert als Ersatzfamilie versteht und diese Auffassung auch öffentlich vertritt.

Mit diesen beiden Familien jenseits der Verwandtenpflege kontrastierten wir als Nächstes eine Pflegefamilie, die integrierend und offen zugleich ist. Damit hatten wir zunächst ein weites Tableau erschlossen, dem wir eine letzte Kontrastierung gegenüberstellten: die fachlich informierte Pflegefamilie, bestehend aus einer Erzieherin als Pflegemutter und einem Psychologen als Pflegevater. Offiziell firmierte diese Pflegefamilie zwar als Kleinheim, ihrer alltagsweltlichen Strukturierung nach war sie jedoch eher mit einer Pflegefamilie als mit einem Heim zu vergleichen. Rechtlich würde man heute diese Familie als Erziehungsstelle nach § 34 KJHG behandeln.

In unserem Konzept von *theoretical sampling* unterscheiden wir zwischen externer und interner Kontrastierung, also zwischen erwartetem und eingetretenem Kontrast. Erst diese Perspektive ermöglicht es, eine reichhaltige *Grounded Theory* zu entwickeln. So finden wir zwar im Vergleich der Familien die erwarteten Kontrastierungslinien, jedoch treten weitere, nicht erwartete maximale und minimale Aspekte des Kontrasts in den Vordergrund. Wir haben diese in der Grafik auf Seite 40 aufgelistet. Die dort benutzten Bezeichnungen der untersuchten Pflegefamilien sind als Typen zu verstehen. Die in der Grafik enthaltenen Daten sind wie alle personenbezogenen Angaben in den in diesem Buch enthaltenen Fallrekonstruktionen anonymisiert.

---

[13] Die Fallstudie von Lukas Lohe bildet u. U. eine Ausnahme.

Fallrekonstruktive Verfahren und Beratung/Therapie. Strukturell ist die Logik des wissenschaftlichen Fallverstehens nicht unterschieden von der Logik der Fallrekonstruktion im Dienste der beraterischen und therapeutischen Arbeit. Daher bietet sich die fallrekonstruktive Forschung als Brücke zwischen der Soziologie und den Professionen an, die mit Beratung und Therapie befasst sind. Anders gesprochen: Die fallrekonstruktive Familienforschung erlaubt einen grundlagenwissenschaftlich orientierten Anwendungsbezug der Soziologie. Seit den 30er Jahren des 20. Jahrhunderts hat sich dafür der Begriff der »Klinischen Soziologie« eingebürgert (Wirth 1931, Oevermann 1990, Dewe 1985, Bourdieu 1998).

Es gibt drei Unterschiede zwischen wissenschaftlicher und therapeutischer Fallrekonstruktion:

» Die wissenschaftliche Fallrekonstruktion erfolgt nicht unter Handlungsdruck.
» Während die therapeutische Fallrekonstruktion ihren Zweck erfüllt hat, wenn das therapeutische Problem gelöst ist und daher nur punktuell erfolgen muss, ist das Ziel der wissenschaftlichen Fallrekonstruktion, möglichst umfassend einen Fall zu beleuchten.
» Bei der fallrekonstruktiven Forschung wird der Fallvergleich i. S. einer minimalen und maximalen Kontrastierung (Glaser & Strauss 1973/1998, Strauss 1994) systematisch und explizit durchgeführt, während im therapeutischen Handeln Fallvergleiche zwar auch ständig vorgenommen werden, weil sie genuiner Bestandteil therapeutischer Erfahrungsbildung sind, jedoch eher implizit bleiben.

Nützen soziologische Fallrekonstruktionen den Untersuchten? Fallstudien mit Individuen oder Familien durchzuführen stellt für diese eine Zumutung dar. Diese besteht darin, dass in der Feldforschung eine Praxisform eröffnet wird, bei der sich das grundlegende Sozialitätsprinzip von Gabe und Gegengabe methodologisch notwendig in einem Ungleichgewicht befindet: Die Forscher erhalten Daten, aber sie können nicht zusichern, dass sie die Erkenntnisse, die sie aus ihren Daten gewinnen, direkt an die Untersuchten zurückgeben können. Anders formuliert: Sie können nicht zusichern, dass das Ergebnis einer Fallstudie unmittelbar nützlich für die Verbesserung der Lebenspraxis der Untersuchten sein kann. Die Übersetzung wissenschaftlicher Untersuchungsergebnisse in die Lebenspraxis ist Aufgabe dafür ausgebildeter Professioneller (Hildenbrand 1998). Indirekt können diese Ergebnisse aber von Nutzen sein, indem sie in den laufenden fachlichen Diskurs im Pflegekinderwesen eingeführt werden. Hier gilt es, die gewonnen Erkenntnisse zu erläutern, sich der Kritik (die in unserem Fall bisher ausschließlich von den Interessensverbänden der Pflegefamilien und den mit ihnen verbundenen Wissenschaftlern stammt) zu stellen und diese zum Anlass zu nehmen, die eigenen Konzepte zu überprüfen.

[14] Vgl. als Beispiel Welter-Enderlin & Hildenbrand (2004) sowie Hildenbrand (2005). Beide Bücher wurden für Praktikerinnen und Praktiker aus Beratung und Therapie geschrieben und beruhen auf unseren Erfahrungen aus der therapeutischen Arbeit wie aus der fallrekonstruktiven Familienforschung.

Und ein Letztes: Von der Vertreterin eines Pflegeelterverbands wurden wir gefragt, wer unsere Studie bezahlt habe. Hier die Antwort: Unsere Forschung wurde von der Deutschen Forschungsgemeinschaft sowie von der Friedrich-Schiller-Universität Jena, also aus öffentlichen Mitteln finanziert. Bei der Durchführung der Studie waren wir niemandem als der Wissenschaft verpflichtet.

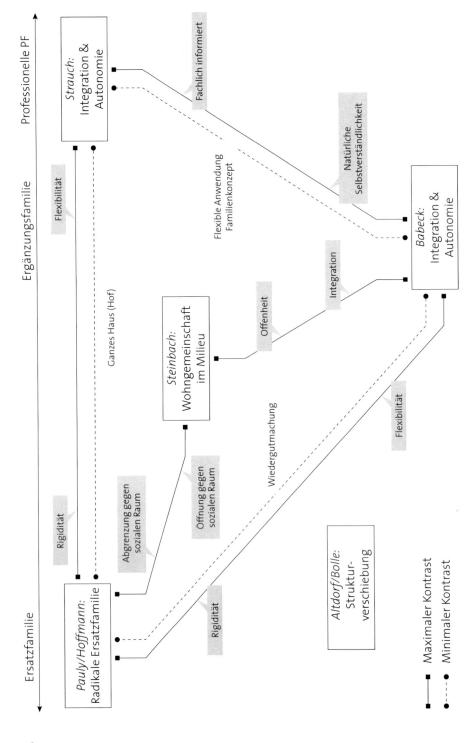

III. Formen von Pflegeverhältnissen: Die Fallmonographien

In diesem Kapitel stellen wir die Monographien der untersuchten Fälle vor (vgl. Grafik auf S. 27). Ein Fall ist hier der Verlauf des Aufenthalts eines jungen Menschen in einer oder mehreren Pflegefamilien und seine heutige Lebenssituation.

Wir beginnen mit Dieter Werner, der nach einer im ersten Lebensjahr beginnenden Jugendhilfekarriere mit Aufenthalten in Pflegefamilien und im Heim zuletzt in einer *RADIKALEN ERSATZFAMILIE* (Familie Hoffmann/Pauly) gelebt hat, in der wir ihn angetroffen haben. Dieser pflegefamilialen Situation stellen wir den Verlauf von Gabriele Schubert in einer Pflegefamilie gegenüber, die *INTEGRIEREND UND AUTONOMIEFÖRDERND* zugleich ist (Familie Babeck). Danach behandeln wir die Verläufe zweier Geschwister, Pia und Jakob Altdorf, die in jungen Jahren zunächst den Vater und kurz darauf die Mutter verloren haben. Wir beginnen mit Pias Aufenthalt in der *STRUKTURVERSCHOBENEN HERKUNFTSFAMILIE ALS PFLEGEFAMILIE* (das Paar Altdorf/Bolle). Nach dem Scheitern dieses Aufenthalts wechselt Pia in die *OFFENE, MILIEUGESTÜTZTE PFLEGEFAMILIE ALS WOHNGEMEINSCHAFT*, in der bereits ihr Bruder Jakob lebt (die Pfarrfamilie Steinbach). Schließlich stellen wir die Verläufe von Christoph Wilhelm und Lukas Lohe vor, die vom 10. Lebensjahr an in einer integrierenden und gleichzeitig autonomiefördernden Pflegefamilie aufgewachsen sind, die aber im Unterschied zur Familie Babeck eine *FACHLICH INFORMIERTE PFLEGEFAMILIE* ist (das Ehepaar Strauch).

Dieter Werner

1. Das frühe Abhandenkommen der Familie und das Leben in der radikalen Ersatzfamilie Hoffmann/Pauly

Das zentrale Lebensthema von Dieter Werner: Die Suche nach Identität

Das zentrale Lebensthema von Dieter Werner (*1969) ist eine tiefe Verunsicherung seiner Identität, aus der er sich erst allmählich lösen kann. Einerseits leidet er darunter, dass ihm seine Herkunftsfamilie abhanden gekommen und er deshalb immer auf der Suche nach einer »richtigen« Familie gewesen sei. Andererseits hat er in der Pflegefamilie Hoffmann/Pauly eine Familie gefunden, die ihm eine weitgehende Integration in ihr Leben ermöglicht hat. Aber Dieter Werner spürt die strukturellen Unterschiede zwischen leiblich begründeten Familien und Pflegeverhältnissen. 2004 fasst er seine Erfahrungen mit Fremdsozialisation zusammen und kommt dann auf seine letzte Pflegefamilie zu sprechen. Dabei bemerkt er, dass er zwar die Pflegeeltern als seine Eltern betrachte, aber diese Beziehung sei »vorgegaukelt«; sie stimme nicht; er habe deshalb einen »Knacks weg«. Hier wird eindrucksvoll die Bedeutung doppelter Elternschaft für Identitätsbildungsprozesse spürbar: Dass Pflegekinder zwei Elternpaare haben, ist gleichermaßen eine nicht aufhebbare lebensgeschichtliche Tatsache und eine Herausforderung im Lebensverlauf.

Die Herkunftsfamilie

Dieter Werner wird 1969 in einer mittelgroßen Stadt in Südwestdeutschland geboren. Als unsere Studie begann, war er knapp 32 Jahre alt. Die Familie Werner zeigt eine Strukturschwäche, die sich über mehrere Generationen erstreckt. Der Vater (*1931) von Dieter Werner arbeitete als Knecht, Bergmann, Bauhilfsarbeiter und zuletzt als Hausmeister. Seine sieben Jahre jüngere Ehefrau (*1938) ist ungelernt und war zeitweise als Küchenhilfe tätig. Beide Eltern sind zumindest vorübergehend in Pflegefamilien aufgewachsen. Über die Großeltern und über mögliche Geschwister sowohl des Vaters als auch der Mutter ist nur so viel bekannt, dass auch heute noch eine enge Beziehung zwischen den leiblichen Eltern und einer älteren Schwester der Mutter besteht.

Das Ehepaar Werner hat fünf Kinder, von denen vier Kinder heute noch am Leben sind. Die älteste Tochter (*1967) wurde wie alle ihre Geschwister unmittelbar nach der Geburt zunächst in einem Kinderheim untergebracht und ist später in einer Pflegefamilie aufgewachsen. Heute lebe sie nach Auskunft von Dieter Werner und seiner letzten Pflegefamilie in einer norddeutschen Stadt in einer Einrichtung für Erwachsene und beziehe Hilfe zum Lebensunterhalt. Der ältere Bruder von Dieter Werner (* 1968) verbrachte seine Kindheit und Jugend nach dem Aufenthalt in einem Kinderheim in zwei unterschiedlichen Pflegefamilien. Über seine Lebenssituation und seinen Aufenthaltsort heute liegen keine Daten vor. Die drei Jahre jüngere Schwester (*1972) wurde nach ihrem Heimaufenthalt im Kleinkindalter adoptiert und sei von ihren Adoptiveltern misshandelt worden. Deshalb sei sie, so Dieter, im Erwachsenenalter zeitweise in psychiatrischer Behandlung gewesen. Der jüngste nach 1973 geborene Bruder ist in Folge körperlicher Misshandlungen durch den Vater im Säuglingsalter ums Leben gekommen (andere jugendamtliche Angaben verweisen auf zwei Fälle von Totschlag durch den Vater). Während Dieter Werner und seine letzten Pflegeeltern den einen, unzweifelhaften Totschlag und den anschließenden Gefängnisaufenthalt zumindest des Vaters als die Ursache für die Fremdunterbringung aller Kinder der Familie angeben, nennt das zuletzt für Dieter Werner zuständige Jugendamt eine behördliche Maßnahme, nämlich einen Sorgerechtsentzug unabhängig von einem Totschlag, als Grund für die Fremdplatzierung. Auch nach weiteren Rückfragen bleiben die konkreten Lebensbedingungen der Familie Werner vor der Unterbringung der Kinder im Dunkeln. Der Totschlag mindestens eines Kindes ist verifiziert, darüber ist nicht nur in den Jugendamtsakten, sondern auch in den Medien berichtet worden, aber dieses Ereignis ist nicht der Grund für die Fremdunterbringung Dieters, weil er zu diesem Zeitpunkt bereits dreieinhalb Jahre alt war und – wie seine älteren Geschwister – längst im Kinderheim lebte, und zwar unmittelbar ab seiner Geburt. Ab dem fünften Lebensjahr folgen bis zu seinem

25. Lebensjahr insgesamt drei Unterbringungen in Pflegefamilien und Erziehungsstellen und in einem weiteren Kinderheim. Ob er zusammen mit seinen Geschwistern zwischen Mai 1973 und November 1974 in seiner Herkunftsfamilie gelebt hat, wie eine Anamnese aus den 80er Jahren nahe legt, ist aufgrund von sich widersprechenden Aktenaufzeichnungen zweier Behörden nicht herauszufinden. Das für ihn zuständige Jugendamt weist in einem für unsere Untersuchung erstellten Anamnesebogen eine durchgängige Fremdunterbringung auf, so dass man nach dieser Lesart davon ausgehen kann, dass seine Biografie ein Beispiel ist für das Aufwachsen in unterschiedlichen stationären Institutionen der Jugendhilfe. Für Dieter Werner selbst wie auch für die im Laufe seiner Kindheit und Jugend zuständigen Jugendämter liegen dessen frühe Jahre jedenfalls im Dunkeln. Dies spricht zum einen nicht für eine solide Fachlichkeit der Kinder- und Jugendhilfe in den 70er Jahren, zum anderen sehen wir bei Dieter Werner die Folgen jugendamtlicher Versäumnisse: eine tiefe biografische Verunsicherung, die bestehende Traumatisierungen noch verschärft.

Der Aufenthalt von Dieter Werner in der Pflegefamilie Hoffmann/Pauly als lebensgeschichtlicher Normalisierungsprozess

Die für die Identitätsbildung und Autonomieentwicklung von Dieter Werner entscheidenden Veränderungen vollziehen sich ab seiner Unterbringung in der Pflegefamilie Hoffmann/Pauly in seinem 13. bzw. 15. Lebensjahr. Diese sehr ungenaue Angabe zum Lebensalter Dieters bei Aufnahme in die letzte Pflegefamilie spiegelt zwei unterschiedliche Perspektiven auf die Kindheit und Jugend von Dieter Werner wider. Auf der einen Seite gibt es Aktenaufzeichnungen, die darauf hindeuten, dass das 15. Lebensjahr das Aufnahmealter in die letzte Pflegefamilie Hoffmann/Pauly war. Auf der anderen Seite stehen die Erinnerungen und Deutungen von Dieter Werner und seinen letzten Pflegeeltern, die beide das 13. Lebensjahr als das Aufnahmealter ausweisen. Diese Erinnerungen und Deutungen gewinnen die Oberhand, die amtlichen Daten haben für Dieter und seine Pflegeeltern keine Bedeutung. Die Lebensphase in der Pflegefamilie Hoffmann/Pauly wird von Dieter bis zum Jahre 2001 als Phase der Normalität empfunden. Das Aufwachsen in einer Herkunftsfamilie, die institutionellen Bedingungen der Heime und die dort erfahrenen Beziehungen in Peergruppen werden von ihm als Bedrohung, als Anormalität erlebt. Dieter Werner normalisiert seine Biografie durch die Konstruktion, dass er schon immer zur Pflegefamilie Hoffmann/Pauly gehört habe. Seine letzten Pflegeeltern (Hoffmann/Pauly) ihrerseits deuten Dieters Biografie so, dass nur widrige Umstände verhindert haben, dass Dieter Werner seine Kindheit und frühe Jugend nicht in seiner Pflegefamilie verleben konnte. Diese »Normalität« sei ihm endlich im jugendlichen Alter zugebilligt worden.

Der stabilisierende Rahmen der Pflegefamilie Hoffmann/Pauly

In der Pflegefamilie Hoffmann/Pauly findet Dieter Werner für ca. zehn Jahre, bis zu seinem 25. Lebensjahr, einen familienähnlichen Verband vor, in welchem er zum ersten

Mal belastbare und haltbare Bindungen, vor allem zum Pflegevater, erleben kann. Der Pflegevater verkörpert diejenige erwachsene Bezugsperson seiner Kindheit, die er am längsten kennt; er garantiert ihm biografische Kontinuität, Zugehörigkeit und die Gewissheit, sich zumindest auf eine Bezugsperson verlassen zu können. Das ist für Dieter Werner deshalb so wichtig, weil er fast seine gesamte Sozialisation im Rahmen öffentlicher Erziehungshilfen verbracht hat und die einzelnen Phasen seiner Jugendhilfekarriere als Ereignisse interpretiert, auf deren Gestaltung und Entwicklung er kaum Einfluss nehmen konnte. Bei diesem Pflegevater ändert sich das. Er lebte während seiner Kindheit, zwischen seinem siebten und achten Lebensjahr, das erste Mal bei diesem Pflegevater und seiner damaligen Frau. Nach der Trennung der Pflegeeltern und einer zwischenzeitlichen mehrjährigen Unterbringung in einer stationären Einrichtung habe er dann, so Dieter, »Himmel und Hölle in Bewegung gesetzt«, um in die Pflegefamilie Hoffmann/Pauly (Herr Hoffmann unterhielt inzwischen eine feste, langjährige Beziehung zu Frau Pauly) aufgenommen zu werden. Mit dieser erneuten Aufnahme wird Herr Hoffmann endgültig für Dieter zur wichtigsten erwachsenen Bezugsperson, die mit ihm gemeinsam seine Lebensgeschichte während der Kindheit- und Jugendphase aufarbeitet. Dieser Umstand erklärt auch die gleich lautenden Beschreibungen und Einschätzungen aller Beteiligten über die Herkunftseltern und Heimerfahrungen von Dieter Werner im familiengeschichtlichen Gespräch: Dieter Werner konstruiert seine lebensgeschichtliche Wirklichkeit gemeinsam mit seinen Pflegeeltern. Dazu kommt, dass der Pflegevater diese Vorgeschichte verantwortlich macht für Probleme des Pflegesohnes, wie z. B. für seine Schwierigkeiten, längere Partnerschaften einzugehen. Diese Externalisierung erweist sich als Stabilisierung der Identitätsbildung und der sozialen Integrität von Dieter Werner.

Eine solche Abgrenzung gegenüber der außerfamilialen Umwelt hängt mit dem spezifischen Normalitätsverständnis der Pflegeeltern zusammen. Dass diese Familie als Pflegefamilie sich von der Herkunftsfamilie strukturell unterscheidet, wird vor allem vom Pflegevater verneint: Er versteht die Pflegefamilie radikal als Ersatzfamilie. Doppelte Elternschaft als nicht auflösbare soziale Tatsache bei Pflegeverhältnissen leugnet er, ihre Relevanz für Identitätsbildungsprozesse von Pflegekindern spielt er herunter. In dieser Radikalität des sozialisatorischen Rahmens liegen im Falle Dieter Werners die zentralen Beiträge der Pflegeeltern zu seiner Sozialisation. Hier erlebt er zum ersten Mal unbedingte und unbegrenzte Zugehörigkeit und den Aufbau stabiler Bindungen sowohl gegenüber den Pflegeeltern als auch gegenüber den leiblichen Söhnen der Pflegemutter. Die »Geschwisterbindung« besteht bis heute fort.

Gleichzeitig führt dieser Prozess der Normalisierung pflegefamilialer Sozialisation zu einer Disqualifizierung der leiblichen Eltern von Dieter Werner. Jeder Versuch der Kontaktaufnahme wird unterbunden. Die Folgen, die sich daraus für den weiteren Identitätsbildungsprozess von Dieter Werner insbesondere während der Ablösung aus der (Pflege)familie ergeben, beschreiben wir im letzten Teil dieser Fallmonographie. Zunächst stellen wir die Frage nach den konkreten psychosozialen Bedingungen und Ressourcen, die es ermöglicht haben, dass die Pflegefamilie Hoffmann/Pauly zu solchen stabilisierenden sozialisatorischen Leistungen in der Lage war, wozu insbesondere das hohe Ausmaß unbedingter Solidarität gehört.

Zwei Sachverhalte garantieren nach unserer Einschätzung die gelingende Sozialisation in der Pflegefamilie Hoffmann/Pauly. Erstens haben die beiden Pflegeeltern strukturell in ihren Herkunftsfamilien das erfahren, was auch Dieter Werner in seiner Herkunftsfamilie erlebt hat. Zweitens haben die Pflegeeltern mit einem Aussiedlerhof mit Gaststättenbetrieb in einem stadtnahen, gleichwohl abgelegenen Mittelgebirge ein relativ abgeschlossenes, nach außen nur durch Rollenbeziehungen geöffnetes und Zugehörigkeit für die Familienmitglieder gewährendes Milieu geschaffen, das Wohnen und Arbeiten integriert und Außenkontakte minimiert.

Ähnliche familiengeschichtliche Erfahrungen bei den Pflegeeltern und bei ihrem Pflegesohn als Wirkfaktor

Herr Hoffmann (1946-2007) stammt aus einer traditionellen Handwerksfamilie, die in der Nähe eines großen südwestdeutschen Ballungszentrums lebte. Sein Großvater väterlicherseits erlernte neben dem Beruf des Schlossers das traditionelle Handwerk des Schmiedes. Marie Hoffmann (geboren ca. 1886), seine Großmutter väterlicherseits, ist als Vollwaise im Heim aufgewachsen und war im Erwachsenenalter als Hauswirtschafterin tätig. Dieses Ehepaar hat drei Kinder: zwei Töchter und einen Sohn. Der Sohn (1921-1979) ist der Älteste in der Geschwisterreihe und der Vater von Herrn Hoffmann. Er vollzieht einen beruflichen Aufstieg im Arbeitermilieu, indem er den Beruf des Maschinensetzers (Buchdruckers) erlernt und ausübt. Zu einer familialen Belastung und zu einer dadurch bedingten beruflichen Neuorientierung nach dem Krieg kommt es durch die Verstrickungen des Vaters mit dem Nationalsozialismus in seiner schlimmsten Gestalt. Dieses Thema wird in dieser Familie bei den Kindern nicht erwähnt. Der Pflegevater schildert im Einzelgespräch ausführlich, wie er aus den Erzählungen seines Vaters und seiner Mutter mit zunehmendem Alter entdeckte, dass sein Vater »wahrscheinlich ein relativ schlimmer Nazi« war. Nach dem Krieg und einer Umschulung des Vaters zum Maurer wandert die Familie 1954 nach Argentinien aus. Es gelingt den Eltern allerdings nicht, dort heimisch zu werden; die Mutter kümmert sich um die Kinder, und der Vater arbeitet in verschiedenen Berufen: als Buchdrucker, freigewerblich umherziehender Maurer und freiberuflicher Winzer. Nach vier Jahren kehrt die Familie wieder nach Deutschland zurück. Bis zum Eintritt in das Rentenalter arbeitet der Vater fortan in seinem ursprünglichen Beruf in einer Großstadt als Maschinensetzer und als nebenberuflicher Wirt in einer Kleinstadt in der Nähe des Arbeitsortes.

Die Mutter des Pflegevaters (*1923) stammt aus der traditionalen Unterschicht. Die Familie hat elf Kinder, die Mutter ist die Älteste in der Geschwisterreihe und hat keinen Beruf erlernt. Ihr Vater ist als Hausmeister an einer Schule tätig. Das soziale Umfeld der Familie ist in jener Zeit gekennzeichnet durch eine hohe Arbeitslosigkeit und durch häufige ökonomische Krisen. Sie selbst verdient nach dem Krieg als Hausangestellte hinzu. Der Pflegevater hat seit 1982 keinerlei Kontakt mehr zu seiner Mutter. Aus der Ehe der Eltern gehen zwei Kinder hervor: der Pflegevater als ältester Sohn sowie seine jüngere Schwester.

In dritter Generation setzt der Erstgeborene, Karlheinz Hoffmann, der Pflegevater von Dieter Werner, die väterliche Aufstiegslinie im beruflichen Bereich fort, er wird Feinmechaniker. Später folgen eine Ausbildung zum Land- und Pferdewirt, dann macht er sich im ökologischen Landbau selbstständig und wird zudem Gastwirt. Während die Aufstiegslinie beim Vater durch die Verstrickungen in der Zeit des Nationalsozialismus und die Ereignisse in der Nachkriegszeit gebrochen wird, kann die Phase des Zurücknehmens von beruflichen Bestrebungen beim Pflegevater als Ausstieg aus dem Modernisierungsprozess interpretiert werden. Er knüpft an die traditionelle Arbeits- und Lebensweise des »Ganzen Hauses« (Otto Brunner) mit der Integration von Leben und Arbeiten unter einem Dach an. Bereits die Großmutter Marie hat als Hauswirtschafterin diese Lebensweise bevorzugt. Die Aufnahme von Pflegekindern ist in diesem Zusammenhang ein logischer Schritt, denn bereits in Zeiten bäuerlicher Landwirtschaft war es üblich, fremde Kinder als Auszubildende bzw. als Arbeitskräfte ab ca. ihrem 10. Lebensjahr (»Verdingkinder«) in die Familie aufzunehmen.

Auch hinsichtlich seiner Paar- und Familienbeziehungen hat der Pflegevater Erfahrungen mit Brüchen und anschließenden Neuorientierungen gemacht. Seine erste Ehe wird nach 10 Jahren geschieden; Herr Hoffmann ist zu diesem Zeitpunkt 32 Jahre alt. Das Ehepaar hat zwei eheliche Kinder: ein Mädchen (*1973) und einen Jungen (*1976). Zu beiden leiblichen Kindern hat Herr Hoffmann seit Ende der 1990er Jahre keinen Kontakt mehr.

Die Familiengeschichte von Frau Pauly (*1950), der letzten Pflegemutter von Dieter Werner und Partnerin von Karlheinz Hoffmann, ist ebenfalls durch Brüche gekennzeichnet. Auch sie wurde im Laufe ihrer Familiengeschichte mit Verstrickungen und Ausfällen von Bezugspersonen konfrontiert, die eine Neuorientierung und den Aufbau neuer sozialer Kontakte nötig machten. Anne Pauly stammt aus einer französischen Hugenottenfamilie. Sie ist die älteste und einzige Tochter und hat noch drei Brüder. Ihr Vater (1929-1989) war selbstständiger Elektriker, ihre Mutter (*1929) Hausfrau und später Verkäuferin. Diese Mutter ist in einer bäuerlich strukturierten Mittelgebirgsregion in einem vom Katholizismus geprägten Familienmilieu aufgewachsen. Auch sie hat also Erfahrungen mit dem Aufwachsen in einem »Ganzen Haus«. Frau Paulys Vater Paul stammt aus einer Familie mit drei leiblichen Kindern und einer Adoptivtochter. Beim Tod der halbjüdischen Mutter ihres Vater, die ca. 1940 ermordet wurde, war die mittlere und erste leibliche Tochter des Ehepaares, Rosemarie, 21 Jahre und ihr jüngerer Bruder Paul und Vater der Pflegemutter 11 Jahre alt. Den Mutterverlust erlebt der Vater von Frau Pauly als sehr belastend.

Frau Pauly, die Pflegemutter, heiratet nach einer Ausbildung und kurzer Berufstätigkeit als Arzthelferin zunächst im 18. Lebensjahr, also sehr früh, einen zwei Jahre jüngeren Mann und bekommt nach einem Jahr das erste und in dieser Ehe einzige Kind. Ein Jahr nach der Geburt des zweiten Sohnes verunglückt dieser Mann tödlich (1977). In zweiter Ehe nimmt sie sich den Ex-Mann ihrer Schwägerin zum Gatten.

Seit ca. 1978, ein Jahr nach dem Tod des zweiten Mannes, lebt sie mit Karlheinz Hoffmann zusammen: Der Sohn eines (mutmaßlichen) KZ-Aufsehers schließt sich mit einer Frau zusammen, deren Großmutter im KZ umgebracht wurde. Beide ziehen sich in einen abgelegenen Hof zurück und leben in einer auf sich selbst gestellten Familie, die nicht nur eigenen Kindern, sondern auch Pflegekindern Schutz, Verbundenheit und Solidarität bietet. Wiedergutmachung von Schuld und Entwurf einer Gegenwelt dürften die lebensgeschichtlichen Motive dieses Paares sein, wenn sie auch nicht explizit ausgesprochen werden. Die Orientierung der Pflegefamilie Hoffmann/Pauly am Ersatzfamilienkonzept verstärkt diesen Charakter einer Gegenwelt noch, weil dieser Ansatz die Unterschiedlichkeit von Familiensystemen und Sozialisationsprozessen betont und der Pflegefamilie die zentralen sozialisatorischen Leistungen zuschreibt. Dieter Werner, dessen Vater ebenfalls erhebliche Schuld auf sich geladen hat, ist in diesem System ein Geretteter.

Das Modell des »Ganzen Hauses« als sozialisatorischer Wirkfaktor

Der zweite zentrale sozialisatorische Wirkfaktor ist das besondere pflegefamiliale Milieu eines Bauernhofes (Hildenbrand u. a. 1992, Bohler und Hildenbrand 1997, Hennon und Hildenbrand 2005). Die Pflegeeltern lebten während der Unterbringung von Dieter Werner, in den Jahren zwischen 1982/1985 und 1993/94,[15] die meiste Zeit auf einem größeren, abgelegenen Bauernhof mit Tierhaltung, ökologischem Landbau und Gaststättenbetrieb. Die Familienmitglieder sind hier eng aufeinander bezogen, um die vielen Aufgaben und Pflichten (tägliche Fütterung und Pflege des Viehbestandes, Bestellung der Felder sowie Bewältigung der Gaststätte) jenseits eines Achtstundentags gemeinsam bewältigen zu können. Eine Folge davon ist die Einschränkung von Autonomiespielräumen der einzelnen Akteure zugunsten des Erhalts des Hofes. In diesem Zusammenhang steht auch die Berufswahl von Dieter Werner. Er wird Metzger, um gemeinsam mit dem Pflegevater hauseigene Schlachtungen für den Gaststättenbetrieb durchführen zu können. Eine andere Folge davon ist die, dass Zugehörigkeit auf dem Bauernhof und in der Gastwirtschaft in erster Linie Zugehörigkeit zu einer Arbeitsordnung bedeutet. Insofern sind Familienbetriebe mit Land- und/oder Gastwirtschaft ideale Lebensorte für Pflegekinder, da die Zughörigkeit nicht primär über die leibliche Herkunft, sondern über die Zugehörigkeit zu einem Betrieb hergestellt werden kann. Wir werden auf diese Konstellation erneut bei der Analyse von Pflegeverläufen in der fachlich informierten Pflegefamilie Strauch stoßen.

Die räumlich-soziale Isolierung dieser Pflegefamilie schränkt allerdings die Chancen ein, Grenzen zu überschreiten, sich neuen Erfahrungen zu öffnen und die Möglichkeiten von Milieus außerhalb der Familie für Identitätsbildungsprozesse zu nutzen. Erst mit dem Wegzug der Pflegeeltern in ein anderes Bundesland, wo sie wiederum auf einen Hof ziehen, ergeben sich für Dieter Werner größere Freiräume für die Entwicklung einer eigenen Lebenspraxis. Er kann jetzt eigenen Hobbies, z. B. sportlichen Aktivitäten, nachgehen. Mit dem Verlassen dieser Pflegefamilie steht entsprechend auch ein Berufswechsel an. Dieter Werner wird Verwalter des Magazins einer großen Kreisbehörde.

---

[15] Die ungenauen Zeitangaben ergeben sich aus der widersprüchlichen Datenlage, die wiederum, wie erwähnt, den Kern der Fallstruktur darstellt, die darin besteht, die öffentliche Sozialisation als Normalfall gegenüber dem Aufwachsen in Herkunftsfamilialen zu konstruieren.

2. Die Rückwende zur Herkunftsfamilie

Identitätsfördernde Entwicklungen und die Entdeckung der Herkunftsfamilie

Wenngleich der Aufbau von Autonomiespielräumen bei Dieter Werner durch das Leben in der Pflegefamilie Hoffmann/Pauly eingeengt wurde, ist diese Lebensphase für ihn im Rückblick mit überwiegend identitätsfördernden Erfahrungen verknüpft, gerade weil dieser relativ geschlossene Familienbetrieb Zugehörigkeit und Solidarität im Rahmen einer sich selbst erklärenden Arbeitsordnung geboten hat. In seiner damaligen Lebenslage am Ende einer langen Reihe von Diskontinuitätserfahrungen im Laufe seiner Jugendhilfekarriere war die enge familienzentrierte Rahmung der letzten Pflegefamilie für Dieter Werner ein hilfreicher Kontext, um biografische Stabilität zu erlangen.

Der Wechsel des Bundeslandes 1993/94 eröffnet Dieter Werner erste Ansätze der Autonomisierung. Nicht nur pendeln Dieter Werner und seine »Brüder«, die beiden Söhne der Pflegemutter, zwischen der alten und der neuen Umgebung (aus beruflichen Gründen), ihre Wohngemeinschaft beibehaltend, wodurch zumindest ein Abstand zu den Pflegeeltern, wenn auch nicht zu den »Brüdern«, möglich ist. Dieter Werner wendet sich darüber hinaus nun, angeregt durch unser Interesse an seiner Lebensgeschichte und begleitet von erheblichen Schuldgefühlen den Pflegeeltern gegenüber, seiner Herkunftsfamilie zu. Ein erster Kontakt entsteht im Herbst 2001. Die weitere Entwicklung folgt dem in der Literatur häufig beschriebenen typischen Muster auf Seiten der Kinder. Zuerst werden die Eltern idealisiert, allmählich aber wird das Verhältnis normalisiert (Frommknecht-Hitzler 1994). Dementsprechend schildert Dieter Werner seine ersten Begegnungen mit den Eltern ausgesprochen positiv; er spricht mit Bewunderung von seinen leiblichen Eltern: Sie seien »wahnsinnig gut zu ihm«; er würde sie »vorsichtig genießen«; er sei »hin und weg«. Er erlebe sie als »wahnsinnig liebe Menschen«, aber auch als völlig »hilflos«. Sie hätten einerseits in lebenspraktischen Angelegenheiten große Probleme, beispielsweise kämen sie mit dem Anrufbeantworter nicht zurecht, den er für sie angeschlossen habe. Die Unselbstständigkeit beziehe sich aber auch auf Familienangelegenheiten. Er erwähnt in diesem Zusammenhang das Unverständnis der Eltern hinsichtlich der Unterhaltszahlung für ihre älteste Tochter Sylvia-Katharina, die in einer Einrichtung für Erwachsene in einer norddeutschen Großstadt lebe. Das Liebevolle seiner Eltern zeige sich demgegenüber darin, dass sie sehr um ihn besorgt seien, sie hätten ihm »Tüten voll Zeug zugeschickt«, und sein Vater habe ihm beim ersten Treffen 50 Euro zugesteckt. Dieses Geld habe er jedoch erst nach Rücksprache mit seiner Mutter angenommen. Die Eltern würden sich weiterhin sehr um ihn kümmern und würden auch bei ihm anrufen, um sich zu erkundigen, ob er nach den jeweiligen Besuchen bei ihnen gut zu Hause angekommen sei.

Von dem Augenblick an, als Dieter Werner seine Eltern bewusst wahrnehmen kann, konstruiert er zwischen ihnen und sich Ähnlichkeiten im Psychosozialen und im Körperlichen. Letztere entdeckt er in den Bereichen von Augen, Mund und Händen. Am wichtigsten aber ist ihm die Beschreibung seines Vaters als »Hauruck-Mensch«. Damit meint er dessen Impulsivität, zuweilen Heftigkeit in Konfliktsituationen (»sturer Kopf«,

»Furchtblässe«, »halbroter Kopf« bei Aufregung). Er selbst sei ebenfalls so gewesen, als er im Kinderheim (ca. im 13. Lebensjahr) gelebt habe.

Mit der Kontaktaufnahme zu den leiblichen Eltern ist ein Prozess der Wiederannäherung und der Entdeckung von Gemeinsamkeiten mit seiner Herkunftsfamilie in Gang gekommen, der sich drei Jahre später stabilisiert und entspannt hat. Dieter Werner ist nun zu einer reflektierten Einschätzung seiner Herkunftseltern fähig. Die Konfrontation mit seiner bisherigen Lebensgeschichte unter Einbeziehung der Herkunftsfamilie ermöglicht ihm einen Zugang zu einem neuen Verständnis seiner Identität, und dieser Prozess ist noch in vollem Gange. Hat er sein bisheriges Leben primär als Prozess des Erleidens verstanden, so entwickelt er jetzt eine differenziertere Einschätzung seiner eigenen Biografie, die auch Möglichkeiten einer aktiven Strukturierung offen lässt.

Ein Rückblick: Kindheit und Jugend als Leidensprozess – die Zugmetapher

Bis zu seinem 32. Lebensjahr kann die Entwicklung von Dieter Werner mit Hilfe des Verlaufskurvenkonzeptes (Strauss 1991, Soeffner 1991, Schütze 1981, Wohlraab-Sahr 2002) erklärt werden. Schütze beschreibt vier typische Pfade der psychosozialen Entwicklung, die in unserer Kultur vorherrschen: Biografische Handlungsschemata, institutionelle Ablaufmuster, Wandlungsprozesse und Verlaufskurven als Varianten von »Prozessstrukturen des Lebenslaufs«. Im narrativen Interview mit Dieter Werner gibt es eine Interviewstelle, die die vorherrschende Prozessstruktur Dieter Werners bis zu seinem 32. Lebensjahr sehr treffend widerspiegelt: Es handelt sich um eine Struktur eines institutionellen Ablaufmusters, welches dem Erzähler keine Möglichkeiten des Eingreifens lässt. Die Thematik dieser Sequenz taucht im Laufe der weiteren Gespräche immer wieder auf und verkörpert das zentrale Verständnis seiner Biografie bis zum Jahre 2001. Hier der zugehörige Interviewausschnitt:

D: als Kind man weiß ja gar nicht, was geschieht mit einem. Das ist wie ein Zug, der einfach fährt, ja. Man sitzt im Zug, und der fährt durch. Man meint, das wäre normal und man kann nicht sagen, das sind meine Eltern oder das sind meine Eltern oder das. Ich weiß gar nicht wie das Gefühl auch ist, wenn man, vielleicht ist es anders da, oder wenn man erfährt, das ist mein leiblicher Bruder, was da für Unterschiede sind. Für mich war das wie in 'nem, wenn ich im Zug sitze und ich fahre Stationen durch. So kam mir das halt vor irgendwie ohne Stoppschild.

Der rasende Zug als Metapher zeigt den Fahrgast – Dieter Werner während seiner Kindheit und Jugend – als passives »Objekt«, als Spielball der öffentlichen Sozialisation. Mit diesem von ihm benutzten Bild des rasenden Zuges wird sehr anschaulich die Biografie eines Pflegekindes und seine Jugendhilfekarriere beschrieben. Dieter Werners Entwicklungsgeschichte ist geprägt durch verschiedene Institutionen, die er im Laufe seines Lebens durchlaufen hat: zwei Kinderheime und drei Pflegefamilien. Er präsentiert sich selbst in der Situation eines Menschen, dessen Einflussmöglichkeiten zur Gestaltung eines selbstbestimmten Lebens während der Kindheit und Adoleszenz relativ gering sind. Diese von ihm empfundene erheblich eingeschränkte Handlungsfähigkeit und das daraus resultierende Verständnis seiner Biografie als Erleidensprozess kommen im vorliegenden Datenmaterial auch vermehrt in den sprachlichen Äußerungen zum Ausdruck. Immer wieder verwendet er Passivkonstruktionen zur Beschreibung von Ereignissen und Situationen. So hat z. B. der Pflegevater ihn »nicht bekommen«; er »rutscht in die Familie von Herrn Hoffmann rein«; bei einer Lebenspartnerin und ihrer Familie würde er seine Lebensgeschichte nur dann »von A bis Z durchlaufen lassen«, wenn es um das »Heiraten« gehe, weil Frauen oft negativ reagieren würden, »wenn man allzu rumgeschoben worden ist«. Ihm sei durch zuständige Mitarbeiter des Jugendamtes irgendwann nach der Trennung der zweiten Pflegeeltern »dann bekannt gegeben worden«, dass er ins Heim komme, und er sei dann »irgendwann da hingefahren worden und dann war ich dort«. Diese Dominanz von Fremdbestimmung überwiegt in den ersten Gesprächen, wenngleich es auch Passagen im narrativen Interview gibt, in denen sich zaghaft die Entwicklung von selbstbestimmtem Handeln andeutet. So erscheint er als Akteur bei Streichen in der Peergroup während seines zweiten Heimaufenthaltes, wenn es darum geht, die Erzieher zu ärgern: »Wir haben sie ziemlich verschreckt in der Einrichtung«. Doch schon in den nächsten Formulierungen dominiert erneut die Passivität, und er beschreibt sich wieder als Objekt der Ereignisse: Er sei in die Gruppe »reingekommen« und »dann macht man das mit, was jetzt grad da ist, man fährt einfach irgendwie überall nur mit«; er sei »überall mitgeschwommen«.

Die Erweiterung von selbstbestimmter Handlungsfähigkeit und Lebenspraxis im Prozess der Ablösung von der Pflegefamilie

Dieter Werner befindet sich seit 2002 bis heute in einem – lebensgeschichtlich betrachtet – verspäteten Ablöseprozess sowohl von seinen letzten Pflegeeltern als auch von seiner Herkunftsfamilie. Es gelingt ihm immer besser, seine bisherige Lebensgeschichte zu verstehen und mehr selbstbestimmt zu handeln. Dies gelingt ihm in dem Maße, in dem er sich vom Lebensmodell seiner Herkunftseltern abgrenzt, das ihm vertraute pflegefamiliale Sozialisationsmodell distanziert einschätzt und sich Möglichkeiten selbst gewählter Orientierungen erschließt.

Dieter Werner ist mittlerweile in der Lage, eine reflexive Distanz gegenüber dem Lebensentwurf und der Lebenspraxis seiner Eltern einzunehmen, ohne ihr Handeln zu disqualifizieren. So erklärt er sich z. B. die vielen Geschenke (»alter Kram«), die er von seinen Eltern erhält, als Versuch, eine katastrophale Familiengeschichte zu korrigieren. Er vergleicht seinen sozialen Status mit dem seines Vaters und sieht bei sich die Vorteile liegen. Er hat es geschafft, der Vater nicht. Seine relative ökonomische Stabilität führt er auf seine Sozialisationsbedingungen bei der Pflegefamilie Hoffmann/Pauly zurück. Wenn er seine Mutter als eine »liebe nette Person« beschreibt, zu der er im Gegensatz zum Vater einen guten Draht habe, und über die schlechte Behandlung und Kontrolle der Mutter durch den Vater klagt, dann finden sich Ansätze zu einer nachgeholten triadischen Interaktion im Primärsystem Familie. Anderseits löst sich Dieter Werner wieder vom Vater, nachdem er sich im Jahr 2003 eine Zeitlang mit ihm überidentifiziert hat. Er relativiert die Idealisierung und gelangt zu einem nüchternen Verhältnis und parallel dazu zu einem gefestigteren Selbstverhältnis. Phasen der primären Sozialisation, die in einem üblichen menschlichen Leben nacheinander und über Jahre verteilt einander folgen, überlagern sich in diesem kurzen, aber heftigen Prozess der Annäherung und der Individuierung. Insgesamt ist zu sehen, dass Dieter Werner sich mit Entwicklungsaufgaben auseinandersetzt, die bei Erikson (2002) typischerweise für die Adoleszenz beschrieben werden, nämlich die Identitätsbildung durch Ablösung und Neubewertung des Bezuges zu den Eltern.

Zwischen 2006 und Mitte 2007 unterbricht Dieter Werner den Kontakt zu seinen Herkunftseltern, nachdem ihn sein Vater häufiger nachts anrief. Im Juni 2007 nimmt er von sich aus den Kontakt wieder auf, zumal er die Nähe zu seiner Mutter schätzt. Über die nächtlichen Anrufe habe er mit dem Vater nicht gesprochen, da dieser sich nicht mehr daran erinnern könne. Möglicherweise leide er an Demenz. Vielleicht ist Dieter Werner auch nur so weit inzwischen von seinem Vater distanziert i. S. von individuiert, dass er sich durch derlei Vorfälle nicht weiter beunruhigen lässt und ihm der störungsfreie Kontakt wichtiger ist als die Aufklärung merkwürdiger Sachverhalte. Diese Vermutung wird bestätigt, wenn man sein Verhältnis zu seinen letzten Pflegeeltern näher betrachtet. Seit 2005 sind die persönlichen Kontakte zum Pflegeelternpaar Hoffmann/Pauly von Dieters Seite erheblich reduziert worden; »die Bindung ist nicht mehr so groß«, sagt er, wenngleich er an seinem Wohnort weiterhin sehr intensive (affektive) Beziehung zu ebenfalls hier lebenden leiblichen Kindern von Frau Pauly aus deren erster Ehe unterhält.

Dieter Werner würde den Verlauf seiner Kindheit und Jugend gerne »rückgängig machen«. Er wäre gerne in seiner Familie aufgewachsen, obwohl er wisse, dass es dort auch nicht besser sein müsse als in der Pflegefamilie. Gleichwohl sieht er Normalität in einer leiblich fundierten Familie gegeben. Hier habe man als Kind keinen Sonderstatus beispielsweise dadurch, dass man einen anderen Nachnamen als seine »Brüder« trägt. Frau Pauly, seine letzte Pflegemutter, sei affektiv weniger zugewandt gewesen als die erste Frau von Herrn Hoffmann. Auch habe sie bis heute ein anderes Verhältnis zu ihren leiblichen Söhnen als zu ihm; insbesondere bezogen auf die affektive Bindung. Dieter Werner spürt die Strukturunterschiede zwischen Herkunfts- und Pflegeeltern; er kann die grundlegende Ambivalenz von Pflegeverhältnissen, die nicht auflösbar ist – nämlich die Gestaltung familiärer Beziehungen auf Zeit und vertragsmäßiger Grundlage – benennen.

Sowohl die aktuelle Deutung des Verhältnisses zu den Eltern und Pflegeeltern als auch sein Einzug in die erste eigene Wohnung im Herbst 2004 ermöglichen ihm einen Zuwachs an Autonomie, wodurch sich auch seine Handlungsmuster verändern. Dennoch ist er nach wie vor Zugehörigkeits- und Loyalitätskonflikten ausgesetzt. Für ihn ist die Zugehörigkeit zur Pflegefamilie Hoffmann/Pauly ebenso wie deren Verdienste um seine Sozialisation selbstverständlich. Aber genauso möchte er einen Bezug zu seinen leiblichen Eltern herstellen, denn ohne sie wäre er gar nicht geboren worden. Die Umsetzung dieses Anliegens wird ihm von der Pflegefamilie Hoffmann/Pauly erschwert. Denn Pflegeeltern wie Frau Pauly und Herr Hoffmann stehen exemplarisch für ein Verständnis der Funktion von Pflegeeltern gemäß des exklusiven Konzepts. Sie verstehen sich als die besseren Eltern; ihr Habitus, ihre Grundeinstellung gegenüber dem Herkunftsmilieu ist defizitorientiert.

Perspektiven für die Zukunft.

Heute, im Jahre 2007, hat sich Dieter Werner weitgehend sowohl von seinen letzten Pflegeeltern als auch von seiner Herkunftsfamilie abgelöst, er ist zu einer eigenständigen Einschätzung sowohl seines Lebens in der Pflegefamilie als auch seines verhinderten Lebens in seiner Herkunftsfamilie gekommen. Er habe, so sagt er, sein bisheriges Leben damit zugebracht, sich zu fragen, »was er selbst falsch gemacht habe und wie er es anderen recht machen könne.« Heute habe »er keinen Druck mehr dahinter.« Dieser Zuwachs an Autonomie wird durch seinen zunehmenden beruflichen Erfolg unterstrichen.

Folgen wir dem gängigen Schema der Entwicklungsaufgaben im Erwachsenenalter, dann fehlt Dieter Werner nach Verankerung in Beruf und Gemeinwesen ein letzter Schritt: die Partnerschaft. Dafür sieht er sich jedoch noch nicht gerüstet, er möchte sich noch nicht mit dem Thema Kinder und eigene Vaterschaft auseinandersetzen. Dies als Entwicklungsverzögerung zu interpretieren wäre angesichts der Biografie von Dieter Werner unangemessen.

Gabriele Schubert

1. Integration der Herkunftsfamilie durch die Pflegefamilie und gleichzeitige Förderung der Autonomie

Aufwachsen in zwei Familien als Lebensthema

Die Jugendhilfebiografie von Gabriele Schubert (*1978) ist ein Beispiel für eine weitgehende Integration der Pflegetochter in die Pflegefamilie bei gleichzeitiger kontinuierlicher Aufrechterhaltung des Kontakts zu ihrer Herkunftsfamilie. Ihre im selben Ort wie die Pflegefamilie lebende Mutter besuchte die Tochter in den ersten Jahren mehrmals wöchentlich und brachte sie fast jeden Tag zu Bett. Als Gabriele älter war, besuchte sie die Mutter mit dem Fahrrad. Den Identitätsbildungsprozess bei Gabriele schätzen wir als gelungen ein, und die Gründe sehen wir in eben diesem Arrangement, das es Gabriele ermöglichte, die Ressourcen beider Familiensysteme zu nutzen und unspektakulär eine doppelte Zugehörigkeit aufzubauen.

Die Herkunftsfamilie

Gabriele Schubert stammt aus dem Arbeitermilieu. Ihre Großmutter (*1934) und deren ältere Schwester (*1927) wachsen in einem südwestdeutschen Industriegebiet auf. Beide arbeiten in einem großen Industrieunternehmen. Die ältere Schwester der Großmutter bleibt ihrem Herkunftsmilieu treu und heiratet einen Fabrikarbeiter, sie haben zwei Kinder. Die Großmutter bekommt mit 21 Jahren ein uneheliches Kind, Jutta, die Mutter von Gabriele, das sie in ihrer Heimatstadt aufzieht. Ihren Vater hat Jutta nie kennen gelernt; sie kann sich im Gespräch nicht einmal an seinen Namen erinnern. Als Jutta zehn Jahre alt ist, heiratet ihre Mutter einen Straßenbauarbeiter und zieht mit ihm in einen ca. 100 Kilometer entfernten, in einem anderen Bundesland gelegenen Ort. Mit ihm hat sie zwei Kinder. Jutta muss zurückbleiben, sie wächst in der Familie der älteren Schwester ihrer Mutter, also bei ihrer Tante auf. Dies entspricht einer klassischen Lösung, der zufolge das Aufwachsen bei Verwandten einer Stieffamiliensituation vorzuziehen ist (Lallemand 1998). In dieser Familie ist die Mutter von Gabriele das Jüngste von drei Kindern, Onkel und Tante haben eine 13 Jahre ältere Tochter und einen 12 Jahre älteren Sohn. Während Jutta in der neuen Familie ihrer Mutter die Position der ältesten Halbschwester und Stellvertreterin der Mutter hätte einnehmen können, hat sie in der Familie ihrer Tante eher die Position einer Nachzüglerin inne. Dies hätte ein günstiger Rahmen für das Aufwachsen in einem Kontext der Verwandtenpflege sein können. Allerdings ist der Pflegevater und Onkel schwer alkoholabhängig, und ihre Tante muss mit knappen Mitteln auskommen und die Familie zusammenhalten. Dass Jutta in dieser Familie ihren Platz nicht gefunden hat, ihr ein solcher vielleicht auch nicht eingeräumt wurde, schließen wir daraus, dass Jutta wenig über diese Familie weiß.

Entsprechend früh verlässt sie diese Familie. Jedoch heiratet sie nicht, wie dies milieutypisch erwartbar gewesen wäre, sondern sie hat nur lose Männerbeziehungen, die von kurzer Dauer sind. Bereits mit 18 Jahren bekommt sie einen Sohn. Diesen gibt sie – aus finanziellen Gründen, wie sie sagt – zur Adoption frei. In der Adoptionsakte lässt sie ausdrücklich vermerken, keinerlei Kontakte zu ihm unterhalten zu wollen. Daraus schließen wir, dass sie sich weder für eine erwachsene Paarbeziehung noch für eine Mutterschaft bereit fühlte. Anders gesprochen: Ihr Individuierungsprozess war dafür noch nicht weit genug fortgeschritten. Fünf Jahre später, 1978, bringt sie ihr zweites Kind, Gabriele, zur Welt. Auch Gabriele entstammt einem kurzen Verhältnis der Mutter mit einem 19 Jahre älteren, verheirateten Fabrikarbeiter außereuropäischer Abstammung.

Aus der Analyse der Genogrammdaten ergibt sich zusammenfassend folgende Hypothese: Gabrieles Mutter konnte aufgrund einer desolat verlaufenen Kindheit und Jugend nur wenig Identität aufbauen. Juttas Mutter hat selbst die Erfahrung einer Ausgrenzung aus der Familie gemacht, nachdem sie zunächst mit einer Mutter aufgewachsen war, die in einer Zeit, als Unehelichkeit noch sozial diskriminiert war, das Wagnis eingegangen ist, ihre Tochter selbst aufzuziehen. Umso schwerer muss es für Jutta gewogen haben, dass ihre Mutter sie dann im Stich ließ, um ihren Lebenslauf durch die Heirat eines ländlichen Arbeiters in einiger Entfernung von ihrer Herkunftsgegend zu stabilisieren. Für sie heißt das, dass sie an diesem »Normalisierungsprozess« nicht teilhaben darf. Man könnte dies auch anders formulieren: Die mit einer Stieffamiliensituation einhergehenden Herausforderungen blieben ihr erspart, stattdessen muss sie ihren Platz im Verwandtschaftssystem finden. Dort aber stößt sie wiederum auf den Ausfall von Männern. Ihre Erfahrung bisher ist, dass Männer als leibliche Väter schon nicht zur Verfügung stehen, nun fallen sie auch als Pflegeväter aus. Bereits in der zweiten Generation sind es die Frauen, die für Familienstabilität zu sorgen haben – wie es aussieht, mehr schlecht als recht.

Mit dem Weggeben von Kindern hat man in diesem Milieu über zwei Generationen Erfahrung. Was im Fall von Gabriele jetzt aber an Neuem dazu kommt, ist, dass nun im Rahmen einer Jugendhilfemaßnahme eine Pflegefamilie außerhalb der Verwandtschaft gesucht wird. Im dritten Lebensjahr wird Gabriele von der Familie Babeck aufgenommen. Jutta, Gabrieles Mutter, geht auch im Weiteren den Weg, den ihre Mutter bereits begangen hat. Mit einer vergleichsweise (bezogen auf ihr Herkunftsmilieu) späten Heirat im Alter von 37 Jahren nähert sie sich an das traditionelle Modell des Normallebenslaufs für Frauen an. Kinder gehen aus dieser Ehe allerdings nicht mehr hervor.

Gabriele Schubert wählt wiederum ein Ablösungsmuster nach dem Typus der multilokalen Mehrgenerationenfamilie (Bertram 2002). Sie bleibt nach der offiziellen Beendigung des Pflegeverhältnisses zunächst im Haus ihrer Herkunftsfamilie und damit auch in der Nähe ihrer Mutter. Zu beiden Familien pflegt sie bis heute einen regelmäßigen Austausch. In partnerschaftlicher Hinsicht transformiert Gabriele das Muster ihrer Großmutter und Mutter und geht bereits im 18. Lebensjahr eine Partnerschaft ein. Mit ihrem Verlobten plante sie zunächst, auf einem unmittelbaren Nachbargrundstück der Pflegeeltern ein Haus zu bauen. Als dieses Vorhaben nicht realisiert werden konnte, gelang es ihnen, mit Hilfe der Pflegeeltern ein ca. 300 Meter von deren Haus gelegenes Baugrundstück zu erwerben und das Haus zu errichten. 2006 fand der Einzug statt. Gabrieles Mutter wiederum konnte ihre sozialstrukturelle Konsolidierung fortsetzen, und sie lebt weiterhin in derselben Stadt wie ihre Tochter. Dass es zu dieser Erfolgsgeschichte der Stabilisierung einer über Generationen destabilisierten Familiengeschichte kommen konnte, hängt vermutlich wesentlich mit der speziellen Konstruktion eines pflegefamilialen Beziehungsverhältnisses zusammen. Dies soll uns nun beschäftigen.

Der Aufenthalt in der Pflegefamilie Babeck als Aufenthalt im erweiterten Verwandtschaftssystem unter einem Dach

Im Alter von dreieinhalb Jahren wird Gabriele vom Ehepaar Babeck (Hannelore, *1948 und Hermann, *1941) als Pflegekind aufgenommen, die bereits ein Kind adoptiert haben, das ein Jahr älter als Gabriele ist. Frau Babeck ist gelernte Krankenschwester, arbeitet aber nicht in ihrem Beruf, sondern ist während der Unterbringung von Gabriele gelegentlich als Verkäuferin tätig. Herr Babeck ist bis zur Berentung leitender Angestellter eines Finanzdienstleisters am Wohnort der Familie.

Die Familie Babeck lebt in einem Mehrfamilienhaus, das ihr gehört und das nach dem Muster großfamiliärer Strukturen bewohnt wird: Im ersten Stock mit ca. 120 qm leben die Pflegeeltern und bis zu ihrem Tod 2003 die Mutter der Pflegemutter. Der zweite Stock mit ca. 60 qm ist an eine junge, alleinstehende Südamerikanerin vermietet, die ihr 2002 geborenes Kind alleine erzieht. Im Erdgeschoss, 100 qm, lebt die Adoptivtochter zusammen mit ihrem Mann und den beiden 2002 und 2005 geborenen Kindern. Im Souterrain, 60 qm, wohnte die Pflegetochter Gabriele zusammen mit ihrem Verlobten bis 2006, und im Garten, in einem freistehenden Anbau, lebt die älteste Tochter der Schwester von Frau Babeck. Diese Wohnsituation entspricht der von der Familie Babeck verfolgten Vision einer Reaktivierung verwandtschaftlicher Strukturen und Milieus; man könnte von einer generationenübergreifenden modernen Form der Clanbildung sprechen. Hier wird allerdings nicht an bereits bestehende verwandtschaftliche Beziehungen ländlicher Gemeinden bruchlos angeschlossen. Denn die Herkunftsfamilien beider Pflegeeltern sind Vertriebene, die mit diesem praktizierten Familien- und Wohnmodell an die vormoderne, Wohnen, Arbeiten und Zusammenleben integrierende Lebenswelt ihrer Heimat anschließen. Das Pflegekind samt Mutter sowie das Adoptivkind und die heimatlose Alleinerziehende mit ihrem Kind treten in die Position von Verwandten ein und finden auf diese Weise ihren sozialen Ort, der ihnen zuvor abhanden gekommen ist.

Zunächst beschränkt sich die Form von Gabrieles Unterbringung auf Tagespflege, dann Wochenpflege, und schließlich wird eine Dauerpflege vereinbart. Diese Umwandlung in ein Dauerpflegeverhältnis wird ausschließlich von den Pflegeeltern betrieben und der Herkunftsmutter damals zur Bedingung für die weitere Betreuung ihrer Tochter gemacht.

2. Das integrierende und gleichzeitig autonomiefördernde Familienmodell der Pflegefamilie Babeck

Die Pflegefamilie als Gegenmodell zur Herkunftsfamilie

Die Pflegefamilie Babeck und ihr Familienmodell stellt sich als eine attraktive Alternative zur Herkunftsfamilie von Gabriele Schubert heraus. Wesentliche Voraussetzungen für die gelingende Integration der Pflegetochter in das Mittelschicht-Familienmodell der Eheleute Babeck sind das junge Lebensalter von 3 Jahren bei der Aufnahme und die Einbeziehung der Herkunftsmutter in den Sozialisationsprozess. Obwohl die beiden Pflegeeltern zu Beginn der Hilfemaßnahme Befürworter eines exklusiven Familienkonzeptes sind, entwickeln sie in der Folge ein flexibles Konzept, bei dem sowohl die Mutter von Gabriele einbezogen als auch der Pflegetochter Freiräume zugestanden werden, vor allem während der Adoleszenz. In dieser Lebensphase nutzt Gabriele beide Familiensysteme: das Pflegefamiliensystem und das Herkunftsmilieu, um Autonomiespielräume zu erproben. Ihre Sozialisationsgeschichte ist ein Beispiel für die Kooperation zweier Familienstrukturen, die jeweils unterschiedlichen Milieus angehören: der Dienstleistungsmittelschicht und dem Facharbeitermilieu (Geissler 1996, S. 86). Gabriele nutzt die Ressourcen der Familie der Pflegeeltern, um einen Sinn für die sozialräumliche Verankerung zu entwickeln. Wir lesen dies daran ab, dass Gabriele problemlos über Genogrammdaten und Familienangelegenheiten ihrer Pflegeeltern Auskunft geben kann. Dieser Integrationsprozess wird belegt in einer längeren narrativen Passage über ihre Lebens- und Familiengeschichte. Die Schilderungen kreisen im Wesentlichen

„ um das Zusammenleben mit der Mutter vor der Fremdunterbringung und die häufigen Milieuwechsel, denen Gabriele in dieser Entwicklungsphase ausgesetzt war (Umzug der Mutter und Gabrieles von der Innenstadt an den Stadtrand; Tagesunterbringungen von Gabriele bei verschiedenen Bezugspersonen innerhalb ihrer ersten drei Lebensjahre wegen der Berufstätigkeit der Mutter);

» um die Begründung des Pflegeverhältnisses und die ersten Eindrücke von den Pflegeeltern und deren Milieu. In einer eindrücklichen Passage berichtet sie von einem »Riesenspiegel« im Haus der Pflegeeltern, der sie mit sich selbst als Person konfrontiert, was ihr hier erstmals bewusst wird. Für sie wird diese Wahrnehmung zum Symbol für die Differenz zwischen dem Sozialisationsmodell der Pflegeeltern und demjenigen in ihrer Herkunftsfamilie.[16]

» Schließlich kreist das narrative Interview um das Thema ihrer Vaterlosigkeit. Gabriele beginnt die Schilderung ihrer Lebensgeschichte nicht mit der Geburt, sondern mit ihrem zweiten Lebensjahr, also mit dem Jahr vor dem Wechsel in die Pflegefamilie. In der Erzählung über die ersten beiden Lebensjahre wechselt sie anfänglich häufig die Perspektiven und die Zeiten, auch lässt die Erzählung Zusammenhänge nicht deutlich werden. Dies ändert sich mit den Passagen ab dem ersten Kontakt mit der Pflegefamilie Babeck. Es folgen ausführliche und die Perspektive des Zuhörers einbeziehende narrative Sequenzen. Einen breiten Raum nimmt hierbei die Darlegung des Heimischwerdens in der neuen Familie ein, das auch in den sprachlichen Formulierungen beobachtet werden kann. Während sie zu Beginn der Erzählung noch zwischen sich und den Pflegeeltern als soziale Gruppe unterscheidet, wird diese Differenz relativ schnell abgelöst von einer Darstellung, die sie als Zugehörige zu dieser Familie ausweist: vom »Ich und Die« zum »Wir«.

Ein weiterer Beleg für die Annahme der spezifischen Deutungsmuster ihrer Pflegefamilie ist, dass Gabriele ihren außereuropäischen Vornamen ändert. Sie schildert, dass die Pflegefamilie diesen Namenswechsel initiiert habe und sie aus einer Liste den Namen auswählen durfte. Somit nimmt die Pflegefamilie eine Aufgabe wahr, die eigentlich den leiblichen Eltern vorbehalten ist. Mit diesem Namenswechsel ist ein Transformationsprozess verbunden. Der leibliche Vater wird eliminiert, die Verbindung zu seinem Kulturkreis wird unterbrochen. Es wird eine Korrektur der bisherigen Biografie und damit auch der Herkunftsfamiliengeschichte vollzogen, eine neue soziale Ortsbestimmung wird vorgenommen, damit die alte in Frage gestellt, wenn nicht getilgt (Bourdieu 1993, S. 303-306, Zonabend 1980). Durch dieses riskante Unternehmen, mit dem auch ihre Mutter einverstanden ist, kommt es bei Gabriele zu einem Individuationsschub.

Die Pflegefamilie als stabilisierender, die leibliche Mutter integrierender Rahmen

Die Biografie von Gabriele Schubert zeigt sich als ein Ablauf mit Höhen und Tiefen, wobei Möglichkeiten und Entwicklungsressourcen deutlich überwiegen: Ihre Sozialisa-

---

[16] Oder so formuliert: Die Konfrontation mit triadischen Beziehungsverhältnissen in der Pflegefamilie aktualisiert bei Gabriele zeitverzögert das »Spiegelstadium« (Lacan 1973).

tion wird gerahmt durch ein Elternpaar und eine leibliche Mutter; sie kann auf ein materiell gut ausgestattetes pflegefamiliales Milieu zurückgreifen, welches ihr mittelschichttypische Möglichkeiten bis hin zu Auslandsreisen und Reitunterricht ermöglicht. Durch die von den Pflegeeltern entwickelte unbedingte Solidarität bis auf weiteres, die auch ihre leibliche Mutter mit einschließt, gelingt die Integration von Gabriele in ein Milieu mit hoher binnenfamilialer Kohäsion. Allenfalls in den ersten Jahren ihrer Unterbringung entstehen Loyalitäts- und Zugehörigkeitskonflikte, die jedoch glimpflich verlaufen.

Die regelmäßige und häufige Präsenz der leiblichen Mutter im Haushalt der Pflegeeltern und die Gespräche der Pflegeeltern mit der Mutter über ihre privaten Angelegenheiten belegen die sich entwickelnde Bereitschaft des Pflegeelternpaares, sich nicht nur mit den Problemen der Pflegetochter zu befassen, sondern auch mit denen der Mutter, die vor allem aus deren Biografie herrühren. Gabrieles Mutter wiederum schließt an ihre eigene Familiengeschichte an. Die Pflegefamilie Babeck symbolisiert ihr eigenes Herkunftsfamiliensystem insofern, als sie an die Stelle ihrer eigenen Pflegefamilie, die Pflege bei Verwandten, gerückt werden kann, allerdings, was die lebenspraktische Bewährung anbelangt, als Kontrastmodell. Auf der anderen Seite verschließen sich die Pflegeeltern nicht der Mutter von Gabriele, sondern beteiligen sie an ihren Familienaktivitäten und akzeptieren die häufigen und regelmäßigen Kontakte von Gabriele mit der Mutter. Dies geht so weit, dass sie, wie erinnerlich, von der Mutter in der Pflegefamilie zu Bett gebracht wird.

Diese Offenheit der Pflegeeltern und der Zugang der Mutter zum pflegefamilialen Milieu führen in der Jugendhilfegeschichte von Gabriele zu einer funktionierenden Zusammenarbeit zwischen den beiden Familiensystemen. Man kann daher die Hypothese formulieren, dass die Zusammenarbeit zwischen Herkunftsfamilie und Pflegefamilie in Form der Integration der Herkunftsfamilie in die Pflegefamilie nach dem Muster multilokaler Mehrgenerationenfamilien eine Möglichkeit sein kann, Pflegeverhältnisse zu gestalten. Vorausgesetzt ist dabei, dass die Herkunftseltern kooperationsfähig und kooperationsbereit sind. Jutta Peil, Gabrieles Mutter, hat in ihrer Herkunftsfamilie immer wieder die Erfahrung gemacht, dass es Personen gegeben hat, die Verantwortung für Kinder übernommen haben, auch wenn sie nicht die Eltern waren. Männer allerdings sind in ihrer Familie durchweg Ausfälle. Bei solch einer Konstellation müsste sich das Problem der Konfrontation der beiden Familiensysteme am wenigsten stellen, vorausgesetzt, der Pflegevater findet einen angemessenen Platz in dieser Konstellation.

Welches sind nun mögliche Gründe für die Bereitschaft dieser Pflegeeltern, nicht bloß ein Pflegekind, sondern darüber hinaus auch noch dessen Angehörige in den Jugendhilfeauftrag einzubeziehen? Anders formuliert: Welche lebensgeschichtlichen Erfahrungen treiben die Pflegeeltern an, sich auf solch eine Aufgabe einzulassen?

Gemeinsame biografische Erfahrungen der Pflegeeltern: Zwei Familiengeschichten von Vertriebenen

Beide Pflegeeltern sind Vertriebene, ihre Familien stammen aus einander benachbarten Ortschaften in Mähren. Der Vater von Herrn Babeck war selbstständiger

Schmied, Bürgermeister und stand der NSDAP nahe. Vermutlich war er von der deutschen Besatzung als Verwalter eingesetzt. Auf jeden Fall wurde er nach dem Krieg zu 15 Jahren Zuchthaus wegen Kriegsverbrechen in der Tschechoslowakei verurteilt und in den 1950er Jahren begnadigt. Was ihm konkret zur Last gelegt wurde, ist bis heute ein Familiengeheimnis. Nach der Vertreibung, als Herr Babeck zwischen vier und fünf Jahre alt ist, zieht die Familie in eine Kleinstadt in Südwestdeutschland. Der Vater von Herrn Babeck, der nach seiner Haftentlassung wieder zu seiner Familie stößt, wird Heizer bei der französischen Armee.

Auch die Herkunftsfamilie von Frau Babeck ist vor der Vertreibung traditional, ländlich-selbstständig und staatsnah verfasst. Die Familienbeziehungen sind sehr stabil. Brüche in Form von Trennungen oder Scheidungen, Ausfälle von zentralen Bezugspersonen in Folge von Krankheit oder Tod finden sich nicht. Bis auf die Verstrickungen in den Nationalsozialismus gleichen sich die Herkunftsfamilien der Pflegeeltern deutlich. Dies gilt auch für den Kinderreichtum in beiden Familien – außer beim Ehepaar Babeck selbst, das aus biologischen Gründen keine Kinder bekommen kann.

Wohnortwahl und Heiratsstrategien nach der Vertreibung weisen die Familie Babeck als eine typische Vertriebenenfamilie aus, die »in der Fremde ungewollt zuhaus« (Lehmann 1991) ist und so weit wie möglich versucht, die Beziehungsnetzwerke ihrer Heimat wieder herzustellen. Beim Vater von Herrn Babeck kommt dazu, dass er seine Orientierung an staatlichen Autoritäten auch in das neue System hinüberrettet und, wenn auch in untergeordneter Position, in einer im Goffmanschen Sinne »totalen Institution«, der Besatzungsarmee, Arbeit und Auskommen findet. Drei seiner vier Söhne tun ihm dies gleich, während Herr Babeck, der Pflegevater, in die freie Wirtschaft wechselt – die so ganz »frei« nun auch wieder nicht ist, denn das Unternehmen, in welchem er angestellt ist, ist kommunal.

Wir haben weiter oben die Hypothese aufgestellt, dass das Ehepaar Babeck in seinem großen Haus die weitläufigen Beziehungen eines ländlichen Verwandtschaftssystems rekonstruiert hat, allerdings mit großteils nicht-verwandtem Personal. Das Ehepaar Babeck sieht dies allerdings anders. Sie nennen die (biologisch begründete) Unmöglichkeit, eigene Kinder zu bekommen, als das zentrale Motiv für die Aufnahme einer Adoptiv- und einer Pflegetochter. Dabei wird die Pflegetochter als »zweite Wahl« anzusehen sein, denn das Ehepaar Babeck hätte, wie es sagt, lieber eine zweite Adoptivtochter aufgenommen. Dieser Unterschied hat interessanterweise nicht dazu geführt, dass Gabriele als Pflegekind nur eine Zugehörigkeit »zweiter Klasse« zur Familie im Unterschied zu ihrer adoptierten »Schwester« zugestanden wurde. Auch darin sehen wir einen Beleg dafür, dass es der Familie Babeck nicht primär um Eltern-Kind-Beziehungen, sondern um ein Verwandtschaftsmilieu geht (so erklärt sich auch die Offenheit gegenüber der Mutter von Gabriele). Dieses Verwandtschaftssystem muss im eigenen Haus organisiert werden, denn als naturwüchsiges besteht es seit der Vertreibung nicht mehr.

Die Motivation des Ehepaars Babeck, eine Pflegefamilie zu begründen, kann durch eine aus zwei Komponenten bestehende Sinnstruktur erklärt werden. Erstens werden verwandtschaftliche Strukturen reaktiviert, indem das Zusammenleben in Form eines multilokalen Mehrgenerationenmodells an vormoderne ländliche Milieus und Strukturen in der Heimat der Pflegeeltern angeknüpft wird. Darauf deutet die Wohnsituation der Pflegeeltern hin, wo unterschiedliche Generationen, auch nicht verwandte Personen gehören dazu, eine Haushalts- und Lebensgemeinschaft bilden. Zweitens vermuten wir, dass die Aufnahme fremder Kinder aus (nicht notwendig reflexiv zugänglicher) Sicht des Pflegevaters auch den Sinn hat, die Schuld zu tilgen, die sein Vater (und vielleicht auch weitere Personen aus dem unmittelbaren Familienmilieu) im Krieg auf sich geladen haben. Drittens spielt hier auch die Vaterlosigkeit von Herrn Babeck eine Rolle: Er hat die ersten ca. vier bis fünf Lebensjahre den Vater erlebt, dann bis weit in die Pubertät hinein nicht mehr. Die Belastungen der Vertreibung hatten die Frauen in dieser Familie zu tragen. Sie scheinen diese gut bewältigt zu haben, denn als der Vater unerwartet wieder in Erscheinung tritt (und zwar als Geschlagener, als Verlierer, der sich sogleich wieder unter die Fittiche einer totalen Institution begibt), ist Herr Babeck schon so weit individuiert, dass diese Reorganisation der Familiensituation seinen biografischen Weg nicht zu irritieren vermag. Als Vater einer »Groß«familie kann er nun das kompensieren, was ihm in Kindheit und Jugend gefehlt hat: eine gelebte Vater-Kind-Beziehung. Dass allerdings Töchter adoptiert bzw. als Pflegekind aufgenommen bzw. als junge Erwachsene mit bereits wieder eigenem Kind im Haus Obdach finden, könnte man als Ausweichbewegung interpretieren: Eine Vater-Sohn-Beziehung jedenfalls umgeht Herr Babeck.

Das Konzept des erweiterten Verwandtschaftsmilieus als günstiger Rahmen für Autonomieentwicklung

Die besonderen Sozialisationsbedingungen von Gabriele, nämlich die Integration in die Pflegefamilie Babeck bei gleichzeitigem Erhalt des Bezugs zu ihrer Mutter, erweisen sich für die Identitätsentwicklung in mehrfacher Hinsicht als autonomiefördernd: Erstens ist Gabriele gezwungen, immer wieder ihre Interessen gegenüber den Verschleierungspraktiken der Pflegeeltern durchzusetzen. Das betrifft vor allem Themen und Ereignisse im Zusammenhang mit sozialer Elternschaft. Ihre Pflegeeltern neigen dazu, das für alle Pflegeverhältnisse zentrale Thema der doppelten Elternschaft nicht als eine Herausforderung aller beteiligten Familiensysteme zu betrachten und die damit verbundenen Probleme damit einseitig Gabriele und ihrer Mutter zuzuschieben. Immer wieder kann man am Handeln der Pflegeeltern in den verschiedenen Phasen des Hilfeprozesses Vereinnahmungsversuche hinsichtlich der Pflegetochter und ihrer leiblichen Mutter feststellen. Ihren Höhepunkt erreichte diese Entwicklung bei dem erfolglosen Versuch der Pflegeeltern, den Nachnamen ihrer Pflegetochter zu ändern und das Sorgerecht auf sich übertragen zu lassen, nachdem Gabriele diesen Wunsch gegenüber ihren Pflegeeltern am Ende ihrer Latenzzeit (ca. zwischen ihrem 10. und 11. Lebensjahr) geäußert hatte. Am entschiedenen Widerstand der Herkunftsmutter scheitert dieser Versuch. Diese mögliche Änderung des rechtlichen Status ihrer Tochter symbolisiert für die leibliche Mutter eine Grenze, deren Überschreitung von Seiten der Behörde, der Pflegeeltern und der Tochter selbst mit hoher Wahrscheinlichkeit die vorzeitige Beendigung des Pflegeverhältnisses zur Folge gehabt hätte. Für die Familie Babeck spricht, dass sie im Verlauf des

Pflegeverhältnisses gelernt hat, auf die Perspektiven der anderen Beteiligten einzugehen. Ihr Projekt der Begründung eines erweiterten verwandtschaftlichen Zusammenhangs unter ihrem Dach wurde dadurch nicht gefährdet. Sie mussten nur von der Vorstellung etwas abrücken, als Hausherren auch die Herren des Verwandtschaftssystems zu sein.

Zweitens hilft Gabriele der regelmäßige und intensive Kontakt zu ihrer Mutter während der gesamten fünfzehnjährigen Unterbringungszeit in der Pflegefamilie, Autonomiespielräume zu entwickeln. Sie kann zunehmend im Dreieck von Mutter, Pflegeeltern und ihr selbst eine eigene Position beziehen und ihre eigenen Interessen durchsetzen. Als einzige der von uns untersuchten ehemaligen Pflegekinder ist sie in der Lage, im familiengeschichtlichen Gespräch im Beisein ihrer Pflegeeltern, ihrer Adoptivschwester und ihrer leiblichen Mutter diese für sie zentralen Bezugspersonen zu kritisieren, zuweilen auch konträre Einschätzungen und entschiedenen Widerspruch zu zeigen. Das ist nur möglich, wenn sie sich ihrer Zugehörigkeit zu beiden Familiensystemen sicher sein kann. Der Kontrastfall in unserer Stichprobe ist Dieter Werner, der noch heute unter Zugehörigkeits- und Loyalitätskonflikten leidet. Der Unterschied zwischen beiden Pflegefamilien besteht darin, dass die eine zur Herkunftsfamilie des Pflegekindes offen, die andere hingegen streng abgeschlossen ist. Die Koexistenz von zwei Familiensystemen hat Gabriele frühzeitig in die Notwendigkeit versetzt, mit unterschiedlichen, zuweilen widersprüchlichen Anforderungen und Erwartungen, Sichtweisen, Erziehungsstilen, Werten, Normen umzugehen und ihr eigenes Verhältnis dazu zu finden. Dieses uneindeutige Sozialisationsmilieu hat Gabriele geprägt und ihre Fähigkeit, ein autonomes Leben zu führen, gefördert.

Drittens zeigt sich bei der Sozialisationsgeschichte von Gabriele Schubert die Herkunftsfamilie als ein erweiterter identitätsfördernder Sozialisationsrahmen. In der deutschsprachigen Literatur wird die Einbeziehung der Herkunftseltern mitunter als Gefahr gesehen. Diese bestünde darin, dass die Pflegekinder sich den Struktur bildenden Erziehungsversuchen der Pflegeeltern entzögen, wenn sie sich zu oft bei ihrer Herkunftsfamilie aufhielten. Das Gegenteil ist hier der Fall: Ab ihrer Adoleszenz genießt Gabriele als Pflegekind das Privileg, auf Ressourcen aus zwei Modellen familialer Sozialisation zurückgreifen zu können. Im Gegensatz zu ihrer Adoptivschwester eröffnen sich ihr Autonomiespielräume, die Kinder aus »nur« leiblichen Familien in dieser Art nicht haben. Die folgende Passage, bei der die Pflegetochter ihr Pendeln zwischen den beiden Familiensystemen reflektiert, verdeutlicht diesen Zusammenhang:

G: Das war halt schon meine Welt. Dadurch dass ich ja dann rausgerissen, war das halt doch schon ziemlich anders und weil's halt hier mehr gab, war's halt am Anfang, sag ich jetzt mal, schwer für mich. Aber dann im Nachhinein fand ich das ganz lustig, weil das war dann so wie Urlaub für mich! Ich konnte wieder zu meiner Mama fahren! Noch besser war's natürlich, wenn ich Zoff zu Hause hatte, in meinem zweiten Zuhause, und konnte dann zu meiner Mama wieder fahren, weil, weil da hatte ich teilweise mehr Freiheiten, dann hatte ich mal weniger dann hatte ich mal wieder hier mehr Freiheiten, also es war halt doch mehr so.
PV: Mhm, du konntest es dir raussuchen, ne?
G: Genau! Wenn ich gesagt habe »Ihr kotzt mich heute an! Ich fahre jetzt zu meiner

Mama!«, da konnte, da durfte ich halt mit meinem Fahrrad, wo sie wussten wie, ich packe das, bin ich halt dann mit dem Fahrrad zur Mama gefahren.
I (zur leiblichen Mutter von G): Und Sie wohnten auch hier immer noch in dem Ort, ne?
LM: Ja.

In dieser Sequenz kann noch die Vermutung aufkommen, dass Gabriele regelmäßig und häufig erzieherischen Herausforderungen ausweicht und vielleicht sogar die beiden Erziehungsmilieus gegeneinander ausspielt. Die unmittelbar anschließende Sequenz im familiengeschichtlichen Gespräch widerlegt dies und zeigt die Ressourcen, die durch die Gleichzeitigkeit zweier familialer Modelle hier geschaffen wurden:

I: Gabriele, was ist denn für Sie jetzt der Unterschied zwischen Ihrer Mutter und der Pflegemutter, so der wesentliche Unterschied, also abgesehen jetzt von dem Rechtlichen, das haben wir ja schon besprochen, aber ja so von der Bedeutung her?
G: Von der Bedeutung her. Na, dass ich meine Mama, sag ich jetzt mal, lieber habe ist klar, als die Goti,[17] aber das kann man nicht direkt so vergleichen, weil äh das Gernhaben von meiner Mama liegt zwar schon höher, ist aber nicht so äh zu vergleichen wie jetzt die Beziehung zur Goti, weil das ist halt eine andere Beziehung, weil ich weiß das ist meine richtige, das ist meine Pflegemutter und das kann man eigentlich so nicht sagen. Also, ich denk, das kommt auch immer darauf an, wie jeder so das Verhältnis zueinander hat. Das kann man eigentlich so nicht sagen.
I: Gibt es gibt es äh vielleicht Bereiche, wo sie eher zuständig ist und dann eher Ihre Mutter oder kann man das auch nicht sagen?
G: Nee.

An dieser Stelle des Interviews wird offensichtlich, dass für die Pflegetochter ihre Zugehörigkeit zu beiden familialen Milieus einen hohen Stellenwert besitzt. Sie präferiert keines der beiden Milieus und deren jeweiligen Bezugspersonen, sondern beide Lebensbereiche haben für sie eine spezifische sozialisatorische Relevanz. Indem sie einen Vergleich der Elternmodelle ablehnt und am Schluss der Sequenz ausdrücklich beiden Sozialisationsorten Familiencharakter zuspricht – was bedeutet, dass prinzipiell alle Themen, Probleme und Anliegen sowohl in der Herkunftsfamilie als auch in der Pflegefamilie ihren Ort haben können –, tritt sie auch hier für die Anerkennung der doppelten Elternschaft ein.
Viertens fördert das Aufwachsen in zwei Familiensystemen die intensive Ausbildung von identitätsfördernden Fähigkeiten. Im Unterschied zu ihrer ein Jahr älteren Adoptiv-

---

[17] Das ist der Kosename der Pflegemutter. Von der Wortbedeutung her ist „Gote" die Patin, also jene Person, die in der christlichen Tradition für die christliche Sozialisation Verantwortung trägt. Ob diese Bezeichnung nun bewusst oder vorbewusst gewählt worden ist, spielt hier keine Rolle. Sie stützt unsere Hypothese vom erweiterten Verwandtschaftssystem, als welches diese Pflegefamilie gerahmt ist, und sie verweist auf den menschheitsgeschichtlichen Topos, Sozialisation im Verwandtschaftssystem einer Sozialisation in einer Stieffamilie vorzuziehen. Vgl. Lallemand (1980).

schwester hatte Gabriele die Möglichkeit und die Notwendigkeit, sich während ihrer Sozialisation immer wieder mit ihrer doppelten Elternschaft auseinanderzusetzen. Das zwang sie einerseits dazu, eine Strategie auszubilden, einen eigenen Standpunkt einzunehmen und ihre eigenen Anliegen im Interaktionsgefüge der Pflegefamilie deutlich zu machen und einzufordern. Gleichzeitig ermöglichte dieses Sozialisationsmilieu der Pflegetochter, ihre Kernkompetenzen intensiver auszubilden, als ihre Adoptivschwester das tun konnte. Trotz ihrer gemeinsamen, geschwisterähnlichen Sozialisationsgeschichte (z. B. das gemeinsame Zusammenleben in der Pflegefamilie, der Besuch der gleichen Schulklasse, gemeinsame Freizeitgestaltung, fast identische Berufswahl im kinderpflegerischen Bereich, der Status, Kinder sozialer Eltern zu sein) unterscheiden sich beide in der Nutzung von Autonomiespielräumen sowie in der Konstruktion der Zugehörigkeit zur Pflegefamilie.

Diese Art der Zusammenarbeit zwischen den beiden Milieus (Pflege- und Herkunftsfamilie) und den jeweiligen zentralen Bezugspersonen funktioniert aber nur, wenn mindestens folgende Bedingungen erfüllt sind: Einmal muss eine räumliche Nähe der beiden Sozialisationsorte gegeben sein; zum anderen sollte sich das Kind auf einer entwicklungsgeschichtlichen Stufe befinden, auf der eine ausreichende Bindung bereits hergestellt worden ist und es sich daher dem erweiterten sozialisatorischen Umfeld leichter öffnen kann. Dazu kommt schließlich eine Pflegefamilie, für die milieutypisch das Leben im erweiterten Verwandtschaftssystem dazu gehört – das sind insbesondere ländliche Familien (Ilien & Jeggle 1981).

Weitere biografische Entwicklung von Gabriele Schubert: Eingespurt in einen milieutypischen weiblichen Normallebenslauf

Nach Realschulabschluss und Berufsausbildung im Jahr 1998 arbeitet Gabriele ca. 50 Kilometer von ihrem gegenwärtigen Wohnort entfernt in ihrem Beruf. Eine feste Partnerschaft hat sie seit 1996, Verlobung und gemeinsamer Hausbau finden im Jahr 2006 statt. Damit gleicht ihr biografischer Verlauf bisher dem traditionellen Lebenslauf von Frauen im ländlichen Kleinbürgertum. Was in diesem Sinne noch fehlt, sind Heirat und die Geburt von Kindern. Beide Optionen sind im Gespräch, aber es gibt noch keine konkreten Pläne. Eine berufliche Karriere ist nicht das Lebensziel von Gabriele. Insgesamt realisiert sie für sich den Entwurf einer weiblichen Biografie, wie sie ihn von ihrer Pflegemutter wie auch – wenn auch erst später realisiert – von ihrer leiblichen Mutter kennt. Uns interessiert nun, welchen Partner Gabriele gewählt hat. Wir wissen ja schon von Dieter Werner, dass eine Jugendhilfekarriere die Chancen auf dem Heiratsmarkt nicht unbedingt fördert.

Kommen wir also zum Verlobten von Gabriele. Eine Gleichzeitigkeit von destabilisierenden und stabilisierenden Prozessen gehört ähnlich wie bei Gabriele bei ihm zu den lebensgeschichtlichen Ausgangsbedingungen. Bei Gabriele verteilt sich diese Ambivalenz auf zwei Familiensysteme (instabile Herkunftsfamilien- und stabile Pflegefamiliensituation). Beim Verlobten bleiben diese Erfahrungen auf die Herkunftsfamilie beschränkt. Chris wird 1977 geboren und ist damit fast gleich alt wie Gabriele – damit ist eine partnerschaftliche Beziehung gebahnt. Sein Geburtsort ist eine von Industrie, Handel und Verwaltung geprägte größere Stadt in der damaligen DDR. Während die Herkunftsfamilie des Vaters blass bleibt, erfahren wir über seine Mutter, dass sie, eines von fünf Geschwistern, enge verwandtschaftliche Beziehungen pflegt. 1986 flieht der Vater in den Westen, seine Familie lässt er zurück. Auch Chris, seine Mutter und einige ihrer Geschwister siedeln nach der Wende in den Westen über und lassen sich in jener Region nieder, in der auch Gabriele lebt. Die Eltern von Chris finden wieder zusammen, ihre Ehe hat weiter Bestand; die Geschwister seiner Mutter ziehen in den süd- bzw. südwestdeutschen Raum. Chris erlebt also jene Situation des Heimatverlusts, die Gabriele von ihren Pflegeeltern her kennt. Und er kennt die Situation des Vaterverlusts (denn es handelte sich ja zunächst nicht um eine als vorübergehend zu bezeichnende Trennung, als der Vater 1986 die DDR verließ). Gleichzeitig macht Chris immer wieder integrierende Erfahrungen, insbesondere bezogen auf die innerfamiliale Kohäsion und Solidarität. Diese lebensgeschichtliche Ausgangslage erklärt zum Teil auch Chris' heutige berufliche Situation. Gabriele beschreibt ihn als einen »Allround-Menschen«, also als einen, der über Fähigkeiten und Potenziale verfügt, um mit ganz unterschiedlichen Bedingungen zurechtzukommen und sich quasi immer wieder neu zu erfinden.

Perspektiven für die Zukunft

Gabriele wird auf absehbare Zeit das Umfeld eines erweiterten Verwandtschaftssystems, das ihre Pflegeeltern kreiert und in das sie auch ihre leibliche Mutter einbezogen haben, nicht verlassen. Chris, ihr Partner, kann davon ebenfalls profitieren. Er stammt zwar aus einem städtischen Familienmilieu mit einem höhern Anteil an anonymen Sozialbeziehungen, aber durch seine spezifische Familiengeschichte mit Binnenmigration kann er von der Nähe profitieren, die dieses Verwandtschaftssystem bietet. Seine prospektiven »Schwiegerpflegeeltern« kennen als Vertriebene die Situation, sein Leben neu in einer Region begründen zu müssen, die Fremden skeptisch gegenübersteht - Vergleichbares haben auch ehemalige DDR-Bürger erlebt, die nach der Wende in den Westen gegangen sind und dort Familien gegründet haben. Anders gesprochen: Chris und Gabriele sind in der kleinbürgerlichen Normalität angekommen.

Pia Altdorf

1. Der »gescheiterte« Aufenthalt in der strukturverschobenen Herkunftsfamilie (Verwandtenpflege)

Ringen um Zugehörigkeit als Lebensthema von Pia Altdorf

Die bisherige Lebensgeschichte von Pia Altdorf (*1980) stellt sich bis heute dar als eine Abfolge von Zuständen des Dazugehörens, als eine Ansammlung von biografisch relevanten Orten und Erfahrungen. Nach einem Aufenthalt in der Verwandtenpflege und dessen Scheitern findet sie eine zweite Pflegefamilie, die zunächst eher als eine lose, aber Sicherheit und Stabilität garantierende Wohngemeinschaft organisiert ist. Heute (2007), in ihrem 28. Lebensjahr, hat Pia eine Lebensform gefunden, die durch Zugehörigkeit zu lose miteinander verbundenen, über mehrere Kontinente verstreuten sozialen Welten im karitativen Bereich gekennzeichnet ist. Die pflegefamiliale Sozialisation mündet in einen Lebensentwurf, der in der Jugendforschung unter den Stichworten »Nichtfestlegung« und »Prozess der Zielfindung« beschrieben wird (Keddi u. a. 1999, Deutsche Shell, Hrsg., 2000, Vester 2001). Dieser Lebensentwurf wird weder als defizitär noch als ungewöhnlich eingeschätzt. Er entspricht einem von mehreren kollektiven Mustern ihrer Generation, bei dem offen ist, wie es sich in der Zukunft entwickeln wird. Grundlage für die Möglichkeit, dieses Muster zu leben, ist der stabile Rückhalt in der zweiten Pflegefamilie, der nach wie vor besteht.

Lebensgeschichtliche Ausgangslage – Aufwachsen in einer strukturverschobenen Familie

Hildegard Altdorf, die Mutter von Pia Altdorf, wird 1938 als Tochter einer Angestelltenfamilie in einer größeren Stadt östlich der Oder geboren. Beide Eltern sind berufstätig. Sie haben vergleichsweise spät eine Familie gegründet (Otto Altdorf war 32, seine Frau Helma war 28 Jahre alt, als ihr erstes Kind, ein Sohn, im Jahr 1934 zur Welt kommt). Dazu kommt, dass Otto Altdorf vermutlich Soldat war, sodass seine Tochter Hildegard einen dauerhaft anwesenden Vater erst ab ihrem siebten Lebensjahr erlebt und entsprechend erst ab diesem Zeitpunkt triadische Beziehungsverhältnisse nicht als Ausnahmesituation, wenn der Vater auf Urlaub ist, sondern als alltägliche Situation erlebt. Dieser Vater kann seine gelebte »strukturbildende Funktion« (Peisker 1991) demnach erst relativ spät ausüben. Überlagert wird diese erneute Beziehungsaufnahme durch die Trauer um den 1945 verstorbenen Sohn. Hildegard Altdorf hat demgegenüber überlebt. Wir wissen nichts darüber, ob die Eltern sich darüber freuen oder ob sie es lieber gesehen hätten, wenn der Sohn statt der Tochter überlebt hätte. Auch wissen wir nichts darüber, ob die Eltern jene Erwartungen, die sie auf den Sohn gerichtet hatten, auf die Tochter übertragen, oder ob die Tochter ihren eigenen Weg gehen kann.

Nach der Vertreibung lässt sich die Familie in der damaligen DDR nieder. Ihr Status als Vertriebenenfamilie und die damit verbundenen Bewältigungsmuster, die wir bereits bei den Pflegefamilien Hoffmann/Pauly und Babeck vorgestellt haben, sind dieser Familie – wie allen anderen in gleicher Situation – in der DDR verwehrt, in der die Vertriebenen Umsiedler heißen.[18]

---

[18] Der 2004 erschienene Roman „Landnahme" von Christoph Hein gilt als erstes Werk, das diese Situation zum Gegenstand hat.

Hildegard Altdorf wächst also in einer Familie auf, in der Verlust der Heimat und Verlust des einzigen Sohnes einen Rahmen für den Neuanfang bilden. Hildegard sucht sich für diesen Neuanfang eine gesellschaftliche Nische in der atheistisch verfassten DDR, die protestantische Kirche. Dort versucht sie, in einem Ausbildungsberuf Fuß zu fassen, scheitert aber. Von den Eltern und deren Bewältigungsstrategien erfahren wir nichts.

Im Alter von 26 Jahren heiratet Hildegard Altdorf, inzwischen in einer westdeutschen Großstadt lebend, einen gescheiterten, aus begütertem Haus stammenden Künstler, von dem sie sich nach drei Monaten wieder trennt. 1965 wird die angeblich gemeinsame Tochter geboren – aus ihrer tatsächlichen Herkunft wird ein Geheimnis gemacht. Sie könnte nämlich auch vom Lebensgefährten und späteren Ehemann Herbert Altdorf stammen. Diese Tochter, Christiane, bricht ihre schulische Ausbildung kurz vor dem Abitur ab und lebt seitdem mit ihren beiden Töchtern (*1995, 1997) in einem südosteuropäischen Land. Nach über zehn Jahren Ehe mit einem mittellosen Einheimischen ist sie mittlerweile geschieden. Während für Pia zu Lebzeiten ihrer Mutter ihre deutlich ältere (Halb?)schwester keine Bedeutung hatte, pflegt sie heute intensive Kontakte, soweit dies bei der gegebenen Entfernung möglich ist.

Ihren zweiten Partner, von dem möglicherweise Christiane abstammt, lernt Hildegard Altdorf im Rahmen ihres Studiums an einer protestantischen Bildungseinrichtung kennen, an der er als hoch angesehener Dozent tätig ist. Herbert Altdorf ist über 40 Jahre älter als Hildegard Altdorf und ist zu diesem Zeitpunkt bereits 30 Jahre verheiratet. Dieser Ehe entstammen bis dahin fünf Kinder.

Herbert Altdorf lebt im Geheimen mit Hildegard zusammen. Das erste Kind der beiden kommt 1961 zur Welt, es ist Pias späterer Pflegevater Christian. Er ist künstlerisch begabt, macht eine Karriere im publizistischen Bereich und suizidiert sich im Alter von 40 Jahren. Sechzehn Jahre später, also 1977, kommt Jakob zur Welt, weitere drei Jahre später Pia.

Bis 1981, also zwanzig Jahre lang, hält der Zustand der Verborgenheit dieser Familie an, dann lässt sich Herbert Altdorf im Alter von deutlich über 80 Jahren von seiner Frau scheiden, um Hildegard zu heiraten. Mit seiner zweiten Familie lebt er jedoch weiterhin nicht zusammen, sondern er empfängt sie einmal wöchentlich in seiner Wohnung. Nach fünf Jahren stirbt er. Weitere vier Jahre später stirbt Hildegard Altdorf.

Zu dieser Zeit lebt Christian Altdorf mit einer 24 Jahre älteren Lebenspartnerin (*1937), Doris Bolle, zusammen. Sie stammt aus einer Vertriebenenfamilie, die im ländlichen Handel und Gewerbe östlich der Oder selbstständig wirtschaftend tätig war und acht Kinder hat. Doris zählt zu den jüngeren aus der Geschwisterreihe. Bevor Doris Christian Altdorf kennen lernt, war sie schon verheiratet. Auch ihr erster Mann ist jünger als sie, in diesem Fall allerdings nur zwei Jahre. Diese Ehe wird 1990 geschieden. Jedoch lebt Christian Altdorf seit 1987 schon bei ihr und ihren beiden Kindern. Er schließt sich also einer bereits vollständigen Familie an, in der allerdings sein Platz (als Stiefvater? als Sohn?) unbestimmt ist. Als Hildegard Altdorf, seine Mutter, stirbt, ist Christian 28 Jahre alt, seine beiden Geschwister Jakob und Pia sind zwölf bzw. neun Jahre alt.

Uneindeutige Anwesenheit des leiblichen Vaters mit der Konsequenz uneindeutiger Triaden

Pia wächst in ihrer Herkunftsfamilie die meiste Zeit ohne ihren Vater auf. Nach der Trennung von seiner ersten Frau im Jahr 1980 zieht er bis zu seiner Scheidung für ein Jahr in die kleine Wohnung seiner zukünftigen zweiten Ehefrau Hildegard, in der es nun noch beengter zugeht. Nach der Heirat zieht Herbert Altdorf in eine eigene Wohnung und ist seither für seine Familie nur selten zugänglich. Pia sagt dazu, dass sie sich an ein Geschenk, einen Baukasten, erinnere, oder daran, dass sie mit ihrer Familie beim Vater Fenster geputzt habe, »aber an eine Unterhaltung erinnere ich mich nicht«. Hätten sich Pia und ihr Vater unterhalten, dann hätte dies bedeutet, dass er von ihr als Person anerkannt worden wäre. Anerkennung ist eine Grundbedingung für Identitätsbildung (Honneth 1994). Wir haben es hier also mit einer Situation des uneindeutig anwesenden bzw. mental abwesenden Vaters zu tun. Nachdem beide Eltern tot sind, rückt der neunzehn Jahre ältere Christian in die Position des erwachsenen Mannes (Partner der Mutter und Vater der deutlich jüngeren Geschwister) in der Familie. So wird dies von der ältesten Tochter, der fraglichen Halbschwester, erinnert: »Christian war eben mit Mutter zusammen damals eine Einheit. Er hat sich nie auf meine Seite gestellt oder gedacht, wir könnten vielleicht gemeinsame Sachen machen, dass Mutter einsieht, dass es so normal ist.«

Die lebensgeschichtlichen Ausgangsbedingungen von Pia zeigen zusammenfassend, dass sie, abgesehen von der Strukturverschiebung wesentlicher Triaden, in einer im Kirchengemeindemilieu gut integrierten und von diesem unterstützten Alleinerziehendenfamilie aufwächst, für deren Stabilität die Mutter sorgt. Kurz vor ihrem Tod regelt sie die weitere Versorgung und Unterbringung ihrer Kinder in der Zeit, in der sie nicht mehr am Leben sein wird, indem sie geeignete Pflegefamilien für Jakob und Pia sucht und Probewochenenden bei pozentiellen Pflegeeltern organisiert. In den letzten Lebensmonaten wird Hildegard Altdorf von ihrer ältesten Tochter Bettina gepflegt.

Aufwachsen in der Verwandtenpflegefamilie Altdorf/Bolle: Die Paradoxie des Bruder-Vater-Verhältnisses als Sollbruchstelle

Nach dem Tod von Hildegard Altdorf werden die beiden noch minderjährigen Kinder Jakob (*1977) und Pia (*1980) in unterschiedlichen Pflegefamilien untergebracht. Pia lebt fortan in der Familie ihres ältesten Bruders Christian und dessen Lebenspartnerin, Frau Bolle, sowie deren beiden Kinder. Christian erhält für Pia das Sorgerecht, Frau Bolle das Pflegerecht. Jakob kommt zu der Pflegefamilie Steinbach, die sechs Jahre später auch seine Schwester aufnimmt. Eine gemeinsame Aufnahme der Kinder lehnen der ältere Bruder oder seine Lebenspartnerin oder beide ab, sie machen Überforderung geltend.

Wir befassen uns zunächst mit der Verwandtenpflege, in welcher Pia sechs Jahre verbringt. In dieser Pflegefamilie entwickelt sich, folgen wir den Schilderungen Frau Bolles von Pia, ein hohes Maß an affektiver Solidarität und Zugehörigkeit. Auch wird Pia von

Anfang an von den leiblichen Kindern der Pflegemutter angenommen und als gleichwertiges Familienmitglied akzeptiert. Beide Pflegeeltern sind berufstätig und sorgen so für den Unterhalt der fünfköpfigen Familie. Dies setzt eine verbindliche Struktur der Alltagsorganisation voraus, für die Frau Bolle zuständig ist.

Sie ist die zentrale signifikante Bezugsperson und eine wesentliche Normalisierungsagentin, nicht ihr Partner. Pia ist diese Struktur aus ihrer leiblichen Familie bekannt. Auch dort war es die Mutter, die für Stabilität im Alltag sorgte. So lange Pia die Pflegeeltern als Paar beggnen, kann sie triadische Sozialisationsstrukturen kennen lernen. Allerdings ist die Vaterposition mit dem Bruder besetzt, insofern ist die Generationenschranke nicht gegeben. Dennoch scheint es zu triadischen Austauschprozessen, also zu ständig wechselnden Ein- und Ausschlüssen in 2:1-Konstellationen (Fivaz-Depeursinge & Corboz-Warnery 2001), gekommen zu sein. Diese Struktur bricht erst dann auseinander, als der Pflegevater die Paarbeziehung aufkündigt, sich mit seiner Schwester zusammenschließt und mit ihr heimlich gegen seine Partnerin koaliert.

Pias Ausbruch aus der Verwandtenpflege

Zwischen ihrem 14. und 15. Lebensjahr entsteht bei Pia der Wunsch nach einem Umzug in eine Wohngemeinschaft, sie hat es eilig mit ihrer Verselbstständigung. Als Pflegekind ist sie mit Kontakten zum Jugendamt vertraut, also sucht sie dort Hilfe, um ihre Pflegefamilie verlassen zu können. Als zentraler Widerpart in diesem versuchten Ablöseprozess dient Pia ihre Pflegemutter, denn sie ist die zentrale strukturbildende Kraft. Der Bruder ist in diese Auseinandersetzung zunächst nicht einbezogen. Aus Sicht von Pia ist Frau Bolle eine Schreckensperson, die alles Negative auf sich konzentriert, wenn es darum geht, Autonomiebestrebungen Pias altersgemäße Grenzen zu setzen. Der Bruder in der Position des Pflegevaters ist diesbezüglich ein Ausfall – hier konzentriert sich die Strukturproblematik dieser pflegefamilialen Konstellation.

Parallel dazu spitzen sich notwendig die Beziehungsprobleme zwischen Christian Altdorf und Doris Bolle zu. Christian zieht aus der gemeinsamen Wohnung aus, nachdem er ein Verhältnis mit einer gleichaltrigen oder jüngeren, jedenfalls verheirateten Frau begonnen hat. Pia wiederum entscheidet sich dafür, bei der Pflegemutter zu bleiben, obwohl ihr Bruder ihr angeboten hat, zu ihm zu ziehen. Im Zweifel, so lehrt dies, entscheidet sich Pia für die (unbequeme) Strukturierungsagentin und gegen den (gewähren lassenden) Bruder. Sie entscheidet sich also für jenen Weg, der Autonomisierung verspricht. Christian allerdings kehrt nach dem Ende der Affäre in den gemeinsamen Haushalt zurück. Seitdem ist die Paarbeziehung belastet. Die Paarsituation wird weiter verschärft, als ihm Pia von ihren Autonomiebestrebungen und ihren Kontakten zum Jugendamt erzählt und er diese Informationen zunächst für sich behält. Er führt sogar zusammen mit Pia hinter dem Rücken seiner Partnerin Gespräche im Jugendamt. Damit kündigt er die unbedingte Solidarität mit seiner Lebenspartnerin auf, und Frau Bolle zieht, nachdem diese Illoyalität bekannt wird, die Konsequenzen und gibt ihre Position als Pflegemutter ab.

Gründe für das »Scheitern« des Aufenthalts in der Verwandtenpflege

Die Biografie von Christian Altdorf ist von Strukturverschiebungen geprägt. Die meiste Zeit seines Lebens wurde er mit Entwicklungsaufgaben konfrontiert (Erikson 2002), die nicht seinem Lebensalter und seiner Position in der Herkunftsfamilie entsprachen. Schon als Kleinkind fungierte er als (Ersatz)partner der Mutter, und das in einer Entwicklungsphase, in der seine kindlichen Bedürfnisse im Mittelpunkt stehen. Später, als Kind, obliegt ihm die Aufgabe, als »Ersatzvater« seiner jüngeren Geschwister zu wirken, denn der leibliche Vater ist entweder abwesend oder uneindeutig anwesend. Als Erwachsener befindet er sich in einer asymmetrischen Paarbeziehung mit einer 24 Jahre älteren Lebenspartnerin, in der es eine Herausforderung darstellt, sich als ebenbürtiger Partner zu positionieren (zumal, wenn der eigene Vater abwesend war und aufgrund des Alters der Partnerin die Entwicklung der dyadischen Paarbeziehung zur Triade nicht mehr möglich ist). In dieser Situation wird zudem von ihm erwartet, für seine Schwester als Pflegevater zu fungieren. Trotz dieser Problemkonstellationen geht es zunächst erstaunlich gut. Zum Bruch kommt es in der Loyalitätskrise, die nicht zufällig zusammentrifft mit Pias lebenszyklisch erwartbarer Ablösekrise (Stierlin 1980).

Doris Bolle hingegen gelingt es in diesem Konflikt zunächst, gegenüber der Pflegetochter ein Gleichgewicht von Bindung und Autonomie einzurichten, denn sie kündigt ihre Pflegebeziehung erst zu einem Zeitpunkt, an dem Pia reif für autonomere Lebensformen ist. Sie war schon in den Jahren zuvor jeweils die Strukturgebende gewesen und gibt dies auch im Krisenfall gespaltener Loyalität einerseits, Ablöseprozess andererseits nicht auf. Sie lässt sich auch nicht umstimmen, als die Pflegetochter wieder bereit ist, das Pflegeverhältnis fortzusetzen. Pias Aufenthalt in der ersten Pflegefamilie ist mithin wesentlich bestimmt von der Pflegemutter als der Struktur gebenden Kraft, die ihre Stärke in der Krise des Ablöseprozesses bewiesen hat. Demgegenüber fallen die Beiträge des leiblichen Bruders in dessen uneindeutiger Position als Pflegevater aus heutiger Sicht deutlich schwächer aus. Anders formuliert: Wäre Doris Bolle nicht bereit gewesen, die Mühen des Grenzensetzens – und damit eine mit dem Vater konnotierte Aufgabe – auf sich zu nehmen, wären Pia jene Auseinandersetzungen verwehrt gewesen, die für die Ablösung unverzichtbar sind. Von »Scheitern« dieses Aufenthalts im Sinne einer vorzeitigen Beendigung kann daher nur begrenzt die Rede sein.

Pias Übergang von der ersten in die zweite Pflegefamilie

Nachdem Pia der Weg zurück in ihre erste Pflegefamilie versperrt war und das Jugendamt ihrem Wunsch nach einem Leben in einer Wohngemeinschaft nicht entsprach, sondern einen Heimplatz anbot, steht Pia eines Abends vor der Tür der Pfarrfamilie Steinbach und bittet um eine zumindest vorläufige Unterbringung. Dass Pia sich an diese Familie wendet, gehört zur Familientradition: Ihr Bruder Christian vertraut sich der Pfarrerin Steinbach in Krisenzeiten an, ein Funktionsträger der Gemeinde ist der Patenonkel von Jakob, Frau Bolle arbeitet in der Kirchengemeinde mit, und schließlich lebt bereits Bruder Jakob in dieser Familie. Anders gesprochen: Die Familie Altdorf ist Teil eines spezifischen Milieus, einer Kirchengemeinde, sie nimmt an diesem Milieu aktiv teil und erfährt von ihm Unterstützung. Dieses Milieu verfügt über Auffangmöglichkeiten in Krisen, und das Pfarrhaus ist traditionell der Ort, an dem Lebenskrisen besprochen werden. Gleichwohl setzt Pia mit ihrem Begehren die Steinbachs unter erheblichen Druck, denn sie sucht nicht nur Rat, sondern eine Familie. Welches sind die familienbiografischen Voraussetzungen der Steinbachs, dem Ansinnen von Pia zu begegnen?

2. Der gelungene Aufenthalt in der Pfarrfamilie als offene, milieugestützte Wohngemeinschaft

Die Pfarrfamilie Steinbach

Kerstin Steinbach, die Pfarrerin, wurde 1949 in einer mittelgroßen Stadt im Norden der DDR geboren, ist selbst Pfarrerstochter und zweites von insgesamt fünf Geschwistern. Sie hat noch eine zwei Jahre ältere Schwester und zwei deutlich jüngere Brüder, die beide Theologie studieren. Aber nur einer von ihnen übt das Amt aus, während der andere in die Politik geht. Der Vater von Kerstin Steinbach verliert Vater und Bruder 1940 im Krieg, als er 21 Jahre alt ist. Zu DDR-Zeiten ist er als unbeugsam gegenüber dem DDR-Regime bekannt. Dies dürfte ein mütterliches Erbe sein, denn seine Mutter stammt aus einem calvinistisch geprägten Zweig des Protestantismus, der als besonders streng bekannt ist.

Kerstin Steinbachs Mutter stammt aus einer Gutsbesitzerfamilie östlich der Oder, die es im Niedergang der Gutswirtschaft geschafft hat, eine mittelständische wirtschaftliche Selbstständigkeit bei gleichzeitiger Bildungsorientierung zu entwickeln und auf diese Weise den Transformationsprozess erfolgreich zu gestalten. Bei der Partnerwahl orientierte man sich im Aufsteigermilieu, ohne die Orientierung an Kultur und Bildung aufzugeben.

So gesehen, sind die Eltern von Kerstin Steinbach hinsichtlich des Bildungskapitals, das sie in die Ehe mitbringen, einander ebenbürtig. In der Tradition des protestantischen Pfarrhauses (dazu weiter unten Näheres) leitet die Mutter von Frau Steinbach den Haushalt der Pfarrfamilie und betätigt sich ehrenamtlich in der Pfarrgemeinde.

Eine Besonderheit dieser Familiengeschichte besteht darin, dass in der Großelterngeneration sowohl in der mütterlichen als auch väterlichen Linie von Frau Steinbach die Ehefrauen jeweils älter als die Ehemänner und hinsichtlich der Geschwisterkonstellation durchweg Älteste sind, was für diese Paare eine Herausforderung darstellt, wenn man die patriarchalische Orientierung des Protestantismus der damaligen Zeit bedenkt. Im vorliegenden Fall führen diese Konstellationen dazu, dass die Frauen in ihren jeweiligen Paarbeziehungen eine dienend-dominante Funktion übernehmen. Dominant sind sie im Innenbereich der Familie, soweit die binnenfamilialen Beziehungen betroffen sind. Dienend treten sie im Außenbereich auf und halten ihren Männern den Rücken frei, damit sie ihren beruflichen Verpflichtungen nachkommen können.

Kerstin Steinbachs Bild von Geschlechterbeziehungen dürfte demnach geprägt sein davon, dass Frauen eine dominante Position nicht, wie im klassischen Paternalismus, in Form des »Geheimdienstmodells« (Weber-Kellermann 1990), sondern offen ausgesprochen innehaben. Vor allem in der Kombination der elterlichen Paarbeziehung (der Vater ist Jüngster, die Mutter Älteste in der Geschwisterreihe) dürfte Frau Steinbach mit einem Frauenbild aufgewachsen sein, das von Selbstständigkeit geprägt ist. Was bedeutet dies für ihre Partnerwahl?

Klaus Steinbach ist fünf Jahre älter als seine Frau und stammt aus ihrem Heimatort. Er wächst als Einzelkind und ohne seinen leiblichen Vater, einem Theologen, auf, der im letzten Kriegsjahr 1945 fällt, als Klaus ein Jahr alt ist (zur strukturellen Bedeutung dieses Sachverhalts kommen wir weiter unten). Die wichtigste männliche Bezugsperson ist für ihn bis zu seinem 7. Lebensjahr ein Onkel (jüngerer Bruder der Mutter). 1952 ziehen Mutter und Sohn an den Stadtrand von Hamburg. Dort leben bereits die Eltern ihres verstorbenen Mannes. Der Onkel zieht nach seiner Heirat nach Westdeutschland (geografisch, nicht politisch verstanden) um. Damit ist er für Klaus Steinbach als unmittelbare Bezugsperson verloren. Jedoch gewinnt er seinen Großvater väterlicherseits, einen künstlerisch tätigen Menschen, dazu. Dieser ist im Übrigen sieben Jahre jünger als seine Frau – dieser Konstellation sind wir in der Familiengeschichte von Frau Steinbach bereits begegnet. Allerdings spielt er in Klaus Steinbachs weiterer Biografie keine zentrale Rolle, denn er ist viel unterwegs. Von Bedeutung ist hier, dass die Mutter von Klaus Steinbach den frühen Vaterverlust ihres Sohnes dadurch zu kompensieren versucht, dass sie ihm ermöglicht, im Kontext seiner Großeltern väterlicherseits aufzuwachsen und so den väterlichen Hintergrund zu stärken.

Demzufolge stammen sowohl die Pflegemutter als auch der Pflegevater aus Familien, in denen das Mann-Frau-Verhältnis im Innenbereich von Frauen bestimmt wird. Das erklärt sich u. a. mit dem im Vergleich zu den Ehemännern höheren Alter der Ehefrauen und durch deren Geschwisterpositionen. Das Besondere der Geschichte des Pflegeelternpaares Steinbach besteht nun darin, dass Frau Steinbach durch ihre Berufswahl und die Übernahme des Pfarramtes eine Strukturtransformation im Geschlechterverhältnis einleitet: von einer dominant-dienenden Funktion der Frauen hin zur Übernahme von Aufgaben, die bisher Männern oblagen. In ihrer Herkunftsfamilie findet die Pflegemutter kein Konzept dafür, wohl aber dafür, dass Frauen in der Lage sind, Verantwortung zu übernehmen. Klaus Steinbach ist dafür der ideale Partner. Beide verloben sich 1971, da ist er 27, sie 22 Jahre alt. Kerstin Steinbach wird noch vor dem Vikariat freigekauft und zieht nach Hamburg. Dort trifft sie auf Klaus Steinbach, der aus ihrem Heimatort stammt und schon seit zwanzig Jahren in Hamburg lebt.

Klaus Steinbachs Studien- und Erwerbsverlauf ist diskontinuierlich. Das Theologiestudium – zunächst nach dem Vorbild des Vaters gewählt – bricht er nach fünf Semestern ab, ein Studium der Musikwissenschaft beendet er jedoch, findet aber keine passende Anstellung. Dies ist erstaunlich, da er mit seinem fachlichen Hintergrund in den 1970er Jahren, in Zeiten des Bildungsaufbruchs, sicher zahlreiche Möglichkeiten im pädagogischen Bereich vorgefunden hätte. Auch war die protestantische Kirche zum damaligen Zeitpunkt eher als heute bereit, Personal anzustellen. Jedoch wird die erfolglose Stellensuche einen anderen Hintergrund gehabt haben: So konnte er jene Position einnehmen, die traditionell einer Pfarrfrau zukommt, nämlich dem Pfarrer zu dienen und in der Gemeinde zu helfen. Allerdings fehlen diesem Paar trotz vorhandenen Kinderwunsches Nachkommen, die traditionell in ein Pfarrhaus gehören, denn die Pfarrfamilie soll auch in der Erziehung Vorbild sein. Im Gespräch wird allerdings deutlich, dass die Alltagsorganisation im Pfarrhaus gefährdet gewesen wäre, wenn das Paar eigene Kinder gehabt hätte. Zur Familie wird dieses Paar erst durch Pflegekinder – diese vermitteln ein höheres Maß an Distanz, als es möglich wäre, wenn die Partner leibliche Kinder hätten.

Diese Vermutung wird bestätigt, wenn wir die Sozialbeziehungen betrachten, die sich mit der Aufnahme von Pia Altdorf als Pflegekind einstellen. In den ersten Jahren pendeln die Pflegeeltern zwischen zwei Polen: Einerseits definieren sie die Beziehung distanziert. Dies drückt sich aus in Begriffen wie »Leihtochter« (Pflegevater) und Umschreibungen wie »sozusagen keine rechtliche Beziehung« bzw. »die Kinder aufbewahren«. Andererseits entwickeln die Pflegeeltern eine affektive Beziehung zu Pia. Bevor wir aber zu einer näheren Betrachtung dieses pflegefamilialen Prozesses kommen, soll ein anderes Thema behandelt werden: das Thema der Anschlussfähigkeit der Herkunftsfamilie und Pflegefamilie im vorliegenden Fall.

Strukturelle Äquivalenzen von Herkunftsfamilie und Pflegefamilie

Wenn wir die Familiengeschichte der Pflegeeltern Steinbach mit derjenigen der leiblichen Eltern von Pia (und Jakob, zu dem wir weiter unten kommen) vergleichen, so zeigen sich Parallelen in der Bedeutung der Frauen in den Paarbeziehungen. In beiden Fällen haben die Partnerinnen eine dominante und zugleich dienende Position, in beiden Fällen besteht eine Milieuvertrautheit (Kirchenmusik auf der einen, Seelsorge auf der anderen Seite), und vor allem dominiert ein Teil-Ausfall der Väter. Hierauf gehen wir nun genauer ein und schließen an die entsprechenden konzeptionellen Ausführungen im theoretischen Einleitungskapitel an.

Klaus Steinbach wächst ohne seinen leiblichen Vater auf. Nachdem er in seinem 7. Lebensjahr und damit in der Latenzphase, in der es um die Identifikation mit dem Vater und um die Übernahme gesellschaftlicher Normen, vor allem der geschlechtsspezifischen, geht, mit seiner Mutter zu den Großeltern väterlicherseits in den Westen zieht, verliert er den Onkel mütterlicherseits, der bis dahin die Stelle des Vaters vertreten hat. Der durch den Umzug gewonnene Großvater väterlicherseits tritt als Vertreter des Männlichen an dessen Stelle und lebt in der in dieser Familie bekannten Kombination »Jüngster heiratet Älteste + Ehefrau ist Jahre älter« einen Typus von Mann vor, der ohne weibliche Strukturierung nicht auskommt und primär seine Kreativität auslebt.

In einer vergleichbaren strukturellen Ausgangslage wie der zweite Pflegevater befinden sich die Kinder von Hildegard Altdorf, also die hier interessierenden Pflegekinder

Pia und Jakob. Auch sie wachsen alle mehr oder weniger ohne ihren leiblichen Vater auf bzw. konnten ihren Vater nur selten in der Familie erleben. Dieser abwesende Vater ist seinerseits künstlerisch tätig. An die Stelle des Vaters tritt zunächst der deutlich ältere Bruder, und er fungiert zusätzlich als Ersatzpartner der Mutter. Darin ist er überfordert, der Aufbau erwachsener partnerschaftlicher Beziehungen gelingt ihm mehr schlecht als recht, und schließlich scheitert er. Im letztgenannten Punkt unterscheiden sich allerdings die beiden Familienmilieus: Strukturverschiebungen kommen in den Herkunftsfamilien der Steinbachs nicht vor, lediglich Kompensationsprozesse ausgefallener Dritter im angemessenen Generationenverhältnis.

Das Pfarrhaus als spezifischer Ort der Identitätsbildung

Eine weitere Besonderheit dieses Falles betrifft das evangelische Pfarrhausmilieu. Die zweite Pflegefamilie von Pia lebt im Pfarrhaus. Sie bewohnt im dritten Stock eine große Dienstwohnung, bestehend aus vier Zimmern. Eine weitere geräumige Dreizimmerwohnung befindet sich im vierten Stockwerk. Dort leben Pia, ihr Bruder Jakob sowie weitere wechselnde Mitbewohner und Mitbewohnerinnen zusammen mit der Mutter des Pflegevaters.

Das Pfarrhaus als sozialisatorischer Ort ist ein öffentliches Milieu, das in der protestantischen, auf Luther zurückgehenden Tradition »als beispielhafte Verwirklichung christlichen Lebens« (Greiffenhagen 1984, S. 12) verstanden wird und folgende Besonderheiten aufweist:

» Das Familienleben ist im traditionalen Verständnis für die Gemeinde weithin offen, die Ehefrau des Pfarrers ist seine »Berufsteilnehmerin«, die Kinder sind die »Produkte der Erziehung« (Greiffenhagen 1984, S. 12ff.) des Pfarrers. Der Pfarrer setzt in seiner Doppelbedeutung als Vorsteher der Gemeinde und als Hausvater die Maßstäbe für das religiöse Leben der gesamten Kirchengemeinde und lebt sie in seiner Familie vor.
» Die Pfarrersfamilie soll ein Vorbild für christlich-bürgerliches Leben sein. Dazu gehören vor allem Kinderreichtum, Hilfsbereitschaft, Fürsorglichkeit, Solidarität, Gastfreundschaft sowie das Singen und Musizieren. Allerdings hat der Pfarrer aufgrund seiner vielseitigen Gemeindeaktivitäten wenig Zeit für seine eigenen Kinder, sodass er die ihm zugedachte Vorbildfunktion im Familienleben selten wird ausfüllen können. Daher sei in der Vergangenheit häufig eine gespielte »protestantische Frömmigkeit« gepaart mit den preußischen Tugenden Zucht und Tapferkeit zu beobachten gewesen (Greifenhagen 1984, S. 14).
» Seit Luther gelten Pfarrhaus bzw. Pfarrfamilie als der Ort, an dem soziale und pädagogische Impulse gesetzt werden. Das Pfarrhaus dient als »Asyl von Vertriebenen, als Zuflucht elternloser Kinder, als Versteck politisch Verfolgter«, als Zentrum sozialer Dienste und als pädagogischer Ort, an dem der Umgang mit Schriften und deren Auslegung stattfindet (Greifenhagen 1984, S. 18).
» Das Pfarrhaus ist traditionell ein »Haus männlichen Geistes« und verkörpert damit

ein traditionelles patriarchalisches Milieu, in dem der Vater und die Söhne dominieren und Gehorsam als wichtigster Wert des Handelns gilt (Greiffenhagen 1984, S. 20).

Der Vorbildcharakter der Pfarrfamilie, das offene Familienleben und die Rolle der Pfarrfrau haben sich heute im Protestantismus unter dem Druck gesellschaftlicher Modernisierung gewandelt. Durfte noch vor wenigen Jahrzehnten die Pfarrfrau kein eigenes Konto unterhalten, so geht sie heute eher einem eigenen Beruf nach, als dass sie sich als Pfarrfrau im Sinne Luthers begreift. Damit verlieren auch religiöse Aktivitäten, die früher von der Pfarrfrau übernommen wurden, ihre Bedeutung. Der Pfarrer wiederum wird gegenüber der Gemeinde entlastet, weil er aufgrund des allgemeinen Schulwesens nur noch für die religiöse Erziehung der Kinder zuständig ist, worin er durch weiteres Personal unterstützt wird. Schließlich bietet das Aufkommen von Pfarrerinnen zu Beginn der 1980er Jahre die Chance, neue Definitionen des Pfarrhauses zu entwickeln, weil es für die Rolle der Pfarrerin noch keine Vorstellungen und Erwartungen der Gemeinde gab. Greiffenhagen ist sogar der Ansicht, dass das moderne Pfarrhaus ein Ort besonders »kritischer Befragung neuer Zustände« sei, an dem auch »Radikalität« gelebt werden könne (Greiffenhagen 1984, S. 22).

Diese Situation trifft auch für Kerstin Steinbach zu. Sie erzählt im familiengeschichtlichen Gespräch, dass es in all den Jahren von Seiten der Gemeinde keinerlei Beschwerden oder Unmut über ihre eigene Paarbeziehung oder über ihr Tolerieren der Wohngemeinschaften ihrer Pflegekinder im Pfarrhaus gegeben habe. Insofern scheinen sich die Erwartungen von Greiffenhagen zu bestätigen, denen zufolge sich mit der Öffnung des Pfarrerberufes für Frauen die patriarchalischen Strukturen verändern. Pia mit ihren spezifischen Erfahrungen in der Herkunftsfamilie kommt dies entgegen.

Dennoch finden sich im Zusammenleben der Pflegefamilie Steinbach mit ihren Pflegekindern auch traditionale Elemente. Dazu gehören: ein wenig strukturierter binnenfamilialer Alltag sowie wenig gemeinsame Aktivitäten, denn die Anforderungen der Gemeinde gehen vor. Die Entwicklung einer affektiven Nähe zwischen der Pflegemutter und ihrer Pflegetochter wird nicht nur durch die geringe Präsenz der Pflegemutter eingeschränkt. Sie ist auch nicht in dem Maße erforderlich wie bei einem Kleinkind, denn Pia ist schon fünfzehn Jahre alt, als sie in diese Pflegefamilie wechselt. Wesentliche Vorarbeiten im Verselbstständigungsprozess sind, wie erinnerlich, bereits von der ersten Pflegemutter, Doris Bolle, geleistet worden.

Aus diesen Voraussetzungen resultieren prinzipiell zwei Optionen hinsichtlich der sozialisatorischen Relevanz des Pfarrhauses als eines spezifischen pflegefamilialen Milieus: Einerseits kann diese Alltagssituation von den Pflegekindern als entlastend erlebt werden, wie es z. B. Jakob an seiner Pflegemutter schätzt (»Sie ist also insofern selten zuhause und dann fürchterlich großzügig und traumhaft!«). Das Ausprobieren von Autonomiespielräumen innerhalb und außerhalb der Familie wird so erleichtert. Ein anderer Vorzug besteht darin, dass eine Flexibilisierung ansonsten starrer Vorstellungen geschlechtsspezifischer Arbeitsteilung in der (Pflege)Familie möglich wird, denn nun ist es der Pfarrmann, der im Binnenraum der Familie präsent ist und im Rahmen des ihm Möglichen für Struktur sorgt.

3. Pias Aufenthalt in der Pfarrfamilie Steinbach und ihre Lebenssituation heute

Soziale Integration trotz erheblicher affektiver Distanz in der Anfangsphase des Pflegeverhältnisses

Während die Pflegeeltern in den ersten Jahren des Zusammenlebens mit Pia eher einen offenen Umgang im Sinne einer Wohngemeinschaft pflegen, verschiebt sich nach mehreren Jahren des Zusammenlebens das Verhältnis. Pia und Jakob werden nach außen als eigene Kinder präsentiert und dort auch so wahrgenommen. Schon 2003 spricht die Pflegemutter bei einem offiziellen Anlass von »unseren Kindern«, aber besonders eindrücklich zeigt sich dies beim Tod des Pflegevaters im Jahr 2006. Sowohl in der Todesanzeige, am Tag der Beerdigung beim Betreten der Kirche, in der Predigt, vor dem Grab beim Kondolieren werden Pia und Jakob der Status von leiblichen Kindern zugeschrieben. Sie sitzen in der Kirche bzw. stehen am Grab neben der Pflegemutter in der ersten Reihe. Die Reihe der Beileidsbekundungen geht von der Pflegemutter sofort an Pia, Jakob und die Frau von Jakob weiter. Erst danach kommen die Familienangehörigen von Klaus und Kerstin Steinbach. Dies ist umso erstaunlicher, als die Pflegefamilie Steinbach konzeptionell dem Typus einer offenen, milieugestützten Pflegefamilie entspricht. Anders formuliert: Trotz einer im Sinne der Bindungstheorie schwach ausgeprägten Bindungsbereitschaft der Pflegeeltern in den ersten Jahren des Pflegeverhältnisses entwickelten sich in dieser Familie Strukturen, *als ob* es sich um ihre eigenen, leiblichen Kinder handeln würde.[19]

Innerhalb des Pfarrhauses kann man verschiedene Konstellationen ausmachen:

» Jakob und seine Pflegeeltern bilden zusammen ein Familiensubsystem.
» Pia und der Pflegevater sowie Pia und die Pflegemutter bringen jeweils ein Familiensubsystem hervor, wobei Pia zudem eine reduzierte Beziehung zu ihrer ersten Pflegefamilie unterhält.
» Pia und die ebenfalls im Pfarrhaus lebende Mutter des Pflegevaters bilden ein Subsystem.
» Innerhalb des Pfarrhauses gründen Jakob und Pia eine Wohngemeinschaft, zu der auch Mitbewohner gehören, die nicht in einem Pflegeverhältnis zur Pfarrfamilie stehen.
» Pia und ihr drei Jahre älterer Bruder Jakob formen eine Geschwisterbeziehung als weitere Konstellation innerhalb des Pfarrhausmilieus. Außerhalb dieses Feldes unterhalten die Geschwister ausgewählte Beziehungen zu Personen aus der mütterlichen wie auch der väterlichen Linie.

Dass sich die Beziehung zwischen Pia und ihrer zweiten Pflegefamilie von anfänglicher Distanz zu einer familialen Nähe entwickelt, geht vorwiegend auf Bemühungen Pias zurück: Man könnte sagen, sie hat sich diese Familie selbst geschaffen. Hier einige

---

[19] Wir deuten mit der Formulierung „als ob" ein Konzept an, das in unserer Theorie der pflegefamilialen Sozialisation erkenntnisleitend werden wird. Vgl. dazu Kapitel IV.

Beispiele: Sie bittet die Pflegeeltern um Unterstützung, als sie von einem ehemaligen Mitbewohner der »Pfarrhaus-Wohngemeinschaft« nach dessen Auszug erheblich belästigt wird; sie geht bei Alltagsproblemen immer öfter auf die Pflegeeltern zu; sie engagiert sich im Konfirmandenunterricht der Pflegemutter; sie lässt sich vom Pflegevater intensiv bei Schularbeiten und im Studium unterstützen; und sie verbindet mit den Pflegeeltern ein gemeinsames Interesse an Osteuropa.

Zumindest für die Zeit der offiziellen Unterbringung unter Aufsicht des Jugendamtes bestehen von Seiten der Pflegemutter Beziehungsgestaltungen der Distanz. Erst später wird sie Pia als »Tochter« bezeichnen. Demgegenüber hat der Pflegevater von Anfang an eine engere Beziehung zu den Pflegekindern entwickelt, denn er, so sagt er, sei immer »zuständig« gewesen. Bei der Austragung von Konflikten, die im Identitätsbildungsprozess typisch sind, wird die Zuständigkeit allerdings geschlechtstypisch gestaltet, dann ist die Pflegemutter für Pia, der Pflegevater für Jakob zuständig.

Der Ablöseprozess von Pia und ihre Lebenssituation heute

Nach dem offiziellen Ende der Pflegebeziehung lebt Pia von ihrem 18. bis 22. Lebensjahr weiterhin in der Wohnung der Pfarrfamilie Steinbach. Unmittelbar nach ihrem Abitur nimmt sie an zwei verschiedenen binationalen Workcamps teil, bei denen es um die Renovierung von osteuropäischen Kirchen geht.

Anschließend lernt Pia Russisch, um sich auf einen achtzehnmonatigen Aufenthalt in Russland vorzubereiten. Dieser Entschluss knüpft, wie erwähnt, direkt an die Interessen der Pflegeeltern an und führt, so unsere Hypothese, zu ihrer vollständigen Integration in diese Familie. Die sichere Basis der Familie Steinbach wird zum Sprungbrett für eine zunehmende Internationalisierung der Interessen von Pia, die direkt an jene der Pflegeeltern anschließen: im kirchlichen Dienst einerseits, im Interesse an Osteuropa andererseits. Diese Interpretation wird durch die Pflegemutter gestützt, die immer wieder mitteilt, wie schön sie es finde, dass Pia sich wie sie und ihr Mann für Osteuropa interessiere.

Der Ablöseprozess Pias aus der zweiten Pflegefamilie unterscheidet sich mithin grundlegend von dem aus der ersten Pflegefamilie. War dort ein Bruch intendiert, so findet sie nun eine dialektische Lösung: Indem sie weg geht, ist sie besonders eng mit den Pflegeeltern verbunden.

Pias Aufenthalt in kirchlichen Kontexten in Russland ist eine öffentliche Angelegenheit der Kirchengemeinde, der ihre Pflegemutter als Pfarrerin vorsteht. Die Kirchengemeinde unterstützt ihre Aktivitäten finanziell, und Pia bedankt sich mit schriftlichen Berichten über das Alltagsleben, über besondere Erlebnisse und über Personen, die sie während ihres Aufenthaltes betreute. Sie wird so dem Vorbildcharakter des protestantischen Pfarrhauses und seiner Sprösslinge in zeitgemäßer Form gerecht. Das Interesse an Russland wird auch im Familienkontext umgesetzt, indem der Pflegevater mit Jakob und Pia eine Reise mit der Transsibirischen Eisenbahn durchführt. Diese drei Personen bilden den Kern dieser Pflegefamilie, die Pfarrerin steht ihrer Position gemäß – wie seit Luther üblich – an deren Rand, denn ihre öffentliche Aufgabe geht vor.

Nach ihrer Rückkehr aus Russland zieht Pia aus dem Pfarrhaus aus. Sie studiert zunächst Sozialpädagogik, wechselt dann aber, nachdem ihr die Anforderungen dieses Studiums als zu gering erscheinen, in das Fach Kulturwissenschaften mit Schwerpunkt auf Osteuropa. Den Pflegeeltern bleibt Pia damit nahe, aber die zeitgemäße Rolle einer professionalisierten Sozialhelferin, die dem Pfarrhaus gut angestanden hätte, lehnt sie im Dienste einer weiteren Individuierung ab. Inzwischen hat Pia ihren Interessensschwerpunkt auf Asien ausgedehnt (und sich somit ihre Interessen über Osteuropa hinaus erweitert). Regionale Ortlosigkeit werden so verbunden mit der Teilhabe einer gemeinsamen sozialen Welt, deren emotionale Basis das Pfarrhaus ist.

Jakob Altdorf

1. Jakob Altdorf in der milieugestützten Pflegefamilie als Wohngemeinschaft

Jakobs Weg in die Pflegefamilie Steinbach

Wir erinnern: Jakob (*1977), der zweite Sohn aus der zweiten Ehe der Mutter Hildegard Altdorf, lebt bis zum Tod seiner Mutter im Jahr 1989 zusammen mit seinem älteren Bruder Christian und seiner jüngeren Schwester Pia in deren Haushalt. Dieser Haushalt war gekennzeichnet durch asymmetrische Paarbeziehung, einen abwesenden oder uneindeutig anwesenden Vater, ein bildungsbürgerliches Milieu, die Einbindung in eine kirchlich geprägte Lebenswelt. Letztere kommt auch dadurch zum Ausdruck, dass ein Amtsträger der Gemeinde Jakobs Patenonkel wird. Und weiter: Schon zu Lebzeiten der Mutter nimmt Jakob gelegentlich an Ferienreisen der Pfarrerin und ihres Mannes teil, die bekanntlich ungewollt kinderlos sind.

Nach dem Tod seiner Mutter wollte Jakob, wie seine Schwester, zu seinem älteren Bruder Christian und dessen Lebenspartnerin ziehen, diese waren damit aber nicht einverstanden. Daher wandte er sich an das Pfarrerehepaar, das – so erinnert sich die Pflegemutter – innerhalb einer halben Stunde über die Aufnahme entschied, und zwar im Sinne Jakobs.

Der Pflegevater im Besonderen, denn auf ihn kommt die Hauptlast bei der Bewältigung dieser neuen Situation zu, tut sich am Anfang des Pflegeverhältnisses schwer. Er, der selbst ohne leiblichen Vater aufgewachsen ist, zeigt jedoch ein erstaunlich sicheres Bewältigungsmuster vom Stil »es wird alles gut gehen«. Dies spricht für eine gute Mutterbeziehung.

PV: »Also das Schwerste ist halt immer das erste Kind. Also beim Jakob da hatte ich schon etwas Bammel. Vor allem war er zwölf Jahre, also schon ziemlich fertig, und da wusste man nun wirklich nicht, was da draus wird. Aber ich hab' mich immer getröstet: Na ja, also mal sehn, vielleicht, wenn es gar nicht geht, wird er halt zurückgegeben sozusagen, ja mit vielen Dank.«

In dieser letzten Bemerkung des Pflegevaters bezogen auf das erste Unterbringungsjahr von Jakob wird ein struktureller Unterschied zwischen Pflegefamilien und leiblichen Familien zum Thema, nämlich die Rückgabeoption von Pflegeeltern. Da aber die leiblichen Eltern Jakobs tot sind, kann die Rückgabe nur ans Jugendamt oder an den deutlich älteren Bruder Christian erfolgen. Allerdings wird in der Äußerung des Pflegevaters bereits angedeutet, dass er sich diese Rückgabe nur als ultima ratio vorstellen kann (»gar nicht geht«). Mithin nimmt der Pflegevater eine mittlere Stellung ein zwischen der leiblichen Familie, in der Auseinandersetzungen in Krisensituationen auf der Grundlage einer absoluten Zugehörigkeit ausgetragen werden, und einer Pflegefamilie, bei der latent die Frage der Kündigung bzw. der vorzeitigen Beendigung präsent ist.

Im familiengeschichtlichen Gespräch entwickelt sich im Anschluss an die soeben zitierte Passage zwischen den beiden Pflegeeltern ein Streit über die prinzipiell gegebene Rückgabeoption. Dieser geht so weit, dass die Pflegemutter von ihrem Mann unbedingte Solidarität gegenüber Jakob fordert und mit Trennung droht, obwohl der Pflegevater von Vergangenem, also nicht mehr Aktuellem, spricht und darüber hinaus eine sehr abgeschwächte Formulierung benutzt. Es sieht an dieser Stelle so aus, als ob Jakob primär von der Pflegemutter als zu ihrer Familie gehörig angesehen wird. Es setzt sich für ihn demnach, wie in der leiblichen Familie, diejenige Person ein, die als gegengeschlechtliche Elternperson die primäre Bezugsperson im Individuierungsprozess ist. Andererseits hat die Pflegemutter ihre Beziehung zu ihren Pflegekindern in den davor liegenden Gesprächsteilen eher distanziert dargestellt. Jetzt aber, wo es um die prinzipielle Zugehörigkeit und damit um den Strukturkern des Selbstverständnisses der Pflegefamilie geht, stellt sie sich hinter Jakob.

Dann aber formuliert die Pflegemutter selbst Bedingungen für eine Beendigung des Pflegeverhältnisses. Diese lägen dann vor, wenn Jakob Cannabis gebrauchen oder gar im Pfarrhaus mit Cannabis handeln würde. An dieser Stelle rückt die andere Seite der Pflegemutter, die Pfarrerin und damit verbunden der Auftrag der Pfarrfamilie als Vorbild in der Gemeinde, in den Vordergrund.

Die Entwicklung der Familienbeziehungen zwischen Jakob, Pia und ihren Halbgeschwistern nach Aufnahme Pias in die Pflegefamilie Steinbach

Die Unterbringung als Pflegekind in der Familie Steinbach muss für Jakob sehr verletzend gewesen sein, denn sein älterer Bruder Christian war für ihn eine Vaterfigur. Daher wog für ihn der Ausschluss aus dessen Familie doppelt, zumal an seiner Stelle seine Schwester Pia vom Bruder und dessen Partnerin aufgenommen wurde. Diese Zurückweisung empfand er als Nicht-Anerkennung seiner Person. Der Geschwisterkontakt zwischen Jakob und Pia entwickelt sich aufgrund dieser Konkurrenzsituation erst allmählich im Laufe der Unterbringung der beiden in unterschiedlichen Pflegefamilien, wobei die Initiative von Jakob und seiner Pflegefamilie ausgeht. Obwohl Jakob von seiner Pflegefamilie deutliche Angebote von Nähe erlebt, sucht er weiterhin Zugehörigkeit und Nähe bei seiner Herkunftsfamilie. Mit dem Eintritt seiner Schwester in die Pflegefamilie Steinbach wird die Beziehung zwischen den beiden Geschwistern enger. Während ihrer gemeinsamen Unterbringung in der Pflegefamilie Steinbach fühlen sich beide eher ihrem mütterlichen Familienzweig zugehörig, während zu Familienangehörigen aus der ersten Ehe ihres Vaters kaum Kontakt besteht. Auch die beiden leiblichen Kinder der ersten Pflegemutter gehören zum erweiterten Geschwisterumfeld von Jakob und vor allem von Pia. Übereinstimmend berichten sowohl Pia als auch die erste Pflegemutter von dem bis heute erhalten gebliebenen innigen Verhältnis zwischen der Pflegetochter und den beiden leiblichen Kindern der ersten Pflegemutter von Pia.

Der weitere Lebensverlauf bei Jakob, sein Ablöseprozess und seine Lebenssituation heute

Im weiteren Lebensverlauf entwickelt sich die Individuierung Jakobs deutlich anders als die seiner Schwester Pia. Grund dafür ist der Ausbruch einer Epilepsie in seinem vierzehnten Lebensjahr, also lange nach dem Tod seiner Mutter. Epilepsien sind medikamentös behandelbar (abhängig von ihrer Ausprägung), ihr Einfluss auf die lebenspraktische Autonomie kann durch geeignete soziale Bewältigungsstrategien beeinflusst werden. Gerade bei einem Jugendlichen stellen diese Erkrankung und die mit deren Bewältigung einhergehenden Aufgaben eine große Herausforderung nicht nur für ihn selbst, sondern auch für seine primären Bezugspersonen dar. Jakob muss regelmäßig eine große Menge von Medikamenten einnehmen, die seine Leistungsfähigkeit erheblich einschränken. Er verlässt das Gymnasium, kann aber die Realschule abschließen. Eine Berufsausbildung zum Hauswirtschaftshelfer kann er zwar noch absolvieren, aber eine darauf aufbauende Weiterbildung zum »hauswirtschaftlichen Betriebsleiter« scheitert.

Jakobs Übergang in die Selbstständigkeit jenseits des Berufes stellt sich im weiteren Verlauf als ein Lehrbeispiel für die Offenheit biografischer Entwicklungen trotz schwieriger Ausgangslagen heraus. Jakob und seine Biografie, die teils die Biografie eines Aufwachsens in einer Pflegefamilie bei ungünstigen Voraussetzungen in der Vorgeschichte ist, ist – wie bei allen ehemaligen Pflegekindern, die wir in diesem Buch vorstellen – ein Lehrbeispiel für Resilienz, die im Wesentlichen in familialen Sozialisationsprozessen und in Milieus, die die Familie umgeben, erworben wird (Walsh 1998, Welter-Enderlin & Hildenbrand 2006). Jakob verlässt seine Pflegefamilie nach einem 10-jährigen Aufenthalt in seinem 22. Lebensjahr und zieht zu seinem besten Freund. Er besucht seine Pflegefamilie mindestens einmal die Woche und pflegt seine Beziehungen zu seinen beiden Schwestern (der leiblichen, Pia, und der Halbschwester im Ausland). Partnerschaften zu Mädchen sind zunächst selten; die längste dauert ein halbes Jahr. Im Sommer 2005 jedoch heiratet Jakob Altdorf eine gleichaltrige Frau aus Südamerika, eine Ärztin. Die Partnerin zieht zu Jakob, der Freund zieht, nachdem auch er eine Freundin gefunden hat, aus. Ein Kind ist geplant. Mit dieser unerwarteten Heirat verbessert Jakob Altdorf seine Autonomiemöglichkeiten quasi über Nacht, und die Chancen, doch noch ohne soziale Unterstützung leben zu können, nehmen deutlich zu. Die Frage, die sich anhand dieses Verlaufs stellt, bezieht sich darauf, welche Ressourcen die Pflegefamilie Steinbach hierfür zur Verfügung gestellt hat. An dieser Stelle öffnen wir den Fokus und beziehen auch Pia in die Betrachtung ein.

Pia und Jakob Altdorf in der Milieupflege

1. Die Identitätsentwicklung von Pia und Jakob Altdorf in den jeweiligen Pflegefamilien. Die Bedeutung der Milieupflege

Die Ausgangslage: Anwesende Mütter, abwesende Väter im stabilen bürgerlich-protestantischen Milieu

Schon die erste Ehefrau des Vaters von Jakob und Pia Altdorf, eine Pfarrerstochter, ist eine Frau, die den protestantischen Anspruch verkörpert, trotz aller Schwierigkeiten des Lebens standhaft zu bleiben und den »Forderungen des Tages« (Max Weber) zu entsprechen. Beispiele dafür sind die Übersiedlung als Ausländerin mit ihrem Mann nach Deutschland anfangs der 30er Jahre des 20. Jahrhunderts, wodurch sie ihrer Bindungen zur Herkunftsfamilie vor allem nach 1939 verlustig geht, sowie die nicht mehr realisierbaren Karrierepläne ihres Mann in Folge des Nationalsozialismus. Ihre Aufgabe ist es, bei häufig abwesendem Vater mehr oder weniger alleine für die Kinder zu sorgen. Bei seiner zweiten Ehefrau, mit der er über Jahrzehnte zunächst eine verborgene zweite Beziehung lebt, aus der drei Kinder entstehen, findet er ein vergleichbares Handlungsmuster. Die Linie dieser Frauen wird fortgesetzt durch die erste Pflegefamilie von Pia, aus der Jakob ausgeschlossen ist. Diese Verwandtenpflege durch den Bruder und dessen Lebensgefährtin, Frau Bolle, wird im Wesentlichen von letzterer bestritten. Und schließlich die Pflegefamilie Steinbach, in der zunächst Jakob, dann auch Pia Zuflucht findet und die als »halboffenes« Familienmilieu weiter die Türen zur Gemeinde öffnet. Die Pfarrerin Steinbach stammt ihrerseits aus einer Pfarrersfamilie mit einem unbeugsamen Vater unter widrigen politischen Umständen und einer Mutter, die vor diesem Hintergrund für die Stabilität der von außen bedrohten Familie sorgt. Schließlich der Pflegevater Steinbach: Er wächst die meiste Zeit seiner Kindheit in einem von Frauen dominierten Milieu auf und findet als Erwachsener an der Seite seiner Frau seinen in der Kindheit quasi voreingerichteten Platz (als Mann eher dienend in einem von seiner Frau dominierten halböffentlichen Haushalt).

Die Kirchengemeinde als Ort von Milieupflege

Sowohl die leiblichen Eltern als auch die jeweiligen Pflegeeltern sind Teil eines umfangreichen protestantischen Kirchengemeindelebens. Alle haben Funktionen in den Gemeinden inne: im kirchlich getragenen Kindergarten, in der Kirchenmusik, als Pfarrerin oder als »Pfarrmann«. Dieses soziale Netz besteht schon vor dem Eintritt der Notwendigkeit, Pia und Jakob in Pflegefamilien unterzubringen. Es kann im Notfall auf dieses Netz zurückgegriffen werden. Die erforderliche Solidarität, die die Gemeinde dieser Familie und ihren Kindern entgegenbringt, ist eine gelebte. Auch die beiden Pflegefamilien, um die es hier geht, können während des Aufenthalts der Pflegekinder auf dieses Netz zurückgreifen. So werden sie nicht nur im Alltag, sondern auch in Krisenfällen entlastet. Die soziale Struktur des Stadtteiles, in der die fragliche Kirchengemeinde liegt, ist gemischt. Es leben dort Einwohner aus der Mittelschicht wie auch sozial Schwache, überwiegend sozialräumlich getrennt, zusammen. Insgesamt zählt der Bezirk zu den wohlhabenderen Gegenden von Hamburg, und das durchschnittliche Einkommensniveau ist relativ hoch. Das Pfarrhaus liegt direkt neben einer Durchgangsstraße in Stadtautobahnnähe und beherbergt neben einem großen Gemeindesaal im Erdgeschoss mehrere Gemeinderäume und drei Dienstwohnungen für Pfarrpersonal. Lediglich die Pflegeeltern leben in diesem Pfarrhaus, der andere für die Gemeinde zuständige Pfarrer lebt außerhalb. Die dritte Dienstwohnung wird für Gemeindezwecke genutzt.

Das Pfarrhaus als öffentlicher Ort, an dem Zugehörigkeit erst entwickelt werden muss

Pia hat den Vorzug, in einer ersten Pflegefamilie aufgewachsen zu sein, in welcher sie Vertrautheit und Zugehörigkeit als Grundlage von Differenzierung sechs Jahre lang erleben konnte. Dieses eher geschlossene Milieu zeichnet sich durch den Aufbau von Handlungs- und Orientierungsmustern aus, die Verbindlichkeit, Zuverlässigkeit, die Einhaltung von Regeln, gegenseitige Rücksichtnahme, Fürsorglichkeit, Geborgenheit, Zugehörigkeit und eine für alle Familienmitglieder strukturierte Alltagsorganisation betonen. Das ist für ein Kind in vorpubertären Lebensphasen eine gute einbindende Kultur, weil damit die Grundlage für Autonomiepotenziale gelegt wird. Legen wir die aus der Tradition der interaktionsorientierten Forschung (Joas 2000, Krappmann 2000, Mead 2005) bekannten Indikatoren für eine gelingende Persönlichkeitsentwicklung als heuristischen Rahmen bei der Analyse des Materials zugrunde, dann lassen sich im Material eine ganze Reihe von Mustern autonomer Lebenspraxis im Falle von Pia finden. Sie zeigt an mehreren Stellen ihre Fähigkeit zur Perspektivenübernahme in der Pflegefamilie, Rollendistanz durch Reflexionsfähigkeit und der Revision eigener früherer Einschätzungen. Es gelingt ihr des Weiteren, ihre Identität in Interaktionskontexten durch Abgrenzung, Rollenübernahme, Widerspruchsfähigkeit und Selbstbehauptung selbstbewusst darzustellen. Sie ist weiterhin in der Lage, mit Mehrdeutigkeiten und widersprüchlichen Handlungssituationen umzugehen. In Konfliktsituationen in der zweiten Pflegefamilie zeigt sie, dass sie in triadischen Konstellationen handeln kann. Diese Erfahrung – von Interaktionspartnern ein- und ausgeschlossen zu werden und sich auch selbst mit unterschiedlichen und vor allem wechselnden Koalitionspartnern gegen andere zu verbünden – ist zentral für die soziale Anerkennung und die Identitätsdarstellung.

Eine in diesem Rahmen nicht aufzulösende Krise tritt ein, als Pia in der frühen Adoleszenz Autonomiespielräume einfordert. Hätte der Bruder und Pflegevater Christian an dieser Stelle die Paarsolidarität nicht aufgekündigt (während Pia zuvor durchaus triadische Beziehungen in dieser Familie erleben konnte), wäre vermutlich auch diese Krise zu bewältigen gewesen. So aber verlässt Pia diese Pflegefamilie und kommt nun, ausgerüstet mit wesentlichen identitätsfördernden Merkmalen, in die Pflegefamilie Steinbach. Der Weg dorthin bietet sich für sie an: einmal, weil Bruder Jakob dort schon lebt, zum zweiten, weil diese Familie als Pfarrfamilie Teil des Gemeindelebens und damit einer bestehenden Solidargemeinschaft (besser: deren Spitze) ist. In dieser Pflegefamilie wird das Verhältnis zu beiden Pflegekindern durch eine temporäre Bindungsbereitschaft begründet. Wenn die Pflegekinder die beziehungsmäßige Nähe zu ihren beiden Pflegeeltern suchen, wird ihnen von deren Seite aus im Sinne einer komplementären Erwiderung der Bindungsbereitschaft entsprochen. Aber im Gegensatz zum primären Bindungstyp in der Verwandtenpflege ist die Wechselseitigkeit kein konstitutives und dauerhaftes Moment der Beziehungsstruktur. Im Material kommt dieser temporäre Aspekt in Formulierungen wie Kinder »nehmen« oder in ihrem Verständnis der Pflegetochter als »Leihtochter«[20] und »bewahrt sie auf« zum Ausdruck. Aber gerade dieses Selbstverständnis der Zurückhaltung erlaubt eine Öffnung gegenüber dem Milieu. Pia und Jakob haben so die Möglichkeit, Autonomiespielräume auch außerhalb des binnenfamilialen Bereichs zu erproben. Damit entspricht dieses Verhältnis zu anderen Sozialisationsmilieus dem Ergänzungsfamilienkonzept, weil parallele intensive Beziehungen zu verschiedenen Sozialisationsinstanzen zugelassen werden. Im vorliegenden Fall allerdings muss aufgrund von Todesfällen in der Herkunftsfamilie immer mehr Personal ergänzt werden. Dennoch kommt es nicht zur Entwicklung einer Ersatzfamilie. An deren Stelle tritt das Milieu.

2. Grenzen des offenen pflegefamilialen Milieus und der Milieupflege

Wenn Pia allerdings nicht bereits wesentliche Strukturen sozialisatorischer Interaktion in ihrer ersten Pflegefamilie vermittelt bekommen hätte, wäre ihre Sozialisation mutmaßlich ähnlich wie bei ihrem Bruder Jakob gelaufen.

Jakob kommt mit zwölf Jahren in diese Pflegefamilie. Er hat nicht, wie Pia, den Vorlauf der nach außen weitgehend abgeschlossenen, binnenfamilial durch dichte soziale Beziehungen geprägten (Verwandten)pflege erlebt. Allerdings hatte er die Möglichkeit, zwölf Jahre mit der eigenen Mutter aufzuwachsen (bei Pia sind es drei Jahre weniger). Den leiblichen Vater hat er selten erlebt, eine gelebte Triade mit Vater, Mutter und Kind war kaum existent, und ein »Derivat« davon, nämlich die Triade, bestehend aus älterem Bruder, dessen Partnerin und ihm selbst, war ihm nicht in dem Maße zugänglich wie Pia. Der Tod der Mutter, bei Kindern und Jugendlichen immer verfrüht, trifft ihn dann zu einem denkbar ungünstigen Zeitpunkt – zu jenem Zeitpunkt, als er gerade im Widerspruch zwischen

---

[20] »Leihen« ist verwandt mit Lehen, und Lehen meint das Anvertrauen eines Gutes, wodurch ein wechselseitiges Treueverhältnis begründet wird (Hinweis von Karl Friedrich Bohler). Man kann einem Theologen und damit gelernten Hermeneuten unterstellen, diese Wortbedeutung von »leihen« zu kennen, wodurch der Begriff der Leihtochter eine gegenüber der Alltagsbedeutung gänzlich andere, auf keinen Fall pejorative Bedeutung annimmt.

dem Wunsch nach Außenorientierung und der Zugehörigkeit zu einer vertrauten Familie lebt. Im halböffentlichen Milieu der Pflegefamilie Steinbach, in welchem Zugehörigkeit nicht einfach gelebt wird, sondern erworben werden muss, löst er diesen Widerspruch in eine spezifische Richtung auf: Er orientiert sich an Gruppen von Gleichaltrigen außerhalb des Pfarrhauses, zieht sich innerhalb des Pfarrhauses in wohngemeinschaftsförmige Möglichkeiten des Zusammenlebens zurück und experimentiert mit Drogen und früher Sexualität. Anders als seine Schwester Pia nimmt er nicht aktiv oder gar gestaltend am Gemeindeleben teil. Die im Alter von vierzehn Jahren eintretende Epilepsie mag ihren Teil dazu beigetragen haben, dass insbesondere der Pflegevater sich zunehmend dem Pflegesohn zuwendet und weitere mögliche Fehlentwicklungen korrigieren kann.

Dieses Gewähren von Freiräumen durch die zweiten Pflegeeltern getreu des von der Pflegemutter aus ihrer Herkunftsfamilie übernommenen Orientierungsmusters »Erwiderung des entgegengebrachten Vertrauens« ist nicht unbedingt identitätsfördernd. Nützlich ist es, wenn zuvor die erwähnten identitätsfördernden Kompetenzen in nach außen abgegrenzten und nach innen affektiv geprägten, strukturierten Interaktionszusammenhängen entwickelt worden sind. Dahinter steckt der Gedanke, dass in Sozialisationsprozessen zu bestimmten Lebensphasen der sich entwickelnden Kinder und Jugendlichen unterschiedliche Strukturierungsleistungen erforderlich sind, damit Identitätsbildungsprozesse gelingen können. Der minimalistische Umgang mit Regeln des Zusammenlebens und der Alltagsorganisation in der zweiten Pflegefamilie von Pia ist für die Ablöseprozesse von Pia in der Pubertät ein guter sozialisatorischer Rahmen, um ihre Autonomiebestrebungen ausprobieren zu können. Für Jakob kommen diese Angebote zu früh. Es spricht für die Flexibilität dieser Pflegefamilie, dass der Pflegevater sich mehr um Jakob kümmert und auf diese Weise das dieser Familie zugrunde liegende Muster ändert, als deutlich wird, dass die Offenheit nicht altersangemessen ist.

Christoph Wilhelm

1. Identitätsbildung unter den Bedingungen der Schwäche triadischer Strukturen in der Herkunftsfamilie und des Aufenthalts in der fachlich informierten Pflegefamilie

Die lebens- und familiengeschichtliche Ausgangslage von Christoph

Die Mutter von Christoph Wilhelm (*1953) stammt aus einer Vertriebenenfamilie, die dem Facharbeitermilieu angehört und nach der Vertreibung in einer ostdeutschen Großstadt ansässig geworden ist. Ihr Vater verlässt die Familie noch vor ihrer Geburt. Ihre Mutter heiratet kurz danach erneut, elf Jahre später wird sie auch von diesem Mann verlassen. Bis zu ihrem elften Lebensjahr vollzieht sich die Sozialisation der Mutter von Christoph Wilhelm im Rahmen einer erweiterten Triade, bestehend aus der Großmutter, mütterlicherseits, der Mutter und dem Stiefvater, der von Frau Wilhelm als fürsorglicher Stiefvater erlebt wird. Zeitgleich mit dem Tod der Großmutter kommt es zur Trennung der Eltern und somit zum Zusammenbruch der bis dahin vorhandenen triadischen Strukturen durch den Wegfall zweier zentraler Bezugspersonen der Mutter von Christoph. Diese Ereignisse werden von ihr als traumatische Einschnitte erlebt. In dieser lebensgeschichtlichen Phase – der beginnenden Pubertät und damit der Ablösung bzw. Neustrukturierung bisheriger familialer Bindungen – bedeutet der Ausfall von zwei signifikanten Anderen eine tiefe Verunsicherung des Identitätsbildungsprozesses bzw. eine erhebliche »Identitätsdiffusion« im Sinne Eriksons (2002). Kurz darauf verheiratet sich die Mutter erneut, diesmal mit einem Beamten der unteren Hierarchieebene. Dieser Ehe entstammt ein Sohn, der ca. 15 Jahre jünger ist als Frau Wilhelm. Frau Wilhelm berichtet, dass sie für ihre berufstätigen Eltern (leibliche Mutter und zweiter Stiefvater) den Haushalt be- und ihren Stiefbruder versorgen musste. So führt sie ein Dasein als »Aschenputtel« (ein weit in die Menschheitsgeschichte zurückreichender Archetypus). Soziale Entwurzelung, Vaterabwesenheit zu einem frühen Zeitpunkt, Randständigkeit in einer Stieffamiliensituation und die frühzeitige Übernahme von Verantwortung kennzeichnen die Biografie von Frau Wilhelm. In der Folge entwickelt sie einen Durchbeißerhabitus vor allem im beruflichen Bereich. Sie studiert erfolgreich Elektrotechnik, nachdem ihre ursprünglichen Berufswünsche (Architektur oder Sportstudium) wegen der Flucht ihres Vaters in den Westen abgelehnt worden war bzw. eine sportliche Karriere (Volleyball) aufgrund gesundheitlicher Probleme nicht realisierbar war. Ein Vater als Vertreter des anderen Geschlechts und damit als zentraler signifikanter Anderer im Prozess der weiblichen Identitätsbildung (Peisker 1991) stand ihr nicht bzw. nur in der Variante des Ausgenutztwerdens durch einen Stiefvater zur Verfügung.

Welche Partnerwahl wird durch diese Ausgangslage gebahnt? Bleiben wir beim Märchen, bekommen Aschenputtel Prinzen zum Gemahl. So ist es auch in diesem Fall. Der Partner von Frau Wilhelm, also Christophs Vater (*1952), weist folgende Merkmale auf:

» Er stammt aus einer seit drei Generationen bestehenden Fabrikantenfamilie. Dies unterstützt die Aufstiegsbestrebungen von Frau Wilhelm, bringt aber ein Problem mit sich, denn der Habitus wirtschaftsbürgerlicher Selbstständigkeit war zur Zeit der Verheiratung (um 1978) in der DDR nicht willkommen.
» Er ist, wie sie selbst, Ingenieur und konsolidiert damit weiter den von Frau Wilhelm als Aufsteigerin erreichten Status.
» Er ist des Weiteren Jüngster von zwei Söhnen; sein älterer Bruder, ebenfalls Ingenieur, siedelt früh nach Westdeutschland aus. Damit ist Herr Wilhelm der einzige Sohn, der den Eltern geblieben ist, und darüber hinaus der jüngste. Dies wird den Rahmen seiner Ablösungsprozesse bestimmen: Ihn ziehen zu lassen, wird den Eltern wesentlich schwerer fallen als beim ersten Sohn.

Das Paar wird am Heimatort von Herrn Wilhelm sesshaft. Die beiden ziehen aber nicht in die Villa seiner Eltern ein, die inzwischen in mehrere Wohnungen aufgeteilt wurde und durch Einquartierte belegt ist. Neolokalität als eine Komponente von Ablösung wird also in diesem Fall durch die Umstände erzwungen. Das Paar kauft am Ortsrand ein eigenes Haus. Beide arbeiten in diesem Ort im selben Werk, er in der Entwicklung, sie in der Produktion. Am selben Ort wie die Eltern lebend, muss die Ablösung des Partners von seiner Herkunftsfamilie tagtäglich neu errungen werden. Unsere Hypothese lautet: Die Grundlage dieser Paarbeziehung besteht in dem widersprüchlichen Auftrag, dem zufolge Frau Wilhelm ihren Mann von seinen Eltern ablösen soll, deren Präsenz soll aber erhalten bleiben. Bei diesem Unternehmen steht sie alleine da (bzw. stellt sie sich, ihrem Habitus als Durchbeißerin entsprechend, alleine). Sie stützt sich nicht auf ihre Mutter, ihre Vorgeschichte in der Herkunftsfamilie bietet dazu auch keinen Anlass. Auch auf die Unterstützung durch die Schwiegereltern in den schwierigen ersten Lebensjahren ihres ältesten Sohnes, also Christophs, verzichtet sie.

Der prekäre Status von Christoph Wilhelm in seiner Herkunftsfamilie

Aus dieser Hypothese erklärt sich dann die Spezifik des Lebensverlaufs von Christoph Wilhelm: Er kommt zur Unzeit auf die Welt, nämlich in einer Phase, in der das Elternpaar sich noch nicht autonom als Paar konstituieren konnte und insofern auf die Integration des Dritten, also des Sohnes, noch gar nicht vorbereitet war. Da aber sein Vater nachhaltig eine erhebliche Ambivalenz zeigt, was die Ablösung von den eigenen Eltern anbelangt, kommt es nicht zu einer triadischen Beziehung zwischen Christoph und seinen Eltern. In der Erinnerung von Christoph soll der Vater bei seinem letzten Besuch bei der fachlich informierten Pflegefamilie gesagt haben: »Ich habe mich entschieden, mit Deiner Mutter zusammenzuleben und nicht mit Dir«. Die Darstellung des Pflegevaters, der Zeuge dieser Äußerung war, lautet: »Ich lebe mit Deiner Mutter zusammen, nicht mit Dir«. So wird der Sohn vom Vater auf die Partnerschaftsebene gehoben, was umgekehrt bedeutet: der Status des Kindes wird ihm verwehrt. Folgerichtig führt diese Äußerung zum vorläufigen Kontaktabbruch, der von den Eltern ausgeht. Allerdings kündigen die Eltern ihre unbedingte Solidarität mit Christoph niemals auf. Er gehört dazu, aber eine Position in der Triade bleibt ihm versagt.

Die signifikanten Anderen in der Sozialisationsgeschichte von Christoph Wilhelm

Gleichwohl ist die Autonomie der Lebenspraxis bei Christoph Wilhelm trotz dieser strukturellen Problematik nicht übermäßig eingeschränkt. Fragen wir uns nun also, weshalb Christoph Wilhelm trotz schwerer Belastungen in Kindheit und früher Jugend dieses Maß an Selbstständigkeit im Selbst- und Weltverhältnis über alle bestehenden ambivalenten Bindungen hinweg erlangen konnte. Mit dieser Frage sind wir bei den signifikanten Anderen.[21]

---

[21] Es handelt sich hierbei um einen Begriff aus der Sozialisationstheorie des Symbolischen Interaktionismus. Vgl. Hildenbrand (2007a).

Die Großeltern väterlicherseits (der Großvater wurde 1926, die Großmutter 1923 geboren, die Großmutter stirbt 1998) bezeichnet Christoph Wilhelm als seine »zweiten Eltern«. Dies bringt sie in eine Konkurrenzsituation zu den leiblichen Eltern. Die Konkurrenzsituation zeigt sich darin, dass der Aufenthalt bei den Großeltern (offenbar beider Söhne) von den Eltern als »Abhauen« deklariert war und mithin als Flucht. Der dahinter liegende Konflikt wird von Christoph Wilhelm so geschildert, dass »mein Opa und meine Oma das Gefühl hatten, dass meine Mutter, wie soll man das sagen, den Vater kräftig unter Kontrolle hat«. Christoph Wilhelms Eltern sagen dazu, dass sich die Großeltern väterlicherseits jeweils in ihre Erziehungsangelegenheiten eingemischt und ihrer Schwiegertochter jeweils die Schuld für Probleme bei Christoph zugewiesen hätten, dass das Paar aber immer gegen die Eltern des Mannes zusammengestanden habe. Die Großeltern sind für Christoph demnach ambivalente signifikante Andere, und sie sind unmittelbar als Konkurrenten in seiner Herkunftsfamilie involviert. Der Pflegevater Strauch, in dessen Familie Christoph bis zum Abschluss des 19. Lebensjahrs lebt, gibt aus eigenem Augenschein (sowohl am Wohnort der Familie als auch bei Besuchen der Großeltern in der Pflegefamilie) folgende Darstellung: »Die Basis waren dann wieder die Großeltern als Beziehung. Von da aus konnte er dann die Sicherheit haben, und dann musste er nicht buhlen um die Liebe seiner Eltern«. Mit Elternersatz jedoch hat das nichts zu tun: »Bei Christoph war es nicht wirklich möglich, die Eltern zu ersetzen«, sagt der Pflegevater und lässt dies auch für die Sozialisationsphase in der Pflegefamilie gelten.

Hinzu kommt eine Krankenschwester als Bezugsperson. In der Universitätsklinik trifft Christoph, zu diesem Zeitpunkt zehn Jahre alt, auf »Schwester Angelika als einzigster Bezugsperson«, die ihm »Mitgefühl und Mitleid« gezeigt habe – Christoph sieht sich also als Opfer, und wichtig ist ihm die Erfahrung von Solidarität. Von Mutter-Ersatz o. Ä. ist nicht die Rede. Das zeigt: Er kommt schon selbst zurecht (wenn auch in der ambivalenten Figur des Opfers), aber emotionale Unterstützung wird gerne entgegen genommen. Die schon 1986 von einer Psychologin in der DDR gestellte Diagnose »ausgeprägte Ich-Persönlichkeit« findet hier einen Beleg.

Weitere signifikante Andere sind ein Heimleiterehepaar in Ostdeutschland. Christophs Eltern sorgten für einen Platz in einem christlich orientierten Kinderheim, um einer Einweisung in eines der staatlichen Kinderheime der DDR zuvorzukommen. Die Eltern fürchten diese Heime, und zwar zu Recht (Eschler 1996). Eine andere Deutung, die des Heimleiterpaares, besagt, dass Christoph dieses Heim von einer »neuropsychologischen Ärztin« (Formulierung der Heimleiterin) empfohlen wurde, da es kleiner als die typischen staatlichen Heime und von daher geeigneter für Kinder mit seiner Problematik sei.

Christoph selbst berichtet, dass er in dem fraglichen christlichen Kinderheim »der Einzigste« gewesen sei, »der zu den Kindern von der Heimleitung ins Haus durfte und mit denen spielen«. Ihm kam also – aus seiner Sicht – eine privilegierte Stellung unter den Heimbewohnern zu. Aus der Perspektive des Heimleiterpaares kann diese Einschätzung nicht bestätigt werden. Für sie war Christoph nicht privilegiert, auch nicht im Zugang zu ihrem Familienleben, aber im Unterschied zu Kindern, »die wirklich Probleme hatten« (Heimleiterin), sei er ein »völlig normaler, ausgesprochen sympathischer und liebenswerter Kerl, ein bissel schöner Junge eigentlich, ein bissel wild manchmal und eben sehr intelligent, hat mein Mann schon gesagt, und pfiffig« gewesen. Ein Problem seien allerdings die Eltern gewesen, die »haben sich nie restlos von dem Gedanken lösen können, dass der krank ist«. Christoph Wilhelm erzeugt sich so eine Alternative zu seiner Herkunftsfamilie, die jedoch primär in seiner Fantasie besteht. Schließlich folgt der Aufenthalt in einer FACHLICH INFORMIERTEN PFLEGEFAMILIE in Südwestdeutschland. Sie ist ein weiterer Ort, an welchem signifikante Andere für ihn von Bedeutung werden.

2. Die fachlich informierte Pflegefamilie Strauch

Struktur der Pflegefamilie Strauch: Ein Kleinstheim

Die beiden Pflegeeltern Magdalena (*1954) und Gerhard Strauch (*1951) betreiben eine Kleinsteinrichtung im südwestdeutschen Raum, die nach §34 des KJHG finanziert wird und damit offiziell im Rahmen der Jugendhilfe als ein Kinderheim gilt, aber in ihrer Struktur einer Pflegefamilie entspricht. In der Literatur wird für diese Einrichtungen zuweilen auch der Begriff der Erziehungsstelle verwendet. Diese Einrichtungen werden von Fachpersonal betrieben. Wir sprechen im Folgenden aufgrund der Struktur des Zusammenlebens und aufgrund der fachlichen Ausbildung des Pflegeelternpaars von einer fachlich informierten Pflegefamilie und sehen darin einen Unterschied zur traditionellen Pflegefamilie, in der die Pflegeeltern Berufen jenseits des psychosozialen Feldes nachgehen.

Magdalena Strauch ist ausgebildete Erzieherin und hat im Anschluss an ihre Ausbildung, wie ihr Ehemann, einige Jahre in einem Kinderheim gearbeitet. Gerhard Strauch ist Psychologe mit Psychotherapieausbildung. 1981 gründen die beiden Eheleute die Einrichtung, genannt »Cleverle«, auf der Schwäbischen Alb. Seither haben sie 36 verschiedene Pflegekinder betreut; die meisten haben dort bis zur Volljährigkeit gelebt.

Lebensgeschichtliche Ausgangsbedingungen der Pflegemutter

Frau Strauch ist 1954 als drittes von fünf Kindern in einer schwäbischen selbstständigen Handwerkerfamilie in der Nähe von Stuttgart geboren. Ihr Großvater gründet diesen Betrieb, den ihr Vater als einziger Sohn und ältestes Kind in der Geschwisterreihe weiterführt. Die Mutter von Frau Strauch zieht vier eigene und ein fremdes Kind auf, daneben geht sie musischen Interessen nach – allerdings aufgrund ihrer Belastungen als Mutter und Leiterin eines Geschäftshaushalts nicht in dem Umfang, den sie sich gewünscht hätte. Frau Strauch muss wie bereits ihre Mutter als mittleres Kind im Haushalt und bei der Versorgung der Kinder mithelfen. Hinsichtlich der Werte und Orientierungen in der Herkunftsfamilie der Pflegemutter spielt der Pietismus eine zentrale Rolle, der in dieser Familie eine klare Wertehierarchie vorgibt, wie Frau Strauch dies einschätzt: An erster Stelle stehen die Bedürfnisse und Interessen der Eltern, zunächst des Vaters, dann der Mutter und der Kinder entsprechend der Geschwisterreihenfolge, beginnend mit dem ältesten Kind. Frau Strauch beschreibt in der folgenden Sequenz beispielhaft das

Procedere der Aufteilung eines Fleischstückes in der Herkunftsfamilie: »Bei uns war's so, die Hälfte hat der Vater bekommen, von der anderen Hälfte die Hälfte die Mutter, und von dem übrig gebliebenem Viertel wurden die fünf Kinder je nach Größe bedient.«

Lebensgeschichtliche Ausgangsbedingungen des Pflegevaters

Eine vergleichbare Struktur einer Geschäftsfamilie findet sich auch in der Herkunftsfamiliengeschichte von Gerhard Strauch. Seine Vorfahren lebten als deutschstämmige Siedler seit mindestens drei Generationen im Banat. Die unmittelbaren männlichen Vorfahren in der Familie (Urgroßvater, Großvater und Vater von Herrn Strauch) erlernen jeweils den Beruf des Strickers; die Ehefrauen unterstützen ihre Männer bei der Arbeit und sind gleichzeitig für die Versorgung der Kinder zuständig. Es handelt sich hier um die Familienform der »Hausindustrie«, die ab der Mitte des 18. Jahrhunderts in Europa entstand und in einigen Regionen auch noch bis zu Beginn des 20. Jahrhunderts aufzufinden war. Neben der Produktion im Haus, der Mitarbeit aller Familienmitglieder und der Beibehaltung der handwerklichen Produktionstechnik ist die Hausindustrie vor allem dadurch charakterisiert, dass es eine »relativ große Autonomie in der Gestaltung des Arbeitsablaufs sowie in der Entscheidung über die Arbeitszeit und das Arbeitstempo« (Rosenbaum 1996, S. 195) gegeben hat. Zwar finden sich nach Angaben von Herrn Strauch auch Vorfahren, die als Tagelöhner gearbeitet haben, aber allen gemeinsam ist die autonomieorientierte Existenzweise mit einem relativ hohen Anteil von Selbstversorgung.

Sozialisatorische Beiträge und Ressourcenentwicklung in der Pflegefamilie bzw. im Kleinstheim Strauch

Durch die Gründung und das Alltagsleben im Kleinstheim »Cleverle«[22] knüpft die Pflegefamilie Strauch an diese Formen des Familienbetriebes und der hohen Bewertung von Selbstversorgung an. Das »Cleverle« liegt zwischen zwei Dörfern; es gehören neben dem relativ großen Grundstück mit Wohnhaus und Stallungen Äcker und Weiden dazu. Auf dem Gelände leben neben den Pflegeeltern und den Pflegekindern gelegentlich Praktikanten. Es stehen auch Räume für Übernachtungsgäste, beispielsweise Eltern der Pflegekinder, zur Verfügung. Neben der Betreuung der Pflegekinder werden landwirtschaftliche Produkte überwiegend für den Eigenbedarf hergestellt. Der Pflegevater schlachtet nach dem Vorbild seiner Vorfahren selbst; es wird eine seltene Kuhrasse gezüchtet und damit gehandelt. Früher wurde die Milch an eine Genossenschaft verkauft. Beim »Cleverle« handelt es sich um ein sozialräumlich relativ abgeschlossenes Milieu, das je nach Fallspezifik bezogen auf die betreuten Kinder und Jugendlichen sowohl als

---

[22] Dieser Name deutet schon an, dass es den Pflegeeltern um die eigenständige Entwicklung der Kinder geht, die sich Autoritätspersonen gegenüber gewitzt verhalten.

Schutzraum für Nachsozialisationsprozesse als auch als Refugium bei ansonsten ausgeprägter Außenorientierung wirken kann. Der Pflegevater ist auch politisch tätig. In die Beschaulichkeit des Dorfes, in welchem das »Cleverle« liegt, hat er von Anfang an einige Unruhe gebracht, sich gleichzeitig aber auch Ansehen erworben.

Die Integration von Gegensätzen erweist sich bei der Analyse als die zentrale sozialisatorische Leistung der Pflegefamilie Strauch in mehrfacher Hinsicht:

» Bezogen auf die Lebensweise: Verbindung von vormodernen, ganzheitlichen Lebens- und Wirtschaftsformen (landwirtschaftliche Subsistenzwirtschaft) mit modernen Formen des Erwerbs durch die Aufnahme von Pflegekindern und durch das Angebot therapeutischer Hilfen.
» Bezogen auf die beiden zentralen Varianten der außerfamiliären Unterbringung von Kindern und Jugendlichen im Rahmen der Jugendhilfe: Es gelingt dem Pflegeelternpaar Strauch, die Vorteile der Heimerziehung (Entlastung des Erziehungspersonals, fachliche Unterstützung, Fortbildung, Supervision im Rahmen von Arbeitszeiten) mit den Vorteilen der Familienpflege (diffuses Milieu mit affektiver und unbedingter Solidarität bis auf weiteres innerhalb des Familiensystems) zu verbinden.
» Bezogen auf die beiden zentralen Pflegeelternkonzepte Ersatz- und Ergänzungsfamilie: Die Pflegefamilie Strauch ist als einzige Pflegefamilie in unserer Stichprobe in der Lage, je nach Fallspezifik und lebensgeschichtlicher Entwicklungsphase zwischen beiden Konzepten zu wechseln.
» Bezogen auf die Zusammenarbeit mit den anderen beteiligten Personen und Institutionen: Die Erziehungspraxis der Pflegefamilie Strauch schließt die Kooperation sowohl mit dem Herkunftsmilieu (Eltern, Elternteile, Großeltern, Geschwister) als auch mit der Jugendhilfebehörde sowie sonstigen an der Sozialisation der betreuten Kinder und Jugendlichen beteiligten Akteuren und Institutionen (z. B. Schulen) ausdrücklich ein bzw. diese Instanzen werden in den Hilfeprozess einbezogen, unabhängig von Sympathie oder Antipathie der Pflegeeltern gegenüber den beteiligen Akteuren.
» Bezogen auf den Ablöseprozess: Trotz oftmals konflikthafter Ablösung von der Pflegefamilie bleiben die Pflegeeltern als Ansprechpartner für die ehemaligen Pflegekinder erhalten, wenn sie das wünschen. Das bedeutet, dass die Pflegeeltern in der Lage sind, ihr Handeln differenziert zu beurteilen und zwischen Konfliktpotenzialen, die sie unmittelbar betreffen, und entwicklungsbedingten Gegenübertragungskonflikten zu unterscheiden.

Mit der Einrichtung des »Cleverle« verbinden Magdalena und Gerhard Strauch das Ziel, Kindern zu helfen, die aufgrund des Versagens ihrer Herkunftsfamilie in Not geraten sind. Um dieses Ziel zu erreichen, verzichten sie auf eigene Kinder. Auf diese Weise können sie als Familie zusammen leben, ohne dass es Kinder mit unterschiedlichem Status gibt. Zugrunde gelegt wird eine vormoderne familienbetriebliche Struktur, die an die Herkunftsfamilien beider Pflegeeltern anschließt. In Abgrenzung zu diesen, insbesondere zur Herkunftsfamilie von Frau Strauch, findet in Bezug auf Kinder eine radikale Neubewertung statt: Kinder sind das Wichtigste im Leben und dürfen keinen Mangel erleiden. Sie müssen von den erwachsenen Bezugspersonen geduldig und mit hohem Engagement in ihrer Entwicklung gefördert werden.

Nachholende Strukturbildung in der Pflegefamilie Strauch

Die Alltagsgestaltung in der Pflegefamilie Strauch wird wesentlich durch die Anforderungen bestimmt, die sich aus der landwirtschaftlichen Nutzung, sowohl aus der Getreidewirtschaft als auch der Viehhaltung, ergeben. Mit der »Kuhmetapher« veranschaulicht Lukas Lohe[23] den Erziehungsstil des Pflegevaters:

»Wenn man die Kuh führt am Seil, und sie zieht und man zieht dagegen, hat man keine Chance. Wenn man aber nach seitlich zieht und sie im Kreis um sich rumlaufen lässt, dann hat man gewonnen. Und das ist genau das, was der Gerhard mit einem macht. Er lässt einem immer im Kreis rennen und lässt einem keine Chance, irgendwie sein eigenes Ding zu machen. Und das war am Anfang, war das für mich gut, weil ich einfach überhaupt keine Grenze gehabt habe und nix und da war, das okay, dass mich jemand bremst und jemand und mir die Richtung gibt. Da war das super. Und gegen später, wo ich dann aber versucht habe, irgendwie mein eigenes Ding zu machen, dann irgendwann war das einfach zu krass dann der Gegensatz. Ich habe einfach nur irgendwie ausbrechen müssen.«

Der Erziehungsstil des Pflegevaters wird als autoritär beschrieben, allerdings nicht in einem konfrontativen, sondern in einer strategischen und dennoch rigiden (»am Seil ziehen«) Art und Weise. Lukas werden wie den anderen Kindern und Jugendlichen in dieser Pflegefamilie Grenzen gesetzt. Damit ist nachholende Strukturbildung gemeint. Diese Grenzen werden aber nicht willkürlich gesetzt, sondern sie ergeben sich aus dem sachlogischen Zusammenhang eines landwirtschaftlichen Familienbetriebs und werden von dort her einsichtig (Bohler 2006). Verstärkt wird dies dadurch, dass für alle Kindern und Jugendlichen in dieser Pflegefamilie ein Pferd bereitsteht, für das sie verantwortlich sind. Dies spricht im Übrigen nicht für eine üppige finanzielle Ausstattung dieser Pflegefamilie, denn die fraglichen Pferde werden jeweils vom Pflegevater, der auch als Pferdepfleger bekannt ist, vor dem Abdecker gerettet und wieder aufgepäppelt. Pflege bezieht sich hier auf Mensch und Tier gleichermaßen.

Lukas rundet seine Kuhmetapher mit dem Bild des »Ausbrechens« ab. Ausbrechen bezieht sich auf die Ablösung aus diesem strukturierten Lebenszusammenhang und damit auf den letzten Schritt der Individuierung im primären Sozialisationsprozess. Wie in der Sozialisation in der leiblichen Familie, so ist auch in der Pflegefamilie die Ablösung nicht zum Nulltarif zu haben, sondern erfordert eine (für beide Seiten) teils schmerzliche Loslösung (Haley 1981).

---

[23] Dass wir uns bei der Rekonstruktion der Leistungen der Pflegefamilie Strauch häufig auf Äußerungen von Lukas beziehen, hängt mit dessen ausgeprägter Reflexionsfähigkeit zusammen. Vgl. dazu weiter unten. Das heißt jedoch nicht, dass Lukas für uns die entscheidende Referenzperson bei dieser Fallrekonstruktion ist. Seine Einschätzungen werden von uns in Zusammenhang gestellt mit eigenen Daten, vor allem mit eigenen (teils teilnehmenden) Beobachtungen über vier Jahre sowie mit Interviewdaten (familiengeschichtliche Gespräche mit dem Heimleiterehepaar, Einzelgespräch mit einem Praktikanten und mit weiteren Pflegekindern, vor allem Christoph Wilhelm).

Die sozialisatorische Funktion der Pflegemutter und der Eltern des Pflegevaters

Die Aufgaben der Pflegemutter werden von Lukas ebenfalls sehr prägnant folgendermaßen beschrieben: »Die Frau Strauch ist die gute Seele im Hintergrund. Sie hat meines Erachtens nach nicht viel zu melden, aber überall die Finger drin.« Der oben beschriebene Erziehungsstil des Pflegevaters, die quasi therapeutische Arbeit an der Konfliktbearbeitung durch den Pflegevater sowie die Arbeit im erweiterten sozialen Umfeld der Pflegekinder wären ohne die Versorgungs- und Organisationsarbeit der Pflegemutter im Alltag wie z. B. ihre permanente Präsenz, ihre Ansprechbarkeit, ihre Versorgung mit Essen, Trinken, Trösten, Zuhören usw. weit weniger sozialisatorisch relevant gewesen. Lukas erkennt sehr gut, dass die Bedeutung von Frau Strauch eher dem klassischen Frauenmodell des »Wirkens im Hintergrund«, entspricht, das Ingeborg Weber-Kellermann, wie erwähnt, als das »Geheimdienstmodell« beschreibt. Die Aufteilung expressiver und instrumenteller Beziehungsmodalitäten in der sozialisatorischen Triade, die Parsons fälschlich immer als absolute unterstellt wird (z. B. Bertram 2006, S. 59), findet auch hier ihren Ausdruck. Für Parsons war diese Aufteilung eine relative, denn für ihn steht die instrumentell-adaptive Beziehungsmodalität beim Vater an erster, bei der Mutter an zweiter Stelle, während die expressiv-integrative Beziehungsmodalität bei der Mutter an erster, beim Vater an zweiter Stelle steht (Parsons 1981, S. 64f.). Und nicht einmal diese Reihung wird von Parsons als absolut gesehen, sondern sie sei je nach Schichtzugehörigkeit der Familie variabel (Parsons 1981, S. 65).

Auch die in der Nähe der Pflegefamilie lebenden Eltern des Pflegevaters, sozusagen die Pflegegroßeltern, sind ein wichtiger Faktor der nachholenden Strukturbildung. Der Vater von Herrn Strauch bleibt Lukas als beliebter Erzähler von Familiengeschichten in Erinnerung. Damit vermittelt er ein Modell einer intergenerationell verankerten Familientradition, die auch in dieser Pflegefamilie gelebt wird. Hierzu ein Beispiel: Wenn Gerhard Strauch schlachtet, wird in einem großen Kessel im Freien eine Wurstsuppe gekocht, die alle gemeinsam essen. Dazu erzählt er folgende Geschichte: Wenn an der Donau sich eine Gruppe von Fischer zusammentat, um gemeinsam auf Fang zu gehen, blieb einer an Land, der vom ersten Fischzug eine Fischsuppe kochte. Er wurde am Fang gleichmäßig beteiligt.

3. Christophs Aufenthalt in der Pflegefamilie Strauch und sein weiterer Lebenslauf

Die wesentlichen Unterstützungsleistungen der Pflegefamilie während Christophs Aufenthalt

In dieser fachlich informierten Pflegefamilie inszeniert Christoph eine triadische Dynamik, die der einer Kernfamilie entspricht. Der Pflegevater schildert dies als eine Konstellation, wie sie typisch sei für die gesamte Klientel seiner Einrichtung: »(Meine

Frau) kriegt immer den ganzen Frust über die Mutterbeziehung ab, ich hatte immer das Glück, dass die Väter wenigstens nicht so präsent waren, also gab es da eine Lücke zu füllen.« Insbesondere hilft der Heimleiter Christoph, ein strukturiertes Verhältnis zu seinen Eltern zu gewinnen.

Die wesentlichen sozialisatorischen Wirkungen während der Unterbringung von Christoph in der Pflegefamilie Strauch lassen sich auf fünf Zusammenhänge zurückführen, die gemeinsam zum Gelingen der Fremdunterbringung beigetragen haben.

An erster Stelle steht die Bereitschaft des Pflegevaters, eine intensive Beziehung mit Christoph einzugehen. Er verbringt sehr viel Zeit mit ihm und gibt ihm dabei Gelegenheit, ein hohes Maß an Perspektivenübernahmefähigkeit zu entwickeln. In der Kommunikation mit Christoph beschränkt er sich dabei darauf, Übersetzungsleistungen zu übernehmen, d. h. er betätigt sich als Grenzgänger zwischen seinen Wirklichkeitssichten und den davon sehr abweichenden Wirklichkeitskonstruktionen von Christoph. Christoph wird dabei ein Recht auf eine eigene Weltsicht – im Gegensatz zur Praxis seiner Herkunftseltern – zugestanden. Diese wird nicht gewertet, und er wird ihretwegen auch nicht verurteilt.

An zweiter Stelle steht die Weigerung, Christoph zu pathologisieren. Christophs Entwicklungsgeschichte und sein Handeln werden vom Pflegevater mit Mitteln der Psychologie und der Psychopathologie als eine Folge früherer Sozialisationserfahrungen verstanden, die aber mittelfristig durch eine offene Grundhaltung und viel Geduld seitens der Pflegeeltern korrigiert werden können. Interessant dabei ist, dass pathologisierende Beschreibungen, zu denen der Pflegevater greift, auf die Angehörigen beschränkt bleiben. Christoph selbst wird normalisiert. Wir kennen dieses Vorgehen von der Praxis des Pflegevaters Hoffmann (RADIKALE ERSATZFAMILIE). Der Unterschied ist, dass die Diagnosen des Pflegevaters fachlich Hand und Fuß haben und er mit ihnen umzugehen weiß.

Lassen wir den Pflegevater selbst zu Wort kommen. Herr Strauch bringt seine Haltung gegenüber Christoph folgendermaßen zum Ausdruck:

»Ich denke, drei Dinge waren wichtig für ihn, erstens, dass der Ort, an dem er lebt, genauso akzeptabel ist wie jeder andere. Zweitens, sein Blickwinkel ist nicht der falsche, aber er wird ergänzt durch den anderen, sodass er in der Lage ist, von beiden Seiten des Flusses den Blickwinkel einzunehmen, dann kann er frei entscheiden, wann er sich wie verhält und wo er lebt. Und das dritte ist: Solange du deine Sprache noch nicht so benutzen kannst, dass die anderen dich verstehen, helfe ich dir, es auszudrücken, was du empfindest, und du kannst dann hören, wie es sich anhört, was du empfindest, dann findest du deine Sprache dafür. Und das, denke ich, ist weitgehend genug.«

Drittens trägt die klare Aufteilung familialer Aufgaben zum Gelingen bei. Demnach übernimmt der Pflegevater die instrumentell-repräsentativen Aufgaben der Pflegefamilie: das Setzen von Regeln, den Umgang mit Konflikten, die Vertretung und Abgrenzung der Familie gegenüber dem außerfamilalen sozialen Umfeld. Die Pflegemutter wendet sich demgegenüber vermehrt den familieninternen expressiven Angelegenheiten zu: der Integration der Familienmitglieder der Pflegekinder, die affektive Rahmung der

Beziehungen innerhalb der Pflegefamilie und zwischen der Pflegefamilie und der Außenwelt, Herkunftsfamilien inklusive. Herr Strauch erscheint dabei aus der Sicht von Christoph zuweilen als eine starre, unnachgiebige Bezugsperson, während Christoph die Pflegemutter als ambivalenter, sprich weniger standhaft und verletzlicher erlebt.

Ein vierter zentraler Wirkfaktor betrifft das weiter oben beschriebene Milieu der Pflegefamilie. Christoph ist wie alle anderen Pflegekinder in dieser Familie in die naturwüchsige Alltagspraxis des Bauernhofes mit all ihren Anforderungen integriert.

Als letzter wichtiger Punkt ist zu erwähnen, dass die Pflegeeltern immer bemüht waren, Christophs Bezug zu seiner Herkunftsfamilie zu erhalten. Nachdem Christophs Eltern den Kontakt zu ihrem Sohn abbrechen, worunter dieser sehr zu leiden hat, fördert die Pflegefamilie den Kontakt zu Christophs Großeltern väterlicherseits. Für Christoph führt dies zu einer erheblichen Entlastung. Dass die Pflegeltern aus Sicht der leiblichen Eltern mit ihrer Entscheidung, die Großeltern in ihren Kontaktbemühungen zu unterstützen, in die über lange Jahre bestehende Familiendynamik eingreifen, steht auf einem anderen Blatt. Aus heutiger Sicht war die Entscheidung, die Großeltern ins Spiel zu bringen, angemessen. Sie half Christoph über eine schwierige Zeit hinweg, nach deren Ende der Kontakt zu den leiblichen Eltern wieder angebahnt werden konnte.

Der weitere Lebensverlauf bei Christoph, sein Ablöseprozess und seine Lebenssituation heute

Christoph schildert seinen Auszug aus dem »Cleverle« als Ergebnis eines Rausschmisses, der vom Pflegevater in Gang gesetzt wurde und mit dem er daraufhin einen Streit anzettelte. Frau Strauch wiederum liefert, wie zu erwarten, die Unterstützung für Christoph in dieser kritischen Phase:

»Ich hab ihm noch seinen Umzug gemacht, er hat sich ne Mietwohnung gesucht und ich hab ihm noch mit unserem Bus seine Möbel transportiert, hab ihm allen möglichen Hausrat mitgegeben, und es war für mein Gefühl ne ganz klare Sache, für ihn der Schritt in die Selbstständigkeit, ich hab ihm geholfen.«

Nachdem er mit Vollendung des achtzehnten Lebensjahrs die Pflegefamilie verlassen muss, leistet er seinen Grundwehrdienst in Süddeutschland ab, lässt sich dort nach dessen Ende nieder und findet in seinem Beruf als Maurer Arbeit. Seine Eltern, die seit einigen Jahren wieder in Ostdeutschland leben, besucht er regelmäßig. Heute (2007) ist Christoph mit einer geschiedenen Frau verheiratet, die zwei Kinder in die Ehe einbringt. 2005 und 2007 kamen zwei weitere, gemeinsame Kinder zur Welt. Christoph hat auch eine unbefristete Anstellung, außerhalb seines Ausbildungsberufes, gefunden.

Die ihm von den Eltern angetragene potenzielle Partnerin aus ihrem Nachbardorf (auch aus der Ferne, und nachdem sie sich von Christoph losgesagt haben, greifen sie in seine Lebensplanung ein) hat er ausgeschlagen. So lebt Christoph weiterhin in einer ambivalenten Situation. Einerseits bricht er trotz nachhaltiger und dauerhafter Kränkungen den Kontakt zu den Eltern nicht ab, sondern pflegt ihn bis zur Selbstverleugnung. Andererseits baut er sich am anderen Ende des Landes ein eigenes Familienstandbein auf und aus, das den Vorzug hat, bereits fertig zu sein, als er dazustößt.

Seine sozialisatorische Triade bleibt mithin eine lebenslang wirksame Fehlstelle, die Christoph Wilhelm bis heute in seinen Handlungs- und Orientierungsmustern bestimmt, indem sie eine nachhaltige Ablösung von den Eltern behindert. Denn er heiratet eine Frau, die ihn von Anfang an mit einer fertigen Familie versorgt (nachdem sich ihm die Pflegefamilie aus Christophs Sicht als Alternativfamilie just zu dem Zeitpunkt verweigert hat, als er mit abgeschlossener Lehre in der Lage war, für sich selbst zu sorgen). Christoph versucht, eine autonome Paarbeziehung zu verbinden mit einem Ersatz für seine Herkunftsfamilie. Ein Beleg für diese Hypothese besteht darin, dass Christoph Wilhelm sich anfangs über die langweiligen Wochenenden beklagt, wenn die Kinder seiner Frau bei ihrem Vater sind. Weiterhin nimmt es Christoph Wilhelm auf sich, regelmäßig 800 km zu seinen Eltern zu fahren, um ihnen beim Hausbau zu helfen – dabei nimmt er in Kauf, dass er nicht im Elternhaus übernachten darf, sondern bei den Großeltern unterkommen muss. Die ambivalente Bindung an die Herkunftsfamilie besteht somit auch dann noch, nachdem er den weitaus größten Zeitraum seiner primären Sozialisation in Kontexten der Fremdbetreuung verbracht hat. Er ist an die Herkunftsfamilie unausweichlich und ambivalent zugleich gebunden.

Kommen wir zu einer diese Falldarstellung abschließenden Einschätzung: Die Lebensgeschichte von Christoph Wilhelm, der in einer ländlichen Kleinstadt in der DDR im Jahr 1978 geboren wurde, ist wesentlich durch zwei lebensgeschichtliche Bedingungen gerahmt: zum einen durch seinen Ausschluss aus dem herkunftsfamilialen System und zum anderen die Entwicklung von Bewältigungsmustern in der Lebenspraxis, die eine gelingende Identitätsbildung ermöglicht haben; man könnte auch von Resilienzfaktoren sprechen. Trotz der nicht vollständig erfolgten Integration in das Herkunftsfamiliensystem gelingt es Christoph Wilhelm, sich zu einer autonomen und damit handlungsfähigen Person zu entwickeln. Dazu haben maßgeblich seine Erfahrungen mit dem Pflegevater beigetragen. Dessen sozialisatorische Kompetenz besteht wesentlich darin, die Beziehung zu Christoph mit einem hohen Maß an Empathiefähigkeit zu gestalten. Diese Kernkompetenz des Pflegevaters erweist sich im Laufe der sechs Jahre dauernden Unterbringung in der Pflegefamilie Strauch, zwischen seinem 13. und knapp 19. Lebensjahr, als ein zentraler sozialisatorischer Wirkfaktor und Initiator für einen gelingenden Identitätsbildungsprozess. Dazu bedurfte es zweier Schritte: das Erkennen der kommunikativen Symbole der Verständigung von Christoph und die Fähigkeit, mit ihm auch in »seiner Sprache« zu kommunizieren. In erster Linie lief die Verständigung zwischen Christoph und dem Pflegevater über Metaphern und nonverbale Verständigungsformen. Die entscheidende professionelle Kompetenz des Pflegevaters bestand darin, den Pflegesohn ohne Vorbedingungen angenommen zu haben (unbedingte Solidarität!) und einen gemeinsamen Code der Verständigung mit ihm entwickelt und kultiviert zu haben. Die entscheidende, fachlich unterstützte Kompetenz der Pflegemutter bestand darin, Christoph die erforderliche affektive Rahmung zu vermitteln, die er bei seiner Mutter nicht ausreichend gefunden hat.

Lukas Lohe

1. Gelingende Sozialisation trotz des Ausfalls des Vaters und eines flüchtigen, wenig strukturierten Herkunftsmilieus in der fachlich informierten Pflegefamilie

Die lebens- und familiengeschichtliche Ausgangslage von Lukas Lohe

Die Großmutter von Lukas Lohe stammt aus einer relativ armen Bauern- und Händlerfamilie. Ihre Familie gehört zu der Volksgruppe der Donaudeutschen, die vom 18. Jahrhundert bis zum Ende des Zweiten Weltkrieges in Dörfern und kleineren Städten an der mittleren Donau und im Banat ansässig waren. Die Großmutter ist eines von zehn Kindern. Sie wird 1927 geboren, verliert ihren Vater im Alter von zwölf Jahren und wird während des Zweiten Weltkrieges nach Österreich vertrieben, wo sie ihren Mann kennen lernt und ihn 1947 heiratet. Der Großvater (1923-1978) stammt aus einem nördlichen österreichischen Bundesland, ist das uneheliche Kind einer Magd und wächst von Geburt an in einer Pflegefamilie auf, die auch eigene, leibliche Kinder hat. Vermutlich ist er dieser Familie von der Gemeinde zugewiesen worden. Obwohl dies nicht die günstigsten Bedingungen für die Entwicklung von persönlicher Autonomie zu sein scheinen, steigt dieser Großvater zum Molkereimeister auf. Er erfindet sich quasi im Stil eines *Selfmademan* selbst. Dabei kommt ihm entgegen, dass er nach der Ablösung aus der Pflegefamilie in eine größere Stadt zieht. Zu seiner Herkunft passt die Heirat der heimatlos gewordenen Bauerntochter aus der Fremde, die ebenfalls vor einer Situation des Neuanfangs steht. Sie befinden sich beide gewissermaßen in einer »Hänsel-und-Gretel«-Situation. In ihrer bisherigen Biografie konnten sie sich Emotionalität eher nicht leisten, das Überleben war wichtiger. Ob sie als Paar diese Einschränkung kompensieren können, wird die Zahl der Kinder zeigen, die in diese Familie hinein geboren werden. Kämen viele Kinder, würde dies auf einen Versuch gesteigerter Kompensation hindeuten. Eine geringe Kinderzahl, vielleicht sogar nur ein Kind, was für die damalige Zeit nicht typisch wäre, würde auf zweierlei hindeuten: entweder auf die Erfüllung der Minimalerfordernis an ein Leben als Paar, das auf ein Kind hin orientiert ist, oder auf den Wunsch, an dem einen Kind, für das die Verantwortung zu übernehmen man den Mut hat, all das wiedergutzumachen, was ihnen im Leben vorenthalten worden ist, nämlich elterliche Zuwendung, Nähe, Gemeinsamkeit. Wenn dem aber so ist, entsteht für dieses Kind ein Ablöseproblem. Da die Familie eine sich selbst auflösende Gruppe ist, soweit die Kinder betroffen sind, werden mit der Ablösung gerade diese Eltern, deren Lebensthema die Zugehörigkeit ist, an einem besonders wunden Punkt getroffen.

Tatsächlich hat dieses Paar ein Kind, eine Tochter, die Mutter von Lukas, die acht Jahre nach Eheschließung und damit 1955 geboren wird. Das Vertrauen dieses Ehepaares darauf, die offene Zukunft bewältigen zu können, kann nicht besonders groß gewesen sein – zu ihren jeweiligen Herkunftsmilieus hätten deutlich mehr Kinder gepasst.

Bei den weiteren Überlegungen differenzieren wir zwischen Mutter und Vater. Der Vater ist hier besonders wichtig, weil er als das gegengeschlechtliche Elternteil im Identitätsbildungsprozess der Tochter an vorderster Stelle steht. Obwohl er eine reale Vaterposition in der Pflegefamilie erleben konnte, war er doch kein leibliches Kind. Das Dilemma der Zugehörigkeit, wie es sich gerade in Pflegefamilien über die Statusunterschiede zwischen leiblichen Kindern und Pflegekindern thematisiert, bleibt daher in beiden Familien eklatant: Während die Herkunftsfamilie des Großvaters familiär entwurzelt ist, ist es die Familie der Großmutter sozialräumlich. Das Milieu, wie auch die jeweiligen Verwandtschaftssysteme (vgl. die Fallgeschichte Jakob und Pia, in diesem Band), können hier kaum ausgleichend und kompensierend wirken, denn beide Eltern sind Fremde in ihrer Stadt.

Evidentes Konfliktpotenzial ist für die Sozialisation der Mutter von Lukas bei dieser Familienkonstellation in der Pubertät zu vermuten. Gerade die Bedeutung des Vaters, der in der Ablösungskrise funktional ist, konnte vermutlich aufgrund der eigenen vaterlosen Sozialisation des Vaters von Lukas Mutter habituell kaum ausgefüllt werden. Um den Verführungsangeboten der Tochter auszuweichen und damit diesem pubertär ambivalenten Verhalten zu begegnen, bliebe ihm lediglich eine absolut distanzierte Haltung ihr gegenüber. Andernfalls müsste mit dem Überschreiten der binnenfamilialen Grenzen, der Generations- und Geschlechtsgrenzen, eventuell Inzest gerechnet werden. Tatsächlich wurde die Variante zwei praktiziert, denn es bestand zwischen Frau Lohe und ihrem Vater eine enge Bindung, so wird berichtet, allerdings ohne die inzestuöse Komponente. Die Mutter von Lukas ist in eine dauerhafte Dyade mit ihrem Vater verstrickt; ihre Mutter wird damit tendenziell aus der Paarebene verdrängt und zur Rivalin der Tochter um die Gunst des Vaters. In dieser »pervertierten Triade« (Haley 1981, Hoffmann 2002, S. 116ff.) erhält der Vater auf der latenten Sinnebene von der Tochter den Partnerstatus.

Eine Ablösung aus einer solchen Konstellation kann nur in Form eines Ausbruchs stattfinden. Die Eltern selbst unterstützen einen Ausbruch aus ihrem Milieu, indem sie es der Tochter ermöglichen, das Gymnasium zu besuchen und das Abitur abzulegen. Damit ausgestattet, studiert die Tochter nicht in ihrer Heimatstadt, sondern im Ausland, in einer südwestdeutschen Universitätsstadt. Hier belegt sie – typisch nicht nur für Katholiken, sondern auch für weibliche Aufstiegswege – zwei geisteswissenschaftliche Fächer, die zum Ergreifen des Lehrerberufs disponieren. Von dieser Stadt aus wandert sie weiter nordwärts, um sich schließlich in einer nordöstlichen Großstadt niederzulassen. Im staatlichen Schuldienst sucht oder findet sie keine Anstellung; sie ist heute im Bereich der Personalentwicklung freiberuflich tätig.

So entwickelt Frau Lohe das Strukturmuster der sozialen Desintegration weiter, wovon sowohl ihre Mutter als Vertriebene als auch ihr Vater als unehelich geborenes und in einer Pflegefamilie aufgewachsenes Kind bereits betroffen sind. Die habituelle Grundlage ihres Identitätsentwurfs ist das väterliche Modell mit den Elementen beruflicher Eigenständigkeit, beruflichen Aufstieges auf Kosten aller emotionalen Bedürfnisse und Abwesenheit familialer Netzwerke. Entsprechend richtet sie sich als Fremde in der Fremde ein: als Katholikin im protestantischen Norden, als Aufsteigerin im akademischen Milieu.

An ihrer ersten Station im Ablöseprozess, in der südwestdeutschen Universitätsstadt, findet sie Gleichgesinnte in der Studentenbewegung, mit der sie nicht nur sympathisiert, sondern von der sie sich nachhaltig beeinflussen lässt. Herausgelöst aus einer Familie, die genug damit zu tun hat, in der Fremde an Traditionen anzuknüpfen, befasst sie sich mit radikal enttraditionalisierten Lebensformen. Diese kommen ihr auch insofern entgegen, als sie ein dem Vater abgewonnenes idealisiertes Männerbild mitbringt, an welchem sie potenzielle Partner misst – die bei diesem Vergleich nur scheitern können.

Das (anfängliche) Scheitern der Strukturbildung im Ablöseprozess wird in dreifacher Weise im Material sichtbar:

» auf der generativen Achse in der Mutter-Kind-Beziehung;
» im Bereich der Lebensformen im Verharren in transitorischen Wohngemeinschaftsmilieus bis heute;
» in den Beziehungen der Mutter, die durch ständige Wechsel gekennzeichnet sind.

Im beruflichen Bereich hingegen erfüllt Frau Lohe den Delegationsauftrag ihrer Eltern, indem sie den von ihrem Vater und dem Großvater mütterlicherseits eingeleiteten intergenerationellen Aufstiegsprozess fortsetzt und sich eine freiberufliche Existenz schafft.

Die Lebensgeschichte von Lukas Lohe: Affektive Verstrickung, soziale Desorientierung und mangelnde Strukturbildung

Lukas Lohe wird 1976 am Studienort der Mutter geboren. Bis zu seinem dreizehnten Lebensjahr lebt er zusammen mit seiner Mutter und drei Frauen in einer Frauenwohngemeinschaft. Lukas selber spricht von einem »ziemlich bunten« Leben, das dort geherrscht habe. Im Stil der noch sehr lebendigen Studentenbewegung ist diese Wohngemeinschaft ein Ort des Experimentierens mit unkonventionellen Formen des Zusammenlebens, mit Sexualität in unterschiedlichen Facetten, mit einer anderen Art der politischen Willensbildung und mit dem Versuch, auf dieser Grundlage gesamtgesellschaftliche Veränderungen zu initiieren. In diesem Kontext ist es der Mutter nicht gelungen, zentrale sozialisatorische Strukturaufgaben zu erfüllen. Insbesondere konnte sie keine stabilen affektiven Grundlagen während der kindlichen Sozialisationsphasen von Lukas schaffen, da diese dem Kerngedanken »das Private ist politisch«, der die damalige Szene beherrschte, zuwiderliefen. Das Modell des transitorischen Zusammenlebens in einer Wohngemeinschaft rahmt die Sozialisation für ein Kind auf der Basis einer permanent gestellten Öffnung gegenüber anderen sozialen Institutionen und Bezugspersonen. Integrative Prozesse, wie z. B. die immer wieder zu leistende Balance zwischen sozialer Einbindung und individueller Abgrenzung, sind in diesem Rahmen nur schwer zu bewerkstelligen.

Lukas findet eigene Wege, mit einer solchen Situation fertig zu werden. Anders gesprochen: Wenn es darum geht, seine psychische Gesundheit zu erhalten, ist er schon als Kind auf sich selbst angewiesen. Hierin gleicht er Christoph Wilhelm. Lukas wird zum distanzierten Beobachter. Er schildert unbefangen Ereignisse und Erfahrungen aus seiner Kindheit, ohne sich dazu affektiv oder wertend zu äußern. Neben Distanz weist er auch Aspekte der Perspektivenübernahmefähigkeit sowie der Ambiguitätstoleranz auf, indem er in der Lage ist, für ihn widrige und widersprüchliche Lebenserfahrungen auszuhalten.

Neben dem Aufwachsen in einer transitorischen Wohngemeinschaft in den ersten vierzehn Lebensjahren hat Lukas Lohe den Ausfall seines Vaters zu bewältigen. Wie aufgrund der Ausgangslage (nachhaltige Idealisierung des eigenen Vaters) nicht anders zu erwarten, trennt sich seine Mutter von diesem noch während der Schwangerschaft. Fortan lebt sie zusammen mit Lukas in der bereits erwähnten Frauenwohngemeinschaft. Neben der Mutter-Kind-Dyade gibt es zwar weitere erwachsene Bezugspersonen im WG-Kontext, aber zur Schließung der Triade fehlt die feste zweite Bezugsperson. Diese Person findet Lukas in Gundolf, einem zeitweisen Lebenspartner der Mutter. In seinem vierten Lebensjahr trennt sich die Mutter auch von Gundolf. Lukas jedoch hält an ihm als »Ersatzvater« fest, darüber hinaus sieht er sich als Teil von Gundolfs späterer Familie. Kontakte zu seinem leiblichen Vater bestehen nicht. Lukas hat mehrmals Versuche der Annäherung unternommen, die vom Vater jedoch nicht erwidert wurden.

Die dritte zentrale Lebenserfahrung von Lukas bezieht sich auf seine frühen Erfahrungen mit Sexualität. Sie finden in der Wohngemeinschaft statt und werden von ihm als unangenehm empfunden. Zu sexuellen Grenzüberschreitungen kommt es in seiner Kindheit in mehrfacher Hinsicht. Zum einen wird seine leibliche Integrität nicht beachtet, indem er bei sexuellen Kontakten seiner Mutter und mutmaßlich auch bei anderen Bewohnerinnen der Wohngemeinschaft als Zuschauer dabei sein muss, um, so die Begründung der Mutter, bereits als Kleinkind einen »unbefangenen« und »offenen« Umgang mit Sexualität als Quelle von Lust und körperlicher Ausgeglichenheit kennen lernen zu können.[24] Im Laufe der Zeit wird aber auch die Generationsgrenze überschritten, indem Lukas in sexuelle Aktivitäten von Bewohnerinnen der WG und ihrer Partnerinnen und Partner einbezogen wird. Nach bisher vorliegenden Daten ist die Mutter daran weder aktiv noch passiv beteiligt gewesen, sodass von Inzest aufgrund der vorliegenden Datenlage nicht ausgegangen werden kann. Lukas berichtet im Einzelgespräch über dieses Thema in distanziert historisierender Art und Weise, er konstruiert sich dabei als Mitakteur und nicht als Opfer sexuellen Missbrauchs. Im weiteren Verlauf seiner Sozialisationsgeschichte werden diese Grenzüberschreitungen ab etwa dem sechzehnten Lebensjahr zu einem zentralen Thema seiner Identitätsbildung.

---

[24] Pädophilie war ein zentrales Thema der 68er Bewegung. Vgl. dazu einschlägige Diskussionsforen, die durch Eingabe von „Pädophilie 68er" in einer Suchmaschine eingesehen werden können. Wir grenzen uns von einer politischen Funktionalisierung dieses Sachverhaltes, wie sie derzeit in der rechtsradikalen Szene zu beobachten ist, ab.

Die signifikanten Anderen in der Biografie von Lukas Lohe

Zunächst ist die Großmutter mütterlicherseits zu nennen, mit der wir nicht mehr sprechen konnten, weil sie kurz vor einem vereinbarten Interviewtermin starb. Lukas unterhielt zu ihr trotz großer Entfernung regelmäßig Kontakt, während seine Mutter – aufgrund der vermuteten Idealisierung des Vaters nicht unerwartet – im Streit mit ihr lebte. In den letzten Jahren vor ihrem Tod unterstützt Lukas seine allein lebende Großmutter durch vermehrte Wochenendbesuche und durch Hilfe im Haushalt.

Gundolf, ein ehemaliger Lebensgefährte der Mutter, mit dem sie nach der Trennung von Lukas' Vater zusammenlebte, und dessen Familie sind die nächsten wichtigen Bezugspersonen von Lukas. Auch nach der Trennung des Paares hält Gundolf mit dem Einverständnis der Mutter an der Beziehung zu Lukas fest. Mit dieser Ersatztriade kompensiert Lukas die Triade zwischen leiblichem Vater, leiblicher Mutter und ihm selbst, die durch die frühe Trennung seiner Eltern in den Ansätzen stecken geblieben ist. Aufgrund der spezifischen Sexualmoral der Mutter war diese Triade wohl auch nicht intendiert. Gundolf steht für biografische Stabilität und Verbindlichkeit. Auch heute noch bilden Gundolf, seine gegenwärtige Frau und deren gemeinsame 1992 geborene Tochter die eigentliche Familie von Lukas. Hier kann er offen über seine persönlichen Anliegen und Probleme sprechen. Lukas wird darüber hinaus weitgehend in das Familienleben dieser in sozialräumlicher Nähe lebenden Familie (Entfernung ca. 60 Kilometer) integriert, ganz so, als ob er ein vollwertiges Mitglied der Familie wäre. Er weist ein Ferienfoto vor, das ihn eingerahmt von seinen »Ersatzeltern« auf einem Campingplatz im Süden zeigt. Die Tochter dieser Familie bezeichnet er als seine Schwester, und diese, so Lukas, sei »ganz fürchterlich stolz, dass sie mich als Bruder hat«.

Als letzter signifikanter Anderer ist ein Schulfreund zu erwähnen, den Lukas während seines Aufenthaltes in der Pflegefamilie Strauch kennen lernt. Dieser Freund lebt heute in der gleichen Stadt wie Lukas, und es besteht nach wie vor eine enge Bindung zwischen den beiden. Lukas wird regelmäßig zu Familientreffen und -feiern dieses Freundes eingeladen. Seit einigen Jahren findet diese Verbundenheit auch ihren Ausdruck darin, dass Lukas der Patenonkel des ältesten 6 Jahre alten Sohnes dieses Freundes aus dessen erster Ehe geworden ist. Dieser Freund stellt für ihn ein Modell eines gelingenden Aufwachsens in einer integrierten Familie dar.

2. Lukas Lohe in der Pflegefamilie Strauch und sein weiterer biografischer Verlauf

Lukas Lohe in der Pflegefamilie Strauch

Im vierzehnten Lebensjahr wird Lukas auf eigenen Wunsch und mit Einverständnis der Mutter von der Pflegefamilie Strauch aufgenommen. Als Gründe nennt das zuständige Jugendamt häufiges Schuleschwänzen, tagelanges Herumtreiben, kleinere Diebstähle und allgemeine Lethargie. In den eineinhalb Jahren vor der Aufnahme in die

Pflegefamilie nimmt er verschiedene ambulante Angebote wie Lernhilfen, Beratung, Tagesbetreuung und Psychotherapie in Anspruch, ohne dass ein Erfolg gesehen wird. Von einer dieser Stellen wird das Jugendamt informiert, das den Kontakt zur Pflegefamilie Strauch herstellt. Die zentrale sozialisatorische Leistung der Pflegefamilie Strauch bei Lukas besteht darin, dass sie ihm in drei Hinsichten ermöglicht hat, in nachholende Strukturierungsprozesse einzutreten:

» Lebenspraktisch begründete Strukturierungsprozesse, indem Lukas verbindlich in die Alltagsaufgaben des Bauernhofes einbezogen wird.
» Konfliktreiche Ablösung von der Pflegefamilie mit Unterstützung der Pflegeeltern.
» Wiederannäherung an die Pflegefamilie nach einigen Jahren, Lukas bewertet seinen Aufenthalt in der Pflegefamilie neu.

Es gelingt der Pflegefamilie Strauch, Lukas' instabile Herkunftsfamilie so in den Hilfeprozess zu integrieren, dass für ihn ein Optimum an Autonomiepotenzialen erschlossen werden kann. Die Pflegefamilie übernimmt hierfür die nachholende Strukturbildung mit einem hohen Maß an Engagement, Empathie, intensiver Netzwerkarbeit, einer konsequenten Berücksichtigung der Bedürfnisse und Interessen von Lukas bei der Gestaltung der Kontakte zum Herkunftsmilieu. Dem zugrunde liegt ein Erziehungsmodell, das einerseits Zuverlässigkeit, ein hohes Maß an Affektivität und Solidarität garantiert, aber anderseits auch einen hohen Grad an Verbindlichkeit in Form von unbedingten Pflichten, Aufgaben und Loyalität gegenüber dem Milieu von den Pflegekindern einfordert. Von dieser autoritären Struktur hat Lukas in den ersten Jahren seiner Unterbringung in der Pflegefamilie Strauch profitiert. Der Pflegevater Strauch wird von Lukas als eine Vaterfigur wahrgenommen. Ihm ist es im Laufe der Jahre gelungen, mit Lukas dessen Verletzung seiner körperlichen Integrität in Folge der sexuellen Erfahrungen während seiner gesamten Kindheit zu thematisieren. Inzwischen kann Lukas seine Körpererfahrungen als Ressource und Stärke nutzen. Dazu haben auch die Arbeiten auf dem Bauernhof und seine sportlichen Aktivitäten beigetragen.

Der weitere Lebensverlauf bei Lukas, sein Ablöseprozess und seine Lebenssituation heute

Lukas Lohe beendet seine Zimmermannslehre nach einer relativ kurzen Phase der beruflichen Desorientierung (Abbruch der Lehre und ca. zweijähriges »planloses kurzzeitiges Arbeiten«) erfolgreich. Schon früh orientiert er sich – gegen den Willen der Pflegeeltern – außerhalb der Pflegefamilie. Er geht eine Beziehung zu einer Frau ein und hält sich oft in deren Familie auf. Der Pflegevater warnt vor dieser Beziehung, die er nicht als autonome Paarbeziehung ansieht, sondern hinter ihr den Wunsch des Lukas nach einer »richtigen Familie« vermutet. Lukas lässt sich nicht beeindrucken und entgeht den kritischen Einwänden des Pflegevaters, indem er sich entzieht. In diesem Zusammenhang kommt es zum vorläufigen Bruch mit der Pflegefamilie.

Seine Partnerin, die er im Alter von 23 Jahren heiratet, stammt aus einer Arbeiterfamilie, ihr Vater ist im Heim aufgewachsen. Diese Ehe dauert vier Jahre, sie bleibt kinderlos und wird auf Wunsch von Lukas beendet. Seither lebt er in einer kleinen Wohnung alleine, unterhält wechselnde Frauenbekanntschaften, spielt aktiv und erfolgreich in einer den Kampf betonenden Mannschaftssportart und betätigt sich dort auch als Trainer im Jugendbereich. Neuerdings (2006) besitzt er ein Motorrad, mit dem er mehrmals im Jahr alleine mehrwöchige Touren durch Südeuropa unternimmt. Beruflich ist Lukas sehr erfolgreich. Er steigt in einem mittelständischen Unternehmen innerhalb von sechs Monaten vom Status einer Anlernkraft in eine mittlere Führungsposition auf. Inzwischen ist er Vorgesetzter von 32 Mitarbeiterinnen und Mitarbeitern.

Gegenwärtig befindet sich Lukas in einer Lebensphase, bei dem der Autonomieanteil an der Gestaltung seiner Lebenspraxis in beruflicher und vor allem in privater Hinsicht zugenommen hat. Diese Schritte sind ihm gelungen, aber nicht ohne Rückversicherung durch Gundolf und seine Frau. Er habe z. B. eine ganze Nacht mit Gundolf und seiner Frau die geplante Trennung von seiner Frau besprochen. Auch hier wird noch einmal die große Bedeutung sozialisatorischer Strukturen, vornehmlich der triadischen Variante, für die Entwicklung von Handlungsfähigkeit und autonomer Gestaltung von Lebenspraxis bestätigt, wenn auch in der Variante einer Ersatztriade. Inzwischen hat er sich auch wieder seiner ehemaligen Pflegefamilie angenähert, nachdem er mit der Scham, gegen ihren Rat eine Ehe eingegangen zu sein, die schließlich gescheitert ist, fertig geworden ist.

Die Unhintergehbarkeit der sozialisatorischen Triade am Beispiel der Biografieverläufe von Christoph und Lukas.

Die Fallrekonstruktion der Familie Wilhelm macht deutlich, dass Christoph Wilhelm angesichts kontinuierlich problematischer Beziehungsverhältnisse innerhalb der sozialisatorischen Triade über die Gabe verfügt, signifikante Andere außerhalb der Kernfamilie zu finden. Er findet sie innerhalb und außerhalb des Verwandtschaftssystems vor allem in Kontexten, in denen familienähnliche Verhältnisse vorherrschen. Einzelpersonen wie die erwähnte Krankenschwester spielen keine nachhaltige Rolle. Damit zeigt sich, dass signifikante Andere außerhalb der Familie dann eine entscheidende Rolle spielen, wenn sie geeignet sind, triadische Beziehungsverhältnisse zu begründen.[25] Gleichzeitig wird aber auch deutlich, dass das Vorhandensein solcher Beziehungskonstellationen auch über viele Jahre der Sozialisation (bei Christoph Wilhelm: von 1986

---

[25] Sowohl Albert Camus als auch Thomas Bernhard haben sich im Ablöseprozess bei vaterlosem Aufwachsen systematisch triadische Konstellationen mit deutlich älteren Paaren geschaffen, von denen sie sich – im Streit! – ablösen konnten. Bei Camus waren dies Onkel Gustave und dessen Frau, also Angehörige des Verwandtschaftssystems, bei Bernhard waren dies insgesamt drei Paare aus dem Künstlermilieu (Funcke 2006, Todd 1999).

bis 1996) nicht ausreicht, um die Ablösungsdynamik in Bezug auf die leiblichen Eltern stillzustellen. Je ambivalenter sich die Beziehungen zu den leiblichen Eltern gestalten, desto stärker wird Christoph an die Eltern gebunden. Hier zeigt sich ein Familienmilieu, in welchem rigide Verstrickung und rigide Trennung eine Symbiose eingehen.

Bei Lukas Lohe ist die Ausgangslage eine ähnliche. Auch er versteht es, signifikante Andere außerhalb des Wohngemeinschaftsmilieus seiner Mutter zu finden und zu mobilisieren. Auch bei ihm spielen signifikante Andere eine zentrale Rolle, nicht nur um eine triadische Struktur zu begründen, sondern er sucht sich mit Gundolf und seiner Familie gleich eine komplette Triade aus. Weiterhin kann Lukas auf mehr zentrale erwachsene Bezugspersonen und einen Schulfreund als Christoph zurückgreifen. Ein weiterer Unterschied betrifft die heutige Beziehungsgestaltung zu seinem Herkunftsmilieu. Es ist ihm weitgehend gelungen, sich aus der Verstrickung mit seiner Mutter, ihrem Lebensumfeld und demjenigen seiner geschiedenen Frau zu lösen und eine klare Trennlinie zwischen sich, seinem Lebensentwurf und demjenigen seiner Mutter zu ziehen. Insofern hat Lukas ein sehr hohes Maß an Autonomiefähigkeit und Autonomiepotenzial entwickelt.

Die Familie ist der Ort der »zweiten, soziokulturellen Geburt des Menschen« (René König) und durch die nicht stillstellbare Dynamik der Verschränkung von Paar- und Eltern-Kind-Beziehung (der Triade) strukturiert. Dies ist nicht theoretisch abgeleitet oder ideologisch postuliert, sondern empirisch, auch experimentell zu belegen (zuletzt eindrucksvoll: Elisabeth Fivaz-Depeursinge und Antoinette Corboz-Warnery 2001). Die Kernfamilie, wie wir sie heute kennen und die sich vor allem durch die Grenzziehung gegenüber der Großelterngeneration und damit durch eine Reduktion auf zwei Generationen auszeichnet, hat sich zwischen dem Jahre 1000 und 1600 herausgebildet. Die Sozialhistoriker sind sich diesbezüglich uneins. Michael Mitterauer (2003) wäre für das frühere, Peter Laslett & Richard Wall (1972) wären für das spätere Datum in Anspruch zu nehmen. Wenn die Kernfamilie auf das Bürgertum oder gar auf das »Goldene Zeitalter der Familie« in den 50er und 60er Jahren des 20. Jahrhunderts reduziert wird, ist dies von den historischen Fakten nicht gedeckt.

Allerdings wird diese kernfamiliale, triadische Struktur sozialisatorischer Interaktion in jeweils wechselnden Familienkonstellationen ins Werk gesetzt. Wo die Triade unvollständig ist, wie in Familien von Alleinerziehenden, in Stief- oder Pflegefamilien, herrschen nicht Devianz, Abweichung und Pathologie, wie den Strukturtheoretikern unter den Familiensoziologen als ungeprüfte Annahme unterstellt wird. Stattdessen besteht Gestaltungsnotwendigkeit zur Kompensation der abwesenden Triade (Hildenbrand 2002). Dabei gibt die sozialisatorische Triade der leiblichen Eltern mit ihrem Kind die Folie ab. So wird z. B. in der Stieffamilien(beratungs)forschung das *co-parenting system*, (Krähenbühl u. a. 2001), das im Kern aus den leiblichen Eltern und an der Peripherie aus den jeweiligen Stiefeltern besteht, favorisiert. Pflegefamilien bieten eine andere Variante des Inswerksetzens triadischer Beziehungsmuster. Dass sie dies trotz fehlender leiblicher Grundlage der Beziehung schaffen können und insofern einen Beitrag zu einer gelungenen Identitätsbildung bei schwieriger Ausgangslage leisten können, haben wir empirisch gezeigt.

Wie dies theoretisch zu beschreiben ist, wird Gegenstand des letzten Kapitels dieses Buches sein. Allerdings kann die Pflegefamilie die leibliche Familie nicht ersetzen. Der Fall Christoph Wilhelm macht dies deutlich: Noch immer sieht er dort seinen Platz. Auch Lukas Lohe reicht das Pflegefamilienmilieu zur Vervollständigung nicht aus, er hat sich eine quasi-leibliche Familie als Ersatz geschaffen.

IV. Identitätsbildung von Kindern und Jugendlichen zwischen Herkunftsfamilie, Pflegefamilie und Jugendamt

Zur Erinnerung: Fragestellung und Vorgehen

In dieser Untersuchung werden grundlagentheoretische Fragestellungen der Struktur sozialisatorischer Interaktion verknüpft mit anwendungsbezogenen Fragestellungen der Gestaltung von Prozessen der Kinder- und Jugendhilfe, speziell des Pflegekinderwesens.

Grundlagentheoretisch sind zwei Fragen zu behandeln: zum einen die Frage, was als Grundeinheit der primären sozialisatorischen Interaktion zu gelten hat, die Dyade oder die Triade. Zum anderen die Frage, ob die Personen innerhalb der Triade austauschbar sind, ob also leibliche Eltern ersetzt werden können durch andere Typen von Eltern (der Begriff »soziale Eltern« ist, wie wir im Eingangskapitel dieses Buches ausführen, rechtlich problematisch, stattdessen wird der Begriff der »faktischen« Eltern bevorzugt). Einen Zugang zu dieser Frage finden wir, wenn wir die Perspektive der Abwesenheit bestimmter Positionen in der Triade einnehmen. Im Falle von Pflegefamilien handelt es sich um die (uneindeutige) Abwesenheit der leiblichen Eltern.

Daneben behandeln wir die Frage, wie unsere Ergebnisse in der Praxis der Kinder- und Jugendhilfe nutzbar gemacht werden können. Beispielsweise geht es hier um die Frage, wie es Institutionen wie z. B. dem Jugendamt gelingen kann, die Möglichkeiten der Pflegefamilie zu unterstützen, um den ihnen anvertrauten Kindern zu ermöglichen, sich zu einem autonomen, mit sich selbst identischen Individuum zu entwickeln. Bei Pflegefamilien handelt es sich um einen widersprüchlichen sozialisatorischen Ort für Identitätsbildungsprozesse insofern, als die Pflegefamilie mit der Herausforderung konfrontiert ist, familienähnliche (diffuse) Sozialbeziehungen auf Zeit und im Rahmen eines Vertragsverhältnisses zu entwickeln.

In der zweiten Forschungsphase haben wir die ursprüngliche Projektfragestellung um die Perspektive der Resilienz erweitert. Der Anlass dafür boten Befunde der ersten Projektphase. Die von uns untersuchten pflegefamilialen Sozialisanden stammen zwar aus erheblich belasteten Herkunftsfamilien und waren durchweg entsprechenden ungünstigen Sozialisationsbedingungen mit schweren Traumatisierungen als Opfer von sexuellem Missbrauch, als Zeugen von Suizid und Mord bei Familienangehörigen ausgesetzt. Daran schlossen sich Karrieren in Einrichtungen der Jugendhilfe an. Heute aber – gegen alle Erwartungen einer defizienzfixierten Betrachtungsweise – führen sie ein weitgehend selbstständiges Leben. Entgegen der besonders bei Pflegefamilien bevorzugten bindungstheoretisch unterlegten Ideologie sind mit einer Ausnahme die von uns untersuchten jungen Erwachsenen eben nicht in RADIKALEN ERSATZFAMILIEN aufgewachsen, sie hätten sich daher gar nicht günstig entwickeln dürfen – und haben es dennoch. Unsere Frage in der zweiten Projektphase lautet demzufolge, welche Ressourcen in den Herkunftsfamilien, den Pflegefamilien, den diese Familien umgebenden sozialen Milieus sowie der Pflegekinder selbst es ermöglicht haben, dass diese günstigen Entwicklungen zustande kommen konnten.

Datengrundlage bilden gemeinsame Gespräche mit den ehemaligen Pflegekindern und ihrer letzten Pflegefamilie sowie Einzelgespräche mit den ehemaligen Pflegekindern und mit den Pflegeeltern. In einem Fall konnten auch die Herkunftseltern interviewt werden. Diese Gespräche wurden in allen Fällen über die gesamte Projektlaufzeit hinweg, also noch 2007, geführt, um Verläufe erfassen zu können. Dieses Design entspricht dem Vorgehen der *Grounded Theory*, in der Datenerhebung und Datenanalyse operativ nicht getrennt, sondern verschränkt sind.

Im Falle von Dieter Werner war der Rückgriff auf Aktenaufzeichnungen von zwei Jugendämtern möglich. Als weitere Datengrundlage dienten Experteninterviews mit Fachleuten des Pflegekinderwesens, eine Gruppendiskussion mit leiblichen Kindern, Pflegekindern und Pflegegeschwistern im Alter zwischen 15 und 25 Jahren (n=20) sowie ein Expertengespräch über das Scheitern von Pflegeverhältnissen mit ausführlicher Diskussion von vier Fällen.

Der Gang des *theoretical sampling* war folgender: Kurz nach Projektbeginn wurden die ersten beiden Fälle (die Geschwister Pia und Jakob Altdorf) erhoben. Der nächste erhobene Fall (Dieter Werner in seiner Pflegefamilie Hoffmann/Pauly) wurde dann gemäß des *theoretical sampling* in zweifacher Hinsicht mit den beiden ersten Fällen maximal kontrastiert: Zum einen wurde kontrastiert hinsichtlich des Ablöseprozesses, denn Pia Altdorf löste sich relativ früh, nämlich ab dem 21. Lebensjahr, von der Pflegefamilie ab, während Dieter Werner fallspezifisch bezogen auf die Pflegefamilie relativ spät, ab dem 32. Lebensjahr, von sich aus ablöste. Dieser Prozess begann in seinem 24. Lebensjahr, als seine letzten Pflegeeltern in ein anderes Bundesland zogen und er mit seinen »Brüdern« in einer Wohngemeinschaft zusammenlebte, mit denen er zu Wochenendbesuchen an den neuen Wohnort der Pflegeeltern reiste. Zum anderen wurde kontrastiert hinsichtlich des Pflegefamilientypus: Die gegenüber dem Milieu und der Herkunftsfamilie offene Pflegefamilie Steinbach von Pia und Jakob steht gegen die gegenüber der sozialen Umgebung und der Herkunftsfamilie abgegrenzte Pflegefamilie Hoffmann/Pauly von Dieter.

Der folgende Fall Gabriele Schubert kontrastiert wiederum maximal zu Dieter Werner, indem sich Gabrieles Sozialisationsprozess in beiden Familiensystemen (Herkunfts- und Pflegefamilie) gleichzeitig vollzieht, während Dieter Werner bereits im Säuglingsalter aufgrund der prekären Lage in seiner Familie vom Jugendamt der öffentlichen Jugendhilfe zugeführt wird. Gabrieles Pflegefamilie Babeck erweist sich als Exempel für den Typus der Pflegefamilie, die die Herkunftsfamilie im Sinne einer multilokalen Mehrgenerationenfamilie integriert. Diese Pflegefamilie kontrastiert zur ebenfalls das Herkunftsmilieu einschließenden fachlich informierten Pflegefamilie Strauch und ihren beiden Pflegekindern Christoph Wilhelm und Lukas Lohe, aber auch zur Pflegefamilie Hoffmann/Pauly. Die Pflegefamilien Hoffmann/Pauly und Strauch unterscheiden sich jedoch nicht nur hinsichtlich der Fachlichkeit, sondern auch hinsichtlich des Umgangs mit den Familiengrenzen, vor allem zu den Herkunftsfamilien der Pflegekinder. Bezogen auf den Ablöseprozess von Christoph und Lukas findet sich wiederum ein maximaler Kontrast gegenüber der Ablösung von Gabriele, weil Christoph und Lukas mit dem pflegefamilialen Milieu in ihrem frühen Erwachsenalter radikal brechen und ausziehen (Lukas) bzw. von diesem mit Erreichen der Volljährigkeit ambivalent ausgeschlossen werden (Christoph), während Gabriele bis heute in der Nachbarschaft ihrer Pflegefamilie lebt und dort mit Hilfe der Pflegeeltern zusammen mit ihrem Verlobten ein Haus gebaut hat.

Die untersuchten Pflegekinder stammen aus unterschiedlichen Regionen in Deutschland (Hamburg, Hessen, Sachsen, Baden-Württemberg) und leben heute in kleineren Städten zwischen 5.000 und 23.000 Einwohnern in den Bundesländern Hessen, Baden-Württemberg und Bayern bzw. in einer Großstadt.

Sozialisation in der Pflegefamilie im Modus des Als-ob

Unter Rückgriff auf die soziologische Sozialisationsforschung und Theoriebildung, auf die Psychoanalyse, auf Forschungen im Schnittfeld von Soziologie und Psychoanalyse, auf die Entwicklungspsychologie sowie auf einschlägige therapeutische Studien kann begründet werden, dass die primäre sozialisatorische Interaktion triadisch strukturiert ist. Fällt der Dritte aus, können im günstigen Fall, der bei Kindern und Jugendlichen als Klienten der Jugendhilfe i. d. R. zunächst nicht zu beobachten ist, Anstrengungen seitens der Akteure beobachtet werden, diese Position äquivalent zu besetzen. Entscheidend dabei ist nicht die Kompensation des Ausfalls von Personen, sondern des Ausfalls von Beziehungen, etwa der Paarbeziehung beim Ausfall des Vaters. Neuere Ansätze, denen zufolge diese theoretischen Annahmen überholt seien, da Sozialisationsbeziehungen zunehmend dyadisch angelegt seien, sind alleine schon deshalb zu verwerfen, da dort nicht geeignetes empirisches Material in Gestalt von Analysen sozialisatorischer Interaktion zum Beleg herangezogen wird, sondern diese aus Statistiken zur Zusammensetzung von Familien (mit der Beobachtung der Zunahme von Alleinerziehendensituationen) erschlossen werden. Auf diese Weise wird Struktur mit Empirie verwechselt, anstatt dass die Frage gestellt wird, wie in Alleinerziehendensituationen mit der Abwesenheit eines Dritten umgegangen wird. Wir bevorzugen demgegenüber Ansätze, welche sozialisatorische Interaktionszusammenhänge als »strukturiertes Strukturierendes« (Bourdieu) begreifen, die also Strukturen weder totalisieren noch in Handeln auflösen, sondern nach der Konfrontation von Strukturen mit der Herstellung von Strukturiertheit (im Sinne von Reproduktion und Transformation) fragen. Sozialisationsprozesse im Zusammenspiel von Herkunftsfamilie, Pflegefamilie, Jugendamt und Sozialisand stellen vor diesem theoretischen Hintergrund ein geeignetes »natürliches Experiment« im Sinne Bronfenbrenners (1976) dar, bei welchem beobachtet werden kann, wie Individuierungsprozesse dort organisiert werden, wo die primäre Triade nicht vorhanden ist: Tritt an die Stelle einer primären Triade eine sekundäre Triade, bestehend aus Pflegeeltern, oder wird das sozialisatorische Kerngeschehen auf dyadische Beziehungsverhältnisse reduziert?

Bei Pflegefamilien handelt es sich allerdings im Vergleich zu leiblichen Familien um einen widersprüchlichen sozialisatorischen Ort für Identitätsbildungsprozesse insofern, als hier ein Milieu diffuser Sozialbeziehungen unter vertragsmäßigen Bedingungen begründet wird. Diese widersprüchliche Ausgangslage stellt an die Familienmitglieder die Herausforderung, diffuse Beziehungen »auf Zeit« zu entwickeln. Diese besonderen, durch Widersprüche gekennzeichneten Merkmale von Pflegefamilien konstituieren als fundamentale Rahmenbedingungen unaufhebbar ein Pflegeverhältnis. Sie bleiben auch dann erhalten, wenn sich im Verlaufe eines Pflegeverhältnisses eine intensive Beziehung mit vielen für diffuse Sozialbeziehungen spezifischen Charakteristika zwischen den Pflegeeltern und ihrem Pflegekind entwickeln sollte. Insofern können Herkunftseltern nicht substituiert werden. Solche Anforderungen und Erwartungen im Zusammenhang mit Ansprüchen an die zentralen Leistungen von Pflegeeltern, die von Fachleuten der Kinder- und Jugendhilfe oder von psychologischer Seite an die Mitarbeiterinnen und Mitarbeiter der Kinder- und Jugendhilfe und an die Herkunftsfamilien gerichtet werden, verstellen den Blick für die Komplexität des Handlungsfeldes. Der Anspruch, Herkunftseltern zu ersetzen, ist überdies identitätstheoretisch problematisch. Denn damit wird die konstitutionelle Basis von Pflegeverhältnissen, die doppelte Elternschaft, eher verborgen, anstatt dass nach Formen der Zusammenarbeit in dem Beziehungsdreieck Herkunftsfamilie, Pflegekind, Pflegefamilie gesucht wird, die auch für den Identitätsbildungsprozess des Pflegekindes neue Perspektiven eröffnen könnten.

Das erste wichtige Ergebnis unserer Studie ist, dass Pflegefamilienverhältnisse durch das ständige Ringen um Normalisierung der Beziehungen zwischen Pflegekind, seiner Herkunftsfamilie und der Pflegefamilie charakterisiert sind. *Sozialisation im Modus des Als-ob* ist demnach eine Schlüsselkategorie für die Sozialisationsphase des gemeinsamen Zusammenlebens in der Pflegefamilie: Pflegefamilien leben – bis auf weiteres – so mit dem Pflegekind zusammen, *als ob* es sich bei der Beziehungsgrundlage um eine leiblich fundierte, triadisch verfasste Familie handeln würde. Pflegefamilien sind demnach fiktive Familien im Sinne Hans Vaihingers (Vaihinger 1924). Fiktionen weisen vier Hauptmerkmale auf:

» »Eine willkürliche Abweichung von der Wirklichkeit, also ein Widerspruch mit derselben« (Vaihinger 1924, S. 102).
» Diese Fiktion wird »provisorisch gebraucht (…), bis die Erfahrungen bereichert sind, oder bis die Denkmethoden so geschärft sind, dass jene provisorischen Methoden durch definitive ersetzt werden können« (Vaihinger 1924; S. 103).
» »Das Hauptmerkmal einer normalen Fiktion ist das ausdrücklich ausgesprochene Bewusstsein, dass die Fiktion eben eine Fiktion sei, also das Bewusstsein der Fiktionalität, ohne den Anspruch auf Faktizität« (Vaihinger 1924, S. 103). Hier weist Vaihinger, der seine Beispiele meist der Philosophie oder den Wissenschaften oder dem professionellen Handeln entnimmt (vgl. etwa seine Bemerkung zum fiktiven Status von »Freiheit« in der

Jurisprudenz), darauf hin, dass dort zwischen Fiktion und Tatsache oft kein Unterschied gemacht werde, da »der natürliche Mensch das Gesagte unmittelbar für natürlich und wirklich nimmt« (Vaihinger 1924, S. 103).
» Das vierte Hauptmerkmal bezieht sich darauf, dass Fiktionen »Mittel zu bestimmten Zwecken sind« (Vaihinger 1924, S. 104).

Fiktionen dienen somit dazu, das Handeln und damit die Lebenspraxis zu ermöglichen (Vaihinger 1924, S. 66). Fiktionen haben darüber hinaus einen passageren Status: »Der Fehler muss rückgängig gemacht werden, indem das fiktiv eingeführte Gebilde einfach wieder hinausgeworfen wird« (Vaihinger 1924, S. 118). Dies bedeutet, dass letztlich die Fiktionen eine doppelte Gestalt annehmen, je nach dem, an welcher Stelle sie im Prozess des Handelns auftreten: Einerseits dienen sie der Rationalität der Lebenspraxis. Da sie jedoch irrational sind, werden sie aus dieser ausgeschlossen, wenn sie ihre Funktion erfüllt haben.

Diese Konzeption der Fiktion ist als *Philosophie des Als-ob* bekannt geworden; anfangs des 20. Jahrhunderts erfreute sie sich großer Popularität. In den vergangenen Jahren wurde sie von Paul Watzlawick für einen systemischen Ansatz der Paar- und Familientherapie wieder fruchtbar gemacht. *Als-ob* ist nicht negativ gemeint, es geht hier nicht um ein »Leben im Falschen« oder im »Unechten«, wie Vaihinger vorgeworfen wurde. Handeln *Als-ob* ist keine Selbsttäuschung und Rationalitätsverleugnung, sondern die Möglichkeit, eine lebenspraktisch rationale Situation herzustellen, die anders als auf dem Wege des (vorübergehenden) *Als-ob* nicht herstellbar ist.

Anders formuliert: Die sozialisatorische Triade, bestehend aus leiblichen Eltern und Kind, ist *strukturell*[26] der angemessene Ort für Individuierungsprozesse. *Faktisch* jedoch wachsen immer weniger Kinder in solchen Konstellationen auf. Alleinerziehenden- und Stieffamiliensituationen nehmen entsprechend zu. Damit hat die sozialisatorische Triade nicht ihre Bedeutung verloren, sie wird lediglich in anderen Kontexten realisiert. Anders formuliert: Es treten Substitute an ihre Stelle. So empfehlen Therapeuten überwiegend, in Stieffamilien das Stiefelternteil nicht mit den elterlichen Aufgaben zu befassen, sondern ein *co-parenting system*, bestehend aus den leiblichen Eltern (unter Abzug ihrer Paarbeziehung) aufrechtzuerhalten (Krähenbühl u. a. 2001). In Alleinerziehendensituationen sind es oft die Kinder selbst, die sich in den entsprechenden sozialisatorischen Phasen geeignete Dritte suchen (Hildenbrand 2002). In beiden Fällen haben wir es mit Strategien zu tun, die dazu dienen, eine Situation herzustellen, *als ob* leiblich fundierte triadische Beziehungsverhältnisse weiter bestünden.

Vor diesem Hintergrund kann auch die Pflegefamilie als eine *Als-ob-Familie* betrachtet werden: als eine Familie, die handelt, *als ob* das Pflegekind ein eigenes Kind sei, das einen unbedingten Anspruch auf Dauer, Verlässlichkeit und affektive Zuwendung hat, auch wenn diese Beziehung nur eine vorläufige ist und damit rechnen muss, dass das Pflegekind eine Beziehung zu seiner Herkunftsfamilie aufrechterhalten will.

---

[26] Um Missverständnissen vorzubeugen: Man beachte den Unterschied zwischen *strukturell* und *faktisch*.

In dem Maße, in dem sich die Pflegefamilie dieses *Als-ob* bewusst ist, kann sie das *Als-ob* als Mittel zum Zweck begreifen, und die schon grundgesetzlich nicht zulässige Konstruktion, die leibliche Familie in ihrer Bedeutung für das Kind eliminieren und an ihre Stelle eine Ersatzfamilie setzen zu können, kann entfallen. Das Kind muss so seine biografische Herkunft nicht verleugnen und kann dennoch Gewinn aus den Bindungsangeboten seiner Pflegefamilie ziehen. In unserer Stichprobe ist der Modus des *Als-ob* beispielhaft in der fachlich orientierten Pflegefamilie Straub realisiert. Am anderen Ende finden wir die Pflegefamilie Hofmann/Pauly, die aus dem *Als-ob* eine harte Wirklichkeit gemacht hat, mit dem Erfolg, dass die Ablösung aus dieser Familie (im Fall von Dieter Werner) zeitlich erheblich verzögert wird.

Eigene biografische Erfahrungen von Pflegeeltern hinsichtlich biografischer und sozialer Desintegration

In der Literatur werden schichtspezifische Unterschiede zwischen Herkunftsfamilien und Pflegefamilien als Risiko für gelingende Pflegeverhältnisse angesehen. Im Umkehrschluss heißt das: Eine schichtspezifische Nähe von Pflegeeltern und leiblichen Eltern ist wünschenswert. In unserer Studie zeigt sich ein umfassenderes Thema wünschenswerter Gemeinsamkeit: In einem Fall werden Identitätsbildungsprozesse in Pflegefamilien dann besonders gut gerahmt, wenn die Pflegeeltern unter gleichen oder ähnlichen Milieubedingungen wie die Herkunftseltern sozialisiert wurden. Dies trifft zu auf die Verwandten- und Milieupflege (Altdorf/Bolle und Steinbach). In den anderen Fällen der klassischen Pflegefamilien (Hoffmann/Pauly und Babeck) und der fachlich orientierten Pflegefamilie (Strauch) hat es sich als hilfreich erwiesen, wenn es in den Herkunftsfamilien der Pflegeeltern desintegrative Lebensbedingungen gegeben hat und damit das Ringen um Normalität einen hohen Stellenwert einnimmt. Dadurch ist den Pflegeltern das lebensgeschichtliche Thema der ihnen anvertrauten Kinder bekannt, sogar vertraut. Sie sind dann nicht mehr die über jeden Zweifel erhabenen Normalen, die zur Welt der Herkunftsfamilien ihrer Pflegekinder eine Gegenwelt aufbauen müssen. Stattdessen ermöglicht es ihnen die eigene Lebens- und Familiengeschichte, mit ihren Erfahrungen von Vertreibung, von schuldhafter Verstrickung, von erlittenen Beschädigungen, die Perspektiven der Herkunftsfamilien ihrer Pflegekinder zu übernehmen. Sie werden dadurch nicht nur anschlussfähig an diese Familien, sondern können sie auch an den eigenen Bewältigungsstrategien bei Fremdheit und Desintegration teilhaben lassen.

Diese Situation finden wir unmittelbar bei drei der von uns untersuchten Pflegefamilien: bei Hoffmann/Pauly, bei Strauch und bei Babeck (für die Milieupflege spielt dieses Thema, siehe oben, keine Rolle). Die eigenen biografischen Erfahrungen disponieren die Pflegeeltern dazu, prekäre Beziehungsverhältnisse wie das Pflegeverhältnis im Modus des *Als-ob* einzurichten und durchzuhalten. Das Lebensthema Fremdheit z. B. aufgrund von Flucht und Vertreibung und das Kämpfen gegen soziale Desintegration aufgrund familienbiografischer Friktionen (z. B. Verstrickung von Vorfahren in den

Nationalsozialismus) bilden eine wichtige lebensgeschichtliche Folie in den Familiengeschichten der Pflegeeltern. Diese Erfahrungen machen die Pflegeeltern offen für desintegrative Erfahrungen anderer Art, wie sie für die Herkunftsmilieus von Pflegekindern typisch sind. Dieses Normalisierungsthema scheint durchweg einen günstigen Einfluss auf die Bereitschaft von Familien zu haben, sich als Pflegefamilie zu begreifen und die damit verbundenen Herausforderungen zu bewältigen. Pflegefamilien entwickeln in diesem Kontext eine unbedingte Solidarität bis auf weiteres, d. h. sie nehmen das zunächst fremde Kind an und lassen ihm ein hohes Maß an Vertrauen, Zugewandtheit zuteil werden, ohne Gegenleistungen des Kindes zu erwarten und obwohl das Pflegeverhältnis befristet ist (hier wirkt sich wiederum die Haltung des *Als-ob* hilfreich aus).

Typen von Pflegefamilienverhältnissen und Bindungsformen

Wir unterscheiden vier Typen der Vollzeitpflege: die Verwandtenpflege, die »Milieu«pflege, die klassische Pflegefamilie und die fachlich informierte Pflegefamilie (»professionelle« Pflegeeltern). Jeweils zwei der von uns untersuchten ehemaligen Pflegekinder haben in Pflegefamilien der drei Typen Milieupflege, Pflegefamilie und fachlich informierte Pflegefamilie gelebt, wobei eine Untersuchungsperson (Pia) während ihres 9. und 15. Lebensjahres unter den Bedingungen der Verwandtenpflege und anschließend im Rahmen von Milieupflege aufgewachsen ist. Ihr Bruder Jakob hat nur die Milieupflege kennen gelernt; Gabriele und Dieter lebten in »traditionellen« Pflegefamilien und Christoph und Lukas in einer fachlich informierten Pflegefamilie.

Den vier unterschiedlichen Typen von Pflegefamilienverhältnissen können wir fünf unterschiedliche Bindungstypen zuordnen: Wechselseitige, temporäre, vereinnahmende, loyale und autonomiefördernde Bindung.

Die Verwandtenpflege: Bindung auf der Grundlage von Wechselseitigkeit. Grundlage dieser Form der Familienpflege ist das Vorhandensein von mindestens einem Pflegeelternteil, der verwandtschaftlich mit dem Pflegekind verbunden ist. Dadurch trifft für diese Pflegefamilien ein wichtiges Merkmal familialer Sozialisation zu, nämlich ein hoher Grad von unbedingter Solidarität. Was wegfällt, ist die Verschränkung von Paar- und Eltern-Kind-Beziehung. In unserer Stichprobe handelt es sich, vom Pflegekind aus gesehen, um dessen ältesten leiblichen Bruder und seine langjährige Lebenspartnerin.

In diesem Fall ist das Pflegekind, Pia, mit einer Paardyade konfrontiert, die ihm vor allem auch in Krisen als solche gegenübertritt. Pia kommt nach dem Tod ihrer beiden Eltern in diese Pflegefamilie. Ihr Bruder und dessen Partnerin laden Pia, nicht aber ihren Bruder Jakob, ein: »Pia kann zu uns kommen«. In dieser Formulierung kommt Offenheit gegenüber der zukünftigen Gestaltung des Beziehungsverhältnisses zum Ausdruck. Das Pflegeelternpaar ist sich als funktionierende Dyade einig und bietet dem Pflegekind eine Chance, an ihrem gemeinsamen Lebensweg teilzuhaben. Zentrales Motiv dafür ist die geschwisterliche Beziehung von »Pflegekind« und »Pflegevater«, und bei der Pflegemutter ist es die Loyalität gegenüber der Familie ihres langjährigen Lebenspartners. Gerade die Geschwisterbeziehung führt aber zum Bruch des Pflegeverhältnisses, denn sie gerät in Konflikt mit der Position des Bruders als Pflegevater. Es findet hier ein triadisches Geschehen statt, in welchem die Pflegemutter als Außenstehende, was die Verwandtschaftsbeziehung anbelangt, für die notwendige Klarheit sorgt: In dem Maße, in dem ihr Partner sich aus der Paarbeziehung entfernt und die Geschwisterbeziehung zur Maßgeblichen macht, wird die strukturelle Grundlage des Pflegefamilienverhältnisses zerstört. Hier zeigt sich offenbar ein Kernproblem der Verwandtenpflege, nämlich das Risiko der Verwischung von Positionen innerhalb von Familienstrukturen.

Die Milieupflege: temporäre Bindung. In unserer Stichprobe ist dies der Fall der Pfarrfamilie Steinbach, die im Pfarrhaus als einem traditionell zur Gemeinde hin offenen Haus lebt. Bei der Milieupflege wird das Pflegeverhältnis stärker als in anderen Pflegeverhältnissen als »vorübergehend« gerahmt. Damit nimmt sich die Pflegefamilie gegenüber der Herkunftsfamilie zurück, und das Pflegefamilienmilieu wird gegenüber außerfamilialen Milieus geöffnet. In der Familie Steinbach wird das Pflegeverhältnis zu beiden Pflegekindern durch eine temporäre, verbindliche, aber lose Bindungsbereitschaft begründet. Dies kommt in Formulierungen wie Kinder »nehmen« oder »Leihtochter« und »aufbewahren« zum Ausdruck. Die Milieupflege wird motivational getragen durch zwei Aspekte: durch eine christlich begründete Ethik zum einen, in Verbindung mit persönlichen Beziehungen innerhalb der Pfarrgemeinde zum anderen. Diese Kombination führt dazu, dass den beiden durch den Verlust der Eltern bzw. des Bruders in Not geratenen Kindern Jakob und Pia geholfen wird.

Die Zurückhaltung im Bereich von Verbindlichkeit erlaubt eine Öffnung gegenüber dem außerfamilialen Milieu und erschließt den beiden Pflegekindern Pia und Jakob die Möglichkeit, Autonomiespielräume auch außerhalb der (Pflege)familie zu erproben.

Damit diese Form von Pflege gelingen kann, ist ein bestimmter Stand des Pflegekindes im Individuierungsprozess erforderlich. Wenn Pia nicht bereits wesentliche triadische Auseinandersetzungen in ihrer ersten Pflegefamilie, der (schließlich gescheiterten) Verwandtenpflege, vermittelt bekommen hätte, wäre ihre Sozialisation mutmaßlich ähnlich wie bei ihrem Bruder Jakob verlaufen. Dieser hat nur die Milieupflege kennen gelernt und war damit erheblich mittelbarer in familiale Interaktionsprozesse einbezogen als Pia. Er kompensierte dies in Gruppen Gleichaltriger außerhalb der Pflegefamilie sowie in der Wohngemeinschaft, die er innerhalb des Pfarrhauses mit Gleichaltrigen begründen konnte. Dabei kam es erwartungsgemäß zu einigen jugendtypischen Irritationen (Formen jugendlicher Devianz). Denn dem Sozialisationsort der Peergroup fehlt vor allem die Strukturierung durch die Generationenachse. Anders gesprochen: Es fehlt die Differenzierung nach der Logik der Eltern-Kind-Beziehung, in der gerade in der Pubertät und in der Adoleszenz notwendig zu gestaltende konflikthafte Auseinandersetzungen zwischen den Generationen durchgestanden werden können. Von dieser Fehlstelle blieb Pia verschont. Trotz unterschiedlicher Ausgangsbedingungen haben aber beide schließlich den Weg in die Selbstständigkeit gefunden.

Was die Pfarrfamilie als lose Basis der Gemeinsamkeit nicht bieten kann, können die Pflegekinder durch weitere Vernetzungen jenseits von Gleichaltrigengruppen kompensieren, wobei sie von den Pflegeeltern unterstützt werden. Für Pia gehören dazu eine Kunstszene und das Leben im Jahresablauf der Kirchengemeinde, während ihr Bruder

Jakob, der aus der Verwandtenpflege ausgeschlossen war, sich an verwandtschaftlichen Beziehungen orientiert und dort Orientierungsfiguren sucht.

Anhand des Vergleichs von Pia mit Jakob kann demonstriert werden, dass in Sozialisationsprozessen zu bestimmten Lebensphasen der sich entwickelnden Kinder und Jugendlichen und aufeinander aufbauend unterschiedliche Strukturierungsleistungen günstig für gelingende Identitätsbildungsprozesse sind. Beispielsweise war der minimalistische Umgang mit Regeln des Zusammenlebens und der Alltagsorganisation in der zweiten Pflegefamilie für die Ablöseprozesse von Pia in der Pubertät ein günstiger sozialisatorischer Rahmen, um ihre Autonomiebestrebungen ausprobieren zu können, während Jakob, der vorher nicht mit einem strikten Regelkonzept konfrontiert war, erst ein Tal der Devianz durchschreiten musste, um schließlich zum selbstverantwortlichen Erwachsenen zu werden.

Die klassische Pflegefamilie: Vereinnahmung und Loyalitätsforderung. Für diesen pflegefamilialen Bindungstypus stehen die Pflegefamilien Babeck und Hoffmann/Pauly. Hier kann das Pflegeverhältnis zum einen durch eine vereinnahmende Bindung im Sinne eines Besitzanspruchs beschrieben werden. Im Extremfall, wie bei der Familie Babeck zu beobachten, werden Bestrebungen sichtbar, den Nachnamen des Kindes zu ändern oder das Sorgerecht zu beanspruchen. Hier wird die pflegefamiliale Beziehung mit einer Adoption verwechselt. Auch hier sind wieder die Formulierungen der Akteure instruktiv. So »hält« die Familie Babeck neben der Pflegetochter auch noch eine Adoptivtochter. Die Formulierung »Kinder halten« ist in diesem Kontext der Begründung des Pflegeverhältnisses ungewöhnlich, denn diese Umschreibung für das Besitzen bezieht sich in der Regel auf Haustiere. Der Besitzanspruch betont den Exklusionsaspekt. Herr und Frau Babeck schaffen Fakten, indem sie die zukünftige Adoptivtochter am Heiligabend vom Krankenhaus zu sich holen, ohne dass die leibliche Mutter davon weiß, geschweige denn ihr Einverständnis dazu gegeben hat. Im Falle der Pflegetochter, die zunächst nur als Tagespflegekind bei ihnen leben sollte, handeln die Pflegeeltern mit der leiblichen Mutter von Gabriele allmählich eine Dauerpflege aus und räumen ihr regelmäßige Kontakte ein. Die Begründung des Pflegeverhältnisses im Falle von Gabriele bleibt ambivalent. Zunächst wünschte die Herkunftsmutter keine Dauerpflege für ihre Tochter, aber aufgrund ihrer schwachen Position in Interaktionen und ihrer gegenüber den Pflegeeltern prekären Ausgangslage als Alleinerziehende mit wenig Beziehungskapital ist es ihr nicht gelungen, ihre Interessen gegenüber den Pflegeeltern durchzusetzen. Immerhin kann sie sich einer Adoption widersetzen, und sie kann auch Bestrebungen der Pflegeeltern und ihrer Tochter verhindern, dass ihr Nachname geändert und für sie das Sorgerecht übernommen wird.

Die Pflegeltern übersehen in ihrem Bemühen, die erweiterten Verwandtschaftsbeziehungen wieder herzustellen, die sie durch Vertreibung verloren haben, die existenzielle Bedeutung der doppelten Elternschaft für ihre Pflegetochter und damit die Konstitutionsbedingungen familialer Sozialisation in Pflegefamilien. Für sie ist das Faktum der doppelten Elternschaft ein individuelles Problem ihrer Pflegetochter und deren Mutter und nicht ihre Angelegenheit als Pflegeeltern. Die daraus entstehenden Krisen werden zur Bewältigung an externe Experten delegiert und so externalisiert. Es finden sich Therapeuten, die dieses Spiel mitspielen.

Die Autonomieentwicklung der Pflegetochter Gabriele wird wesentlich bestimmt von ihrem Bemühen um die Anerkennung der doppelten Elternschaft im Rahmen ihres pflegefamilialen Milieus. Sie ringt um ein angemessenes Verhältnis zwischen Herkunftsfamilie (hier in Form einer Alleinerziehendenfamilie) und Pflegefamilie. Ihr zentrales Darstellungsmittel, um dieses Anliegen im Interaktionskontext deutlich zu machen, ist die Abgrenzung, z. B. die Distanzierung gegenüber den Sichtweisen ihrer Pflegeeltern. Dass ihr das gelingen kann, ist auch ein Ergebnis der Bereitschaft der Pflegeeltern, dieses Abgrenzungsverhalten zu tolerieren und nicht zu sanktionieren.

Hier ist ein Vergleich mit Gabrieles »Schwester«, dem Mädchen, das die Pflegeeltern adoptiert haben und mit dem gemeinsam Gabriele aufgewachsen ist, instruktiv. Im Unterschied zu dieser ein Jahr älteren Adoptivschwester hatte Gabriele als Pflegetochter die Möglichkeit, flexibel im Rahmen einem erweiterten triadischen Beziehungsgeflecht, das aus den Pflegeeltern, der Adoptivschwester und der Herkunftsmutter besteht, zu handeln. Das zwingt sie einerseits dazu, eine Strategie auszubilden, eine eigene Position einzunehmen und sie fordernd umzusetzen, um ihre eigenen Anliegen im Interaktionsgefüge der Pflegefamilie deutlich zu machen. Gleichzeitig ermöglicht dieses Sozialisationsmilieu der Pflegetochter, ihre Kernkompetenzen intensiver auszubilden, als das ihre Adoptivschwester tun kann. Trotz ihrer gemeinsamen Sozialisationsgeschichte zeigen sich Differenzen in Bezug auf die Nutzung von Autonomiespielräumen sowie die Konstruktion der Zugehörigkeit zur Pflegefamilie. Insbesondere in kritischen Lebenssituationen beobachten wir bei den Identitätsbildungsprozessen der beiden Schwestern gravierende Unterschiede. Die Pflegetochter konnte im Unterschied zu ihrer Adoptivschwester zwei Modelle familialer Sozialisation (Herkunfts- und Pflegefamilie) nutzen, um Autonomiespielräume zu erproben. Trotz anfänglicher Probleme in Trennungssituationen erweisen sich die regelmäßigen Besuchskontakte bei ihrer leiblichen Mutter als ein Entwicklungspotenzial für die Pflegetochter; einerseits im Sinne einer Rückzugsmöglichkeit wahlweise bei Konflikten mit den Pflegeeltern und der leiblichen Mutter sowie umgekehrt fungiert das Herkunftsmilieu als ein sicherer Ort, der unbedingte Solidarität bietet, auch wenn die Pflegetochter andere Interessen oder Peergroup-Kontakte dem Besuch bei der Herkunftsmutter vorzieht. Diese Art der Zusammenarbeit zwischen den beiden Milieus (Pflege- und Herkunftsfamilie) funktioniert aber nur, wenn es eine räumliche Nähe der beiden Sozialisationsorte – wie in diesem Fall – gibt. Dann erscheint das Herkunftsfamilienmilieu als ein erweiterter identitätsfördernder Sozialisationsrahmen.

Die alleinerziehende Mutter von Gabriele und die Pflegefamilie Babeck haben einen Modus der Kooperation gefunden, der sich – bei wesentlicher Strukturierung durch die lebenspraktisch kompetente Pflegefamilie – für den Individuierungsprozess von Gabriele als sehr hilfreich herausgestellt hat. Soweit wir das einschätzen können, hat das Jugendamt dabei keine steuernde Funktion übernommen. Es war das Pflegekind Gabriele, das selbst dafür gesorgt hat, dass leibliche Mutter und Pflegeeltern angemessen kooperieren und so strukturell dem Sozialisationsmodus der Pflegefamilie gerecht werden, die eben eine leibliche Familie nicht ersetzen kann. Hätte Gabriele nicht diese Resilienz auf- bzw. mitgebracht, wäre dieser Fall vermutlich weniger günstig verlaufen.

Stärker als die Pflegefamilie Babeck steht in unserer Stichprobe die Pflegefamilie Hoffmann/Pauly für die radikale Form eines Ersatzfamilienverständnisses. Von ihren Pflegekindern fordert diese Pflegefamilie eine loyale Bindungsbereitschaft. Die Herkunftsfamilien der Pflegekinder spielen hier keine Rolle, sie werden radikal ausgegrenzt. Im Fall von Dieter Werner wird diese Bindungsbereitschaft bereits im Vorfeld seiner Unterbringung als Vorleistung verlangt, er ist zum Zeitpunkt seines zweiten Eintritts in diese Pflegefamilie allerdings schon dreizehn bzw. fünfzehn Jahre[27] alt. Hier muss das Pflegekind sich bewähren. Damit wird von ihm etwas verlangt, das sich erst im Laufe des Hilfeprozesses erweisen oder nicht erweisen kann. Zudem stellt diese Vorbedingung eine Vereinseitigung der Anforderungen dar, denn die Bereitschaft zu Loyalität und Bindung wird auch von der Pflegefamilie erwartet.

Bei einer solchen Begründung des Pflegeverhältnisses haben Pflegekinder sich bewährt, wenn sie erkennen lassen, dass sie ihrer Pflegefamilie gegenüber unbedingt loyal sind. Damit kommen die Pflegekinder in einen erheblichen Loyalitätskonflikt gegenüber ihren Herkunftsfamilien, im vorliegenden Fall geht dies so weit, dass diese in der Erinnerung des Pflegekindes keinen Platz mehr hat. Dieter Werner lebte von seiner Pubertät an bis 1993, seinem 24. Lebensjahr, vollständig bei seiner Pflegefamilie, später als Wochenendpendler. Das Leben in dieser Pflegefamilie wird von der Pflegefamilie und Dieter Werner gleichermaßen als die bisher wichtigste Zeit in seinem bisherigen Leben verstanden. Die biografischen Stationen davor werden nur bruchstückhaft erinnert. Die lebenszeitlichen Orientierungen lösen sich auf, mit dem Ergebnis, dass der Aufenthalt in der Pflegefamilie als immer schon gewesen fiktionalisiert wird.

Des Weiteren konstruiert sich die Pflegefamilie Hofmann/Pauly als Ort der Normalität im Sozialisationsprozess des Dieter Werner, demgegenüber alle anderen Orte als nicht normal erscheinen. Der Pflegevater Hoffmann hebt die angeblichen Folgen des Heimaufenthalts bei Nonnen für die sexuelle Entwicklung Dieter Werners hervor, weil er dadurch ein negatives Bild von Frauen erhalten habe und die Gefahr homosexueller Präferenzen gefördert worden seien. Nur die Pflegefamilie Hoffmann/Pauly, so heißt das, konnte dieser negativen Entwicklung Einhalt gebieten, und das sei tatsächlich auch gelungen. Von den Pflegeeltern Hoffmann/Pauly wissen wir aber, dass beide familiengeschichtlich erheblich desintegrative Erfahrungen gemacht haben, wobei die Familie des Pflegevaters auf der Täterseite, die der Pflegemutter teilweise auf der Opferseite stand. In diesem Fall dienen solche Erfahrungen jedoch nicht einer verbesserten Perspektivenübernahme, sondern führen eine Spaltung herbei. Die Desintegration wird durch radikale Normalitätskonzepte des eigenen Lebens und der eigenen Familienbeziehungen bewältigt. Der Preis dafür ist die Ausgrenzung aller Beziehungen, die sich dem nicht fügen. Dazu gehören vor allem auch die Beziehungen zur Herkunftsfamilie des Pflegekindes. Die Begründung eines Pflegeverhältnisses im Modus des *Als-ob* ist hier ausgeschlossen.

---

[27] Die ungenauen Zahlenangaben, daran sei erinnert, sind Folge der besonderen Fallstruktur bei Dieter.

Die fachlich informierte Pflegefamilie: Autonomieorientierte Bindung. Diesen Typus repräsentiert die Familie Strauch. Sie versteht sich als eine professionelle Pflegefamilie. Im Unterschied zur radikalen Pflegefamilie Hofmann/Pauly müssen die Kinder sich nicht erst bewähren, um zu dieser Familie zugelassen zu werden. Stattdessen lässt diese Pflegefamilie »Kinder zu sich kommen«, die weder in ihrer Herkunftsfamilie noch in öffentlichen Betreuungsformen ihren Platz finden konnten. Diese Kinder haben bei dieser Variante der Unterbringung in Pflegefamilien prinzipiell die Wahl, das Hilfeangebot der Familie Strauch anzunehmen oder abzulehnen. Die Grundstruktur der Beziehung zwischen den Pflegekindern und den Pflegeeltern ist durch eine wechselseitige Bindung gekennzeichnet, bei der von den Pflegekindern eine eigene Beteiligung verlangt wird. Daher sprechen wir hier von einer *autonomieorientierten Bindung*.

Die fachlich informierte Pflegefamilie Strauch kombiniert die vormoderne Lebensform der weitgehenden Selbstversorgung und Subsistenzwirtschaft auf einem Hof mit eigener Kinderlosigkeit und einem professionellen Selbstverständnis von pflegefamilialer Unterbringung. Ihr Ziel ist es, in unbedingter Weise vom einzelnen Kind und seinen Bedürfnissen her zu denken und ihren Alltag darauf hin zu strukturieren. Daraus resultiert die hohe Leistungsfähigkeit dieser Pflegefamilie. Sowohl das Verhältnis zu den Herkunftsfamilien als auch die Interaktionsverhältnisse innerhalb der Pflegefamilie können von den Pflegeeltern fallweise und situativ variiert werden. Diese Pflegefamilie kann wahlweise zwischen Ersatz- oder Ergänzungsfamilienfunktionen wechseln, sie kann gleichzeitig einen affektiv warmen Rahmen bilden und strikt auf der Durchsetzung von Regeln beharren. Die Einbeziehung der Herkunftseltern geschieht immer unter der Perspektive, dem Kind Bindungen zu relevanten Personen seiner bisherigen Lebensgeschichte zu ermöglichen. Wenn ein Kind keinen Kontakt zu seinen leiblichen Eltern haben möchte, wird dieser von den Pflegeeltern auch nicht unterstutzt.

Zentral ist weiterhin die Rolle des Pflegevaters, insbesondere in kritischen Lebenssituationen. Die hohe affektive Solidarität der Pflegeeltern bleibt auch in Konfliktsituationen erhalten, die im Ablöseprozess unvermeidlich sind. Bei beiden Pflegekindern aus dieser Familie, die wir untersucht haben, Lukas Lohe und Christoph Wilhelm, haben die Pflegeeltern fallspezifisch unterschiedlich deren Beziehungen zu ihren Herkunftsfamilien vor allem im Ablöseprozess begleitet, ohne einzugreifen. Jedoch mussten sich Christoph und Lukas kritische, anders formuliert: reflexive Fragen von den Pflegeeltern gefallen lassen.

In dieser Pflegefamilie wird den Pflegekindern die Möglichkeit geboten, in den spezifischen entwicklungsgeschichtlichen Situationen eine triadische Dynamik zu inszenieren, die der einer Kernfamilie entspricht. Der Heimleiter schildert dies als eine Konstellation, wie sie typisch sei für die gesamte Klientel seiner Einrichtung: »(Meine Frau) kriegt immer den ganzen Frust über die Mutterbeziehung ab, ich hatte immer das Glück, dass die Väter wenigstens nicht so präsent waren, also gab es da eine Lücke zu füllen«. Wie diese Konstellation in der fachlich informierten Pflegefamilie Strauch produktiv aufgegriffen wird, zeigt sich an der weiter vorn erwähnten Szene des Auszugs von Christoph aus der Pflegefamilie. Die dort zutage tretende Aufteilung expressiver und instrumenteller Beziehungsmodalitäten in der sozialisatorischen Triade findet auch hier ihren Ausdruck. Während aus Sicht der Pflegefamilie das Erreichen der Volljährigkeit bei Christoph der gegebene Zeitpunkt der Ablösung war, wurde bei Lukas eine Ablösung zum nämlichen Zeitpunkt für verfrüht gehalten. Gemäß der Einschätzung der Pflegeeltern bestand bei Christoph die Gefahr, dass er sich auf Dauer in der Pflegefamilie festsetzt, und dem sollte durch den von Christoph so erlebten »Rausschmiss« ein Riegel vorgeschoben werden. Bei Lukas wurde umgekehrt die Gefahr gesehen, dass er sich zu früh der Selbstständigkeit aussetzt. Auch dem sollte dadurch begegnet werden, dass die Pflegeeltern versuchten, ihn über die amtliche Altersgrenze hinaus, die für diese Pflegefamilie kaum eine Rolle spielt, in der Familie zu halten.

Unterschiedliche Biografieverläufe

Es wäre naiv, aus den herausgearbeiteten Typen von Pflegefamilien und von Bindungsformen innerhalb der Pflegefamilie direkt Typen von Biografieverläufen ableiten zu wollen bzw. deren Gestaltung aus dem Pflegeverhältnis heraus zu begründen. Pflegefamilien sind nicht allmächtig. Die Pflegekinder kommen mit einer spezifischen familialen Vorgeschichte in eine Pflegefamilie. Manche von ihnen haben eine mitunter lange Jugendhilfekarriere hinter sich (Lukas Lohe, Dieter Werner, Christoph Wilhelm). Und schließlich ist der Aufenthalt in einer Pflegefamilie kein isolierbarer, monokausal bestimmbarer Einflussfaktor auf einen Identitätsbildungsprozess. Zur Pflegefamilie treten weitere Sozialisationsagenten: die Kirchengemeinde bei Pia Altdorf, die Peergroup bei Jakob Altdorf, die selbst geschaffene pseudo-leibliche Familie bei Lukas Lohe. Gleichwohl wollen wir nun einen Versuch unternehmen, Pflegefamilientyps, Bindungstypus und weiterer biografische Entwicklung des Pflegekindes in einen (Sinn)zusammenhang zu rücken (vgl. Tabelle S. 109).

Wenn wir im Folgenden nach den »gesündesten« Biografieverläufen der Pflegekinder in diesem Sample fragen, dann setzen wir an geeigneter Stelle Anführungszeichen. Denn es geht uns nicht darum, über die Biografieverläufe, die wir hier verhandeln, eine Folie absoluter Normalität zu legen. Uns interessiert, welche individuelle Normalität diese Menschen im Rahmen erheblicher Belastungen im Individuierungsprozess sich eingerichtet haben. Anders formuliert, stellen wir die Frage, welche Normalität diesen Kindern unter Maßgabe bestehender Einschränkungen diesen *zumutbar* ist (Blankenburg 1997, Hildenbrand 2006).

Wir beginnen mit Jakob und Pia Altdorf. Diese beiden Geschwister kommen aus problematischen Familienverhältnissen vor allem im Blick auf die Triade. Sie waren jedoch mit einem hohen Maß an innerfamilialer und an außerfamilialer Unterstützung im Kontext der bildungsorientierten Mittelschicht versehen. Pia unterscheidet sich von Jakob dadurch, dass sie in der Verwandtenpflege den Bindungsmodus auf Gegenseitigkeit kennen gelernt hat, wenn auch in einer prekären Weise, denn die Positionierung des Bruders als Pflegevater erwies sich als nicht lebbbar. Jedoch wirkte die Partnerin des Bruders als Pflegemutter über weite Strecken struktursichernd. Danach wechselte Pia

Biografische Ausgangslage	Typus der Pflegefamilie	Bindungstypus der Pflegefamilie	Biografische Entwicklung des Pflegekindes
Elternverlust (Pia)	Verwandtenpflege (Altdorf/Bolle)	Bindungsgrundlage auf Wechselseitigkeit	(Übergang in die Milieupflege nach Erwerb grundlegender Bindung)
Elternverlust (Jakob) bzw. Beendigung der Verwandtenpflege nach Unklarheit in der Beziehung Bruder/ Pflegevater (Pia)	Milieupflege (Pfarrfamilie Steinbach)	temporäre Bindung	»» milieuverankerte Ortlosigkeit (Pia) »» eigene Familiengründung (Jakob)
»» früh abwesende Triade und Milieuschwäche (Gabriele) »» sozial desintegrierte Familie, Milieuschwäche, Gewalt (Dieter)	Pflegefamilie mit dem Selbstverständnis einer Ersatzfamilie (Hoffman / Pauly und Babeck))	Vereinnahmung und Loyalitätsforderung	»» Aufgehen im erweiterten sozial konstruierten Verwandtschaftssystem der Pflegefamilie unter Einschluss der leiblichen Mutter (Gabriele) »» verzögerter Ablöseprozess, Wohngemeinschaft mit »Brüdern« (leiblichen Söhnen der Pflegemutter), Hinwendung zur leiblichen Familie (Dieter)
»» frühe Ausgrenzung aus der Triade bei Weiterbestehen familialer Loyalität (Christoph) »» früh abwesende Triade, von Kind an Verletzen leiblicher Grenzen in Form sexueller Übergriffe (Lukas)	Fachlich informierte Pflegefamilie (Strauch)	autonomieorientierte Bindung	»» Gründung einer eigenen Familie bei weiter bestehender problematischer Bindung an die Herkunftsfamilie (Christian) »» verlängertes psychosoziales Moratorium nach Scheitern der ersten Ehe, Bindung an sozial konstruierte »leibliche« Familie (Lukas).

über in die Milieupflege, die durch einen distanzierteren Modus der temporären Bindung gekennzeichnet ist. Jakob demgegenüber erlebte sich als Ausgestoßener aus dem Familienmilieu, wurde vom Kirchengemeindemilieu aufgefangen und löste sich daraus früh ab, wie es dem Modus temporärer Bindung entspricht.

Vor diesem Hintergrund kann man die unterschiedlichen Biografieverläufe der beiden Geschwister verstehen: Während Pia (altersgemäß) den pflegefamilialen Rückhalt zur Orientierung in der Welt nutzt und eine (möglicherweise) passagere Identität der milieuverankerten Ortlosigkeit entwickelt, kommt es bei Jakob überraschenderweise nach einem psychosozialen Moratorium zur Einspurung in ein konventionelles Eheleben – trotz oder wegen einer bestehenden neurologischen Krankheit, die ihn einschränkt.

Sind wir uns in der Einschätzung derzeit noch unsicher, welchen Status die Entscheidung für die Ehe bei Jakob hat, so betreten wir mit der Betrachtung des Biografieverlaufs von Christoph Wilhelm festeren Grund. Wenn er eine Frau heiratet, die bereits zwei Kinder in die Ehe mitbringt, und mit ihr weitere zwei Kinder zeugt, dann schafft er sich einen familialen Rahmen, den er in seiner Herkunftsfamilie nicht kennen gelernt hat, mehr noch: der ihm verweigert wurde. Hier kann er nun jene Stelle besetzen, die er nachhaltig in seiner Herkunftsfamilie nicht erleben konnte: die des Vaters. Die vorliegenden Daten berechtigen uns nicht zu der Deutung, dass es sich hier um eine aus psychosozialer Beschädigung heraus getroffene Entscheidung handelt. Christoph, früh schon auf eigenständige Handlungsorientierung disponiert, nutzt die ihm in der Pflegefamilie vermittelten Spielräume autonomieorientierter Bindung, um das zu realisieren, das ihm vor dem Hintergrund seiner eigenen Lebensgeschichte ein Anliegen ist: die Schaffung einer dauerhaften, affektiv warmen Familie.

Zwei der Pflegekinder in unserem Sample, von denen am ehesten ein Steckenbleiben im psychosozialen Moratorium zu konstatieren ist, sind Dieter und Lukas. Dieter ist wie Gabriele in einer Pflegefamilie aufgewachsen, die sich als Ersatzfamilie versteht. Im Unterschied zu Gabrieles Pflegefamilie ist jedoch Dieters Pflegefamilie nicht in ein Verwandtschaftssystem (hier: ein konstruiertes, nicht durchgängig auf leibliche Beziehungen gegründetes Verwandtschaftssystem) eingebettet, sondern sozial weitgehend nach außen abgegrenzt. Dazu passt, dass Dieter noch mit 38 Jahren seinen Weg zwischen der Lebensgemeinschaft mit den »Brüdern«, den leiblichen Söhnen der Pflegemutter, und der Herkunftsfamilie, der er sich wieder zugewendet hat, sucht. Daher stagniert sein Ablöseprozess derzeit.

Von Dieter ist der Weg zu Lukas kurz. Beide sind beruflich erfolgreich, beide leben im verlängerten psychosozialen Moratorium. Was beide unterscheidet, ist die Art des Zugriffs auf die Gestaltung der eigenen Lebensverhältnisse. Lukas, aufgewachsen im Milieu autonomieorientierter Bindung der fachlich informierten Pflegefamilie, gestaltet seine Lebensumstände aktiv, insbesondere im Freizeitbereich und im Vereinsleben. Darauf ist er von seinem Pflegevater vorbereitet worden. Auch Dieter war, wie Lukas, mit einem charismatisch agierenden Pflegevater konfrontiert. Dieser jedoch, im Unterschied zu Herrn Strauch, vermittelte kaum Fertigkeiten des Überschreitens von Familiengrenzen und der Positionierung in einem Gemeinwesen.

Gemeinsamkeiten und Unterschiede von Laienpflegefamilien und fachlich informierten Pflegefamilien.

Mit dem Vergleich der Pflegefamilien Hoffmann/Pauly und Strauch (die formal gesehen ein Kleinstheim bildet) betreten wir das Feld des Vergleichs von Pflegeeltern als Laien mit Pflegeeltern als Fachleuten. Die Spezifik einer fachlich informierten Pflegefamilie liegt darin, dass es ihr gelingt, in einer spezifischen Weise alltagsweltliche Kompetenzen zu verknüpfen mit kontinuierlicher fachlicher Reflexivität. Wie dies gelingen kann, werden wir nun am Beispiel der fachlich informierten Pflegefamilie Strauch entwickeln.

Mit den Laienpflegefamilien teilt diese Form der Pflegefamilie die günstige Voraussetzung, dass sie über eigene biografisch erlebte und bewältigte Krisenerfahrungen verfügt und sich zum Ziel gesetzt hat, auf Grundlage dieser Erfahrungen einen für das Aufwachsen von Kindern günstigen Rahmen herzustellen, vor allem den Kindern Dauer, Verlässlichkeit und Affektivität zu bieten. Dazu kommt bei dieser fachlich informierten Pflegefamilie die Fähigkeit, in Krisensituationen nicht einfach »aus dem Bauch heraus« zu reagieren, sondern begleitend und retrospektiv den Handlungsverlauf auf der Grundlage fachlicher Interpretationsmuster zu reflektieren. Nicht in der Fähigkeit, beides zu können, liegt die Spezifik einer fachlich informierten Pflegefamilie, denn auch Laienpflegefamilien reflektieren. Die besondere Eigenheit einer fachlich informierten Pflegefamilie besteht in der Art und Weise, wie die beiden Zugänge, der alltagsweltliche und der fachliche, miteinander verknüpft werden. Um die Pointe vorwegzunehmen: Die fachlich informierte Pflegefamilie versteht es, fachliche Deutungen in alltagsweltliche Handlungen zu *übersetzen*.

Das Besondere der Pflegefamilie Strauch besteht darin, dass sie es vermeidet, ihre alltagsweltlichen lebenspraktischen Kompetenzen unvorhersehbar durch fachliche zu ersetzen. Würde sie das tun, dann würde sie den *Rahmen* (Brücher 2005, Welter-Enderlin und Hildenbrand 2004, S. 46ff.) einer Pflegefamilie verlassen und einen therapeutischen Kontext eröffnen. Es käme so zu einer aus Sicht des Pflegekindes unvermittelten Rahmenverschiebung. Dadurch würde die fachliche Kompetenz nicht zur Kompetenzerweiterung im pflegefamilialen Handeln eingesetzt. Stattdessen wären aufgrund der Rahmeninkompatibilität und der zeitlichen Unvorhersehbarkeit sowohl alltagsweltliche als auch fachliche Kompetenzen zerstört.

Um dies zu verdeutlichen, ziehen wir an dieser Stelle Forschungsergebnisse heran, die wir in einem anderen Kontext, dem der psychiatrischen Rehabilitation, entwickelt haben (Hildenbrand 1991, Brücher 2005). »Alltag als Therapie« heißt, dass die Wirkungsweise einer alltagorientierten Einrichtung eben darin liegt, dass Alltagshandeln und therapeutische Reflexion in unterschiedlichen Rahmen zur Geltung kommen, die scharf voneinander getrennt werden.

Ein Beispiel: Es handelt sich um eine Einrichtung, die als Wohn- oder Lebensgemeinschaft konzipiert ist, entsprechend auch nicht über offiziell angestelltes Fachpersonal verfügt, sondern von einer »Hausmutter« geleitet wird, die »nebenbei« Psychologin ist. Hier kommt beim Nachmittagskaffee ein Streit zwischen zwei Bewohnern auf, nachdem die eine den anderen nachgeäfft und damit eine zentrale Schwachstelle bei ihm getroffen hat. Als der Streit zu eskalieren droht, greift die »Hausmutter« ein und sagt: »Wir machen dich nicht nach, wir spiegeln dich«. Sie verschiebt somit unter der Hand den alltäglichen Rahmen des gemeinsamen Kaffeetrinkens in den einer therapeutischen Gruppensitzung. Der Rahmen entgleist. Das Ergebnis dessen ist eine tiefe Verunsicherung der Teilnehmerinnen und Teilnehmer (die sich eben wegen ihrer tief in ihre Persönlichkeitsstruktur eingreifenden Verunsicherung in dieser Lebensform einer Wohngemeinschaft befinden). Die fachlich intendierte Intervention hat nicht zur Gesundung beigetragen, wie man dies von einem Heilmittel erwartet, sondern zur (wenn es gut geht, nur vorübergehenden) Verschlechterung.[28]

Wie man an diesem Beispiel erkennen kann, ist Fachlichkeit nicht eine Zutat zur alltagsweltlichen Handlungskompetenz, sondern je nach Situation dazu geeignet, letztere zu zerstören. In der fachlich informierten Pflegefamilie Strauch konnten wir solche Entgleisungen nicht beobachten. Das Ehepaar Strauch handelt im Rahmen der alltäglichen pragmatischen Erfordernisse eines Bauernhofs, der einen erheblichen Anteil seiner Sinnstruktur aus der Verflechtung von Öffentlichkeit und Privatheit, von Arbeit und Leben bezieht, die in der privatisierten Kleinfamilie deutlich getrennt sind: Wer wo auf dem Bauernhof am Esstisch sitzt, bestimmt nicht die Stellung im Familiengefüge, sondern in der Arbeitsordnung. Diesen Rahmen allerdings reflektieren diese Pflegeeltern, und sie übersetzen die Ergebnisse ihrer Reflexion in Alltagshandeln. In dieser Übersetzung liegt die zentrale Leistung einer fachlich informierten Pflegefamilie.[29]

Bisher haben wir die Bedeutung von Fachlichkeit im Binnenverhältnis einer Pflegefamilie behandelt. Was fachliche Informiertheit im Verhältnis von Pflegefamilie und Herkunftsfamilie eines Pflegekindes, also im Außenverhältnis bedeuten kann, werden wir im Folgenden besprechen. Dabei werden wir uns auf den Begriff der *affektiven Rahmung* konzentrieren und uns auf Arbeiten von Fivaz sowie Fivaz und Kaufmann (1982) beziehen. Diesen Autoren geht es darum, zu beschreiben, wie in Übergangskrisen Veränderungsprozesse therapeutisch gerahmt werden können. Auf der Grundlage der Systemtheorie sprechen sie von der Koppelung von zwei Systemen, einem stabilen und einem instabilen. Diese Koppelung hat drei Aspekte:

» Stabile Koppelung über längere Zeit;
» besonders in Krisensituationen;
» unter Nutzung der Selbststeuerungsprozesse des gerahmten Systems.

---

[28] Für Details zu diesem Beispiel vgl. Brücher (2005), S. 96-100.
[29] Hieraus könnte ein Konzept für die Schulung von Pflegefamilien entwickelt werden, das der naiven Annahme entgeht, die Kompetenz von Laienhandeln könnte durch die Vermittlung psychologischer Wissensbestände angereichert werden. Das Gegenteil ist der Fall: Halbbildung ist schlimmer als Unbildung (Adorno). Ein Beispiel für Halbbildung bietet der Pflegevater Hoffmann, wenn er, ohne über fachliche Kenntnisse zu verfügen, Dieter Werner als »homosexuell« diagnostiziert und daraus Deutungen über seine Partnerschaften ableitet.

Ziele von Rahmungsprozessen sind:

» die Stabilisierung chaotischer Instabilität, wobei
» die Grundstruktur des gerahmten Systems zu erhalten ist und
» Wandel durch die Koppelung von einem sicher rahmenden System mit dem unstabil gerahmten System erzeugt wird.

Merkmale des rahmenden Systems sind:

» Intensität der Begegnung durch Kenntnis der grundlegenden Merkmale des zu rahmenden Systems, vor allem seiner zentralen Lebensthemen;
» Einnahme einer verantwortlichen, hierarchisch höheren, leitenden Position;
» Konstanz und Erreichbarkeit des rahmenden Systems.[30]

Will man diese Überlegungen für eine Konzeptualisierung der Beziehung zwischen fachlich informierter Pflegefamilie und Herkunftsfamilie des Pflegekindes fruchtbar machen, dann geht dies nicht ohne Modifikation. Zentral ist, dass diese Beziehung nicht als Therapeut-Klient-Beziehung gerahmt werden kann. Anders gesprochen: Die Pflegefamilie hat gegenüber der Herkunftsfamilie keinen therapeutischen Auftrag, also keinen Auftrag zur Intervention in der Herkunftsfamilie ihres Pflegekindes. Würde sie einen solchen für sich definieren, dann würde sie Grenzen überschreiten. Allerdings beobachten wir solche selbst gegebenen Interventionsaufträge bei einigen der von uns untersuchten Pflegefamilien. Schon die Entscheidung, Kontakte zwischen Pflegekind und seiner Herkunftsfamilie zu unterbinden, wie bei Dieter Werner geschehen, ist eine Intervention. Auch die Strategie der Familie Babeck, die Mutter ihres Pflegekindes Gabriele zum Fokus pädagogischer Unterweisungen zu machen, ist Intervention.

Was bleibt dann von der affektiven Rahmung als orientierendes Konzept für die Gestaltung des Verhältnisses zwischen fachlich informierter Pflegefamilie und Herkunftsfamilie? Wenn wir uns auf unsere Befunde zur Beziehungsgestaltung zwischen Pflegefamilie und Herkunftsfamilie in der fachlich informierten Pflegefamilie Strauch beziehen, bleiben folgende Gemeinsamkeiten:

» Die fachlich informierte Pflegefamilie ist auf Dauer stabiler als die Herkunftsfamilie. Während letztere phasenweise krisengeschüttelt ist, bewahrt die Pflegefamilie Stabilität und Kontinuität bzw. weiß, wie mit Krisen umzugehen ist.
» Die fachlich informierte Pflegefamilie hat sich mit den zentralen Lebensthemen der Herkunftsfamilie eines Pflegekindes vertraut gemacht und weiß deren Wirkung in der Interaktion zwischen Pflegekind, Herkunftsfamilie und Pflegefamilie einzuschätzen.
» Die fachlich informierte Pflegefamilie sieht die Herkunftsfamilie nicht nur unter den

---

[30] Wir beziehen uns im Folgenden auf die entsprechenden Ausführungen von Rosmarie Welter-Enderlin in Welter-Enderlin und Hildenbrand (2004), S. 54-56.

Aspekten ihrer Schwächen, sondern kann auch deren Stärken einschätzen. Dabei nimmt sie sich nicht selbst als Modell autonomer Lebenspraxis, sondern kann auch andere Vorstellungen von Autonomie akzeptieren.

» Die fachlich informierte Pflegefamilie bietet Dauer und Verlässlichkeit auch über Interaktionskrisen zwischen Herkunftsfamilie und Pflegefamilie hinweg.

Es gibt Virtuosen der Lebenspraxis, die die beschriebenen Kompetenzen von Pflegefamilie auch dann zeigen, wenn sie nicht über eine professionelle Schulung verfügen. Virtuosen der Lebenspraxis kommen im Alltag allerdings selten vor. Fachlich informierte Pflegefamilien, wenn sie die Kunst des Übersetzens von Fachlichkeit in Alltäglichkeit beherrschen, sind in der Realisierung dieser Kompetenzen zuverlässiger, denn sie sind nicht getragen von unzuverlässigen persönlichen Merkmalen des Virtuosentums, sondern von den zuverlässigen Strukturen professionellen Handelns.

Die Bedeutung außerfamilialer Sozialisationseinflüsse

Wenn bei der Analyse von Prozessen sozialisatorischer Interaktion die Perspektive nicht auf die »Fortwirkung des familialen Bindungsschicksals« (Krappmann 2001, S. 344) eingeengt wird, dann stellt sich die Frage, welche Möglichkeiten zur Unterstützung der Identitätsbildung jenseits der triadischen Strukturen in Pflege- und Herkunftsfamilien liegen. Insbesondere für Jugendliche in der Pubertät können Freiräume und die Ermöglichung von Experimenten in außerfamilialen Räumen sehr unterstützend sein, die Defizite auf der Strukturebene kompensieren können. Das zeigen die Fälle Pia und Jakob Altdorf, aber auch bei Dieter Werner kann das, wenngleich in umgekehrter Richtung als Behinderung von Autonomieerfahrungen, verdeutlicht werden. So half z. B. im Fall Pias das wohngemeinschaftliche Zusammenleben mit wechselnden Peergroup-Mitgliedern in der großen Wohnung im Pfarrhaus, das Experimentieren mit ihren künstlerischen Ambitionen und der halböffentliche Raum des Pfarrhauses einerseits ihre Ablösung zu beschleunigen. Andererseits intensivierte sich in diesem Prozess die Bindung zu den sich als Ergänzung verstehenden Pflegeeltern. Der Rückhalt durch ihre Pflegeeltern erwies sich in bestimmten Phasen ihres Experimentierens mit unterschiedlichen Beziehungen und sich in diesem Zusammenhang ergebenden Krisen dann als sehr wichtig, wenn sie Rückhalt und Unterstützung benötigte. Damit wird auch die These von Stierlin (1980) bestätigt, dass Autonomie eine sichere Bindung als Basis voraussetzt, Bezogenheit und Individuation untrennbar miteinander verbunden sind. Bezogen auf die Strukturebene ist diese Familie Steinbach durch einen minimalistischen Umgang mit Regeln des Zusammenlebens und der Alltagsorganisation gekennzeichnet. Ihr Pflegesohn Jakob hatte damit Probleme, konnte aber sein Bedürfnis nach höheren diffusen Beziehungsanteilen hinsichtlich seiner Pflegefamilie durch das Milieu der Peergroup und den Kontakt zu Familienmitgliedern des erweiterten Herkunftskontextes kompensieren.

Bei Dieter Werner hingegen wirkte das halböffentliche Milieu eines Aussiedlerhofes mit Land- und Gastwirtschaft eher wie eine totale Institution im Sinne Goffmans, weil dieses Milieu, im Unterschied zum Bauernhof der Familie Strauch, nach außen abgeschlossen war und Übergänge der Kinder nach außen reduziert wurden. Damit wurde Dieters Autonomiebildungsprozess behindert bzw. zeitlich verzögert. Dennoch erwies sich diese Sozialisationsphase in der Pflegefamilie Hoffmann/Pauly für seine Identitätsentwicklung in zweifacher Weise als wichtig. Zum einen ermöglichte sie ihm eine starke Bindung an diese Pflegefamilie und an das halböffentliche Milieu des Aussiedlerhofes; er konnte Strukturen sozialisatorischer Interaktion lernen bzw. nachholen. Damit konnten Defizite aus seiner früheren Entwicklung kompensiert werden. Das betrifft insbesondere die kontinuierliche und verlässliche Beziehung zu seinem Pflegevater. Zum anderen schränkt dieses Milieu die Spielräume für die Ablösung ein; Dieter hatte selten die Möglichkeit, neben seiner Berufsausbildung und Mitarbeit auf dem Hof, eigenständig, wie z. B. Pia oder Jakob, mit verschiedenen Rollen zu experimentieren und seine eigenen Potenziale und Interessen zu erproben.

Bei Gabriele spielen außerfamiliale Milieus nur eine geringe Rolle. Sie orientiert sich flexibel in einem erweiterten verwandtschaftlichen (leibliche Mutter) und wahlverwandtschaftlichen (die unilokale Mehrgenerationenfamilie mit nicht verwandtschaftlichen Erweiterungen) Rahmen, wie das für ländlich-kleinstädtische Milieus typisch ist. Diesen Rahmen nutzt sie für die Normalisierung einer prekären lebens- und familiengeschichtlichen Situation, und dafür reicht er aus.

Die Unhintergehbarkeit der sozialisatorischen Triade

Die von uns untersuchten Fälle zeigen eindeutig, dass die Abwesenheit triadischer Beziehungsgestaltungen in der leiblichen Herkunftsfamilie ein dauerhaftes, nicht stillstellbares Lebensthema ist, das auch durch noch so gelungene pflegefamiliale Beziehungen nicht zu einem Ende gebracht werden kann, und dass außerfamiliale Sozialisationseinflüsse auf innerfamiliale Sozialisationsleistungen angewiesen sind, sollen sie eine Wirkung entfalten. Bei Dieter Werner, dem die radikale Ersatzfamilie Hoffmann/Pauly gründlich jeden Gedanken an ein Leben vor der Pflegefamilie ausgetrieben hat, bedurfte es nur eines kleinen Anstoßes, damit er den abgerissenen Faden zu seiner Herkunftsfamilie wieder aufnahm. Vermutlich wird er erst dann einen Weg zur völligen Ablösung und zu einer eigenen Paar- und Familienbeziehung finden können, wenn er sich auch von der Herkunftsfamilie gelöst haben wird. Dazu musste er sich ihr aber erst einmal nähern.

Christoph Wilhelm hat den Weg zu Partnerschaft und Familienbeziehung geschafft, ist aber nach wie vor an die Herkunftsfamilie gebunden. Allerdings hat er in der fachlich informierten Pflegefamilie Strauch gelernt, zu dieser Bindung eine reflexive Distanz einzunehmen.

Lukas Lohe, der als Kind nie stabile triadische Familienbeziehungen kennen lernen konnte, hat sich früh aus der Pflegefamilie in eine neue Familie, die Familie seiner Ehefrau, geflüchtet. Nach dem Scheitern dieser Strategie begnügt er sich mit der von ihm selbst kreierten »leiblichen Familie *als ob*«, in der er den Status des Sohnes und großen

Bruders inne hat. Auch dieser Prozess wird reflexiv von den fachlich informierten Pflegeeltern begleitet, allerdings versucht Lukas über weite Strecken, sich dem zu entziehen.

Gabriele Schubert hat sich in einer Lebensform der erweiterten Verwandtschaftsbeziehungen eingerichtet, in der sie sowohl von den Beziehungsangeboten der leiblichen Mutter als auch der Pflegefamilie profitieren kann. Vor diesem Hintergrund kann sie den Weg einer eigenen Familiengründung gehen.

Am einfachsten haben es Pia und Jakob, was die Bindung an die Herkunftsfamilie und die Ablösung anbelangt. Sie haben ihre Eltern nicht verloren, weil diese als Eltern ausfielen oder sich als Eltern verweigerten. Ihre Eltern sind gestorben, und der Ort, an dem diese Katastrophe bewältigt wird, ist neben der Verwandtschaft das solidarische Netz einer Kirchengemeinde. Entsprechend beobachten wir bei beiden nicht die Tendenz, sich um jeden Preis aus dem Kindstatus heraus familiale Verankerungen zu schaffen.

Hinsichtlich der grundlagentheoretischen Fragestellung nach der Bedeutung der Triade in der sozialisatorischen Interaktion macht unsere Studie deutlich, dass nach wie vor die Familie der Ort der »zweiten, soziokulturellen Geburt des Menschen« (René König) ist. Die Familie ist durch die nicht stillstellbare Dynamik der Verschränkung von Paar- und Eltern-Kind-Beziehung (der Triade) strukturiert. Allerdings wird diese kernfamiliale, triadische Struktur sozialisatorischer Interaktion in jeweils wechselnden Familienkonstellationen ins Werk gesetzt. Wo die leiblichen Eltern ausfallen und eine Pflegefamilie einspringt, besteht Gestaltungsnotwendigkeit zur Bewältigung von Folgen der Abwesenheit in der Triade. Dabei gibt die sozialisatorische Triade der leiblichen Eltern mit ihrem Kind die Folie ab, und die pflegefamiliale Beziehung ist eine Beziehung des *Als-ob* – bis auf weiteres.

Fazit: Wann ist die Pflegefamilie als Ort öffentlicher Sozialisation sinnvoll?

Eines der zentralen und grundlagentheoretisch bedeutsamen Ergebnisse unserer Studie ist, dass Pflegefamilienverhältnisse durch das ständige Ringen um Normalisierung der Beziehungen zwischen Pflegekind, seiner Herkunftsfamilie und der Pflegefamilie charakterisiert sind. *Sozialisation im Modus des Als-Ob* ist demnach die Schlüsselkategorie für die Sozialisationsphase des gemeinsamen Zusammenlebens in der Pflegefamilie: Pflegefamilien leben – bis auf weiteres – so mit dem Pflegekind zusammen, *als ob* es sich bei der Beziehungsgrundlage um eine leiblich fundierte Familie handeln würde.

Besondere eigene biografische Erfahrungen der Pflegeeltern disponieren zu der Fähigkeit, solche Beziehungsverhältnisse einzurichten und durchzuhalten. Das Lebensthema Fremdheit und das Ringen gegen soziale Desintegration bilden eine wichtige lebensgeschichtliche Folie in den Familiengeschichten der Pflegeeltern. Sie gleichen den biografischen Erfahrungen, die für die Herkunftsmilieus von Pflegekindern typisch sind. Dieses Normalisierungsthema scheint durchweg einen günstigen Einfluss auf die Bereitschaft von Familien zu haben, sich als Pflegefamilien zu begreifen und die damit verbundenen Herausforderungen zu bewältigen. Pflegefamilien entwickeln in diesem Kontext eine *unbedingte Solidarität bis auf weiteres*. Das heisst, sie nehmen das zunächst fremde Kind an und lassen ihm ein hohes Maß an Vertrauen, Zugewandtheit zuteil werden, ohne Gegenleistungen des Kindes zu erwarten, und obwohl das Pflegeverhältnis befristet ist.

In allen von uns untersuchten vorgestellten Formen von Pflegefamilien ist die Identitätsbildung bei den Pflegekindern angesichts teils extrem schwieriger Ausgangsbedingungen insofern gut gelungen, als die Pflegeeltern Beachtliches bei der Entwicklung lebenspraktischer Autonomie der Pflegekinder geleistet haben. Daher kann keine Präferenz für einen bestimmten Pflegefamilientyp ausgesprochen werden. Jedoch sind nicht alle Pflegefamilientypen für alle Sozialisationsphasen gleichermaßen geeignet. Das entscheidende Kriterium ist die fallspezifische Problemstellung und -bewältigung: MILIEUPFLEGE ist für Pflegekinder in der Adoleszenz sinnvoll. Unser Beispiel dafür ist die Entwicklung von Pia in der Pflegefamilie Steinbach, die ihre Kindheit in der Familie ihres Bruders und dessen Lebensgefährtin verbracht hat, bis in der frühen Adoleszenz diese Beziehung scheiterte. Der maximale Kontrast dazu ist ihr Bruder Jakob, der von Anfang an, d. h. nach dem Tod seiner Eltern in der Pflegefamilie Steinbach, also im Pfarrhaus aufwuchs und dessen Autonomiespielräume im Erwachsenenalter sich, auch durch die Epilepsie bedingt, verzögert entwickelten.

DIE DIE HERKUNFTSFAMILIE INTEGRIERENDE PFLEGEFAMILIE entfaltet ihre Möglichkeiten vor allem in Regionen, in denen das erweiterte Verwandtschaftssystem die lokalen Beziehungsmuster prägt, was vor allem für den ländlichen Raum gilt.

Die VERWANDTENPFLEGE ist sinnvoll, wenn es in der triadischen Verschränkung der Paarbeziehung der Pflegeeltern einerseits, der Pflegeeltern/Pflegekind-Beziehung andererseits nicht zu Verwerfungen kommt, die nicht mehr bewältigt werden können. Es kommt wesentlich darauf an, dass die vorweg bestehenden Positionen im Verwandtschaftsgefüge (z. B. Onkel, Tante, Nichte, Neffe, Bruder, Schwester) nicht mit der eines Pflegevaters oder einer Pflegemutter verwischt werden, sondern ihr Recht behalten. Anders formuliert: In der Verwandtenpflege kann, wie in allen anderen Formen von Pflegefamilien auch, die Position der leiblichen Eltern nicht ersetzt werden. Die Verwandtenpflege hat jedoch den Vorteil, dass es hier bereits sozial definierte Positionen des Verwandtschaftssystems gibt, die problemlos gelebt werden können.[31] Komplexere Formen der *Als-ob*-Beziehungen fallen hier daher weg.

DIE FACHLICH INFORMIERTE PFLEGEFAMILIE IST ohne Einschränkungen wirksam.

Die GEGENÜBER DER HERKUNFTSFAMILIE UND ZUM UMGEBENDEN SOZIALEN MILIEU HIN ABGEGRENZTE FAMILIE kann zwar einen angemessenen affektiven Rahmen für den Sozialisationsverlauf des Pflegekindes bieten, v. a., wenn die leiblichen Eltern z. B. aufgrund eines Gefängnisaufenthaltes ausfallen. Jedoch sind Probleme bei der Ablösung aus dieser Form der Pflegefamilie zu erwarten.

---

[31] Bei Jack Nicholson, dem Schauspieler, war es anders. Erst im Erwachsenenalter erfuhr er, dass seine mutmaßliche Schwester seine Mutter, seine mutmaßlichen Eltern seine Großeltern sind (seine Mutter war siebzehn Jahre alt, als sie ihn zur Welt brachte). Man interpretiere vor diesem Hintergrund die Rollen, in denen Nicholson besonders glänzt. Oder so formuliert: Aus seiner lebensgeschichtlichen Thematik hat Nicholson ein Kunstwerk gemacht.

Aufgrund dieser Ergebnisse schlagen wir vor, die Pflegefamilie als eine FAMILIE EIGENER ART zu verstehen: als eine soziale Einheit, deren zentrale Leistung darin besteht, dem Pflegekind Alternativerfahren zu ermöglichen, indem die Pflegeeltern in ihrer Sozialisationspraxis einen gegenüber dem Herkunftsmilieu anderen Zugang zu und Umgang mit Familiengrenzen, triadischen Strukturen und affektiver Rahmung vermitteln. Pflegeeltern sind im Zusammenleben mit Pflegekindern gezwungen, sich in diesen Sozialisationsbereichen zu bewähren, bzw. sie haben die Möglichkeit, entsprechende Vorerfahrungen der Pflegekinder in diesem sozialisatorischen Dreieck (Grenze, Triade, affektive Rahmung) auszudifferenzieren und damit eine gegenüber dem Herkunftsmilieu nicht bessere, sondern andere Sozialisationspraxis zu etablieren:

» Grenzerfahrungen beziehen sich auf die Schnittstelle zwischen dem pflegefamilialen Binnenraum und dem unmittelbaren sozialen Umfeld der Pflegefamilie einschließlich des Umgangs mit dem Herkunftsmilieu der Pflegekinder. Unsere Ergebnisse zeigen, dass in allen untersuchten Pflegeverhältnissen diese Themen als Folie von Identitätsbildungsprozessen von Bedeutung sind. Z. B.: die doppelte Elternschaft bei der Organisation des Verhältnisses zwischen Herkunfts- und Pflegeeltern; der Übergang von der Herkunftsfamilie in die Pflegefamilie und von der Pflegefamilie zurück in die Herkunftsfamilie oder in ein selbstständiges Leben sowie Zugehörigkeits- und Loyalitätskonflikte beim Pflegekind im Zuge des Aufwachsens in einer gegenüber dem Herkunftsmilieu abgegrenzten Pflegefamilie.
» Von zentraler sozialisatorischer Bedeutung ist das Erleben von Ein- und Ausschlussprozessen in der Triade und das Erleben der Arbeitsteilung innerhalb der Paarbeziehung der Pflegeeltern. In den von uns untersuchten Fällen wirkte die Kombination von strukturgebendem Vater und emotional abfedernder Mutter, aber auch die Umkehrung dieser Beziehung sich günstig auf die Entwicklung der Pflegekinder aus.
» Die langfristig sichere affektive Rahmung des Pflegeverhältnisses im Verhältnis der Pflegeeltern gegenüber zentralen Bezugspersonen des Herkunftskontextes des Pflegekindes bildet die dritte Säule, die für den Identitätsbildungsprozess der Pflegekinder von Bedeutung ist.

Dieses Modell von Sozialisationsprozessen in der Pflegefamilie weist die Pflegefamilie als Ort der Nutzung bestehender und der Entwicklung von neuen Resilienzpotenzialen aus. Resilienz meint im Kontext von Pflegeverhältnissen primär die Förderung jener Prozesse, die bewirken, dass Pflegekinder das Angebot einer Unterbringung in einer Pflegefamilie annehmen können, ohne die doppelte Elternschaft als faktische lebensgeschichtliche Grundlage ihrer Identität verleugnen zu müssen.

Pflegekinder bringen durchweg Resilienz mit, wenn sie in eine Pflegefamilie eintreten. Es ist die Aufgabe von Pflegeeltern, diese Resilienzpotenziale zu erkunden und an ihnen anzuschließen.

Solche Resilienzpotenziale können leicht mit ihrem Gegenteil, der Beschädigung, verwechselt werden. Christoph Wilhelm und Lukas Lohe beispielsweise konnten dadurch schwierige Situationen in ihren Herkunftsfamilien bewältigen, dass sie sich früh zurückzogen und die Haltung einer distanzierten Beobachtung entwickelten. Wer den Kontext dieses Musters nicht kennt, kann leicht zu dem Fehlschluss kommen, es handle sich hier um dissoziales Verhalten. Wir haben gezeigt, dass fachlich informierte Pflegefamilien und/oder solche Pflegefamilien, die selbst Erfahrungen mit der Bewältigung sozialer Desintegration gemacht haben, dazu disponiert sind, solche Fehlschlüsse zu vermeiden. Vor allem die radikale Ersatzfamilie steht in der Gefahr, auf solche Fehlschlüsse hereinzufallen.

Das Konzept der PFLEGEFAMILIE ALS FAMILIE EIGENER ART sensibilisiert aber nicht nur hinsichtlich der empirischen Vielfalt von pflegefamilialen Formen, Leistungen und den in der Diskussion gängigen Konzepten der Ersatz- oder Ergänzungsfamilie, sondern ermöglicht auch ein differenziertes Verständnis vielfältiger sozialisatorischer Prozesse, die ohne Rekurs auf Strukturunterschiede nicht hinlänglich nachvollziehbar wären. So lassen sich z. B. die häufig beklagten vorzeitigen Beendigungen von Pflegeverhältnissen u. a. auch darauf zurückführen, dass die Konflikttoleranz und Belastungsgrenze von Pflegefamilien im alltäglichen Zusammenleben mit den Pflegekindern nicht auf die »unbedingte Solidarität« und die »Perspektive des gemeinsamen Lebensweges« als Beziehungsgrundlage verwiesen sind. Anders als in Pflegefamilien dauert es in Herkunftsfamilien in der Regel länger, bis das Kind seine Bindung an die Familie verliert bzw. bis die Beziehungsgrundlage so weit eingeschränkt ist, dass zumindest eine vorübergehende Fremdunterbringung notwendig erscheint. Weiterhin bestätigt unsere Studie Ergebnisse aus der Adoptionsforschung sowie therapeutische Erfahrungen im Pflegekinderbereich, denen zufolge eine reflexive Auseinandersetzung mit der eigenen biografischen Herkunft bei Pflege- und Adoptivkindern und das Wissen über die eigene Biografie von erheblicher Bedeutung für den Prozess der Ablösung und der Autonomiebildung ist. Die Fragen nach den biografischen »Wurzeln« und intergenerationellen Verflechtungen stellen in der Lebenspraxis von Pflegekindern ein relevantes Thema dar, das auch noch im Erwachsenenalter wichtig sein kann.

Pflegekinder gehen unterschiedlich mit sozialen Anforderungen und Entwicklungsaufgaben im Laufe ihrer Sozialisation unter den Bedingungen doppelter Elternschaft um. Neben individuellen Handlungsdispositionen der Pflegekinder wie der Bereitschaft, sich auf alternative Sozialisationsangebote einzulassen und Bezugspersonen für sich zu interessieren, tragen die Pflegeeltern und die umgebenden sozialen Milieus zur Förderung bei. Eine optimale Nutzung von Ressourcen und damit eine Steigerung von Resilienzpotenzialen gelingt Pflegeeltern vor allem,

» wenn sie reflektiert und flexibel mit Familiengrenzen, triadischen Beziehungsstrukturen und affektiven Bindungen in der Pflegefamilie umgehen;
» das Zusammenleben mit dem Pflegekind so gestalten, als ob familiäre Strukturen auch für diese faktische Familie gelten würde;
» wenn sie mit dem Herkunftsmilieu kooperieren und damit Pflegekindern mögliche Ressourcen erschließen;
» wenn sie das Milieu als Erfahrungsraum für den Identitätsbildungsprozess ihres Pflegekindes nutzen.

Ein weiteres Ergebnis unserer Studie betrifft das Verständnis vom »Scheitern« von Pflegeverhältnissen. In der sozialpädagogischen Literatur und Praxis hat sich ein reduktionistisches Verständnis bzw. ein formaler Umgang mit Scheitern etabliert. Hier spricht man von Scheitern, wenn ein Pflegeverhältnis früher als im Hilfeplan vorgesehen beendet wird. In dieser formalen Bestimmung des Scheiterns liegt ein Widerspruch zur strukturellen Ausgangslage von Pflegeverhältnissen, die immer zeitlich befristet sind. Deshalb ist es notwendig, eine andere, grundlagentheoretisch fundierte Definition des Scheiterns vorzunehmen: Ob eine Situation als Scheitern zu betrachten ist, ist eine Frage der Perspektive. Scheitern kann auch heißen, eine als ungeeignet erkannte Situation rechtzeitig zu beenden und andernorts einen neuen Versuch zu wagen. Dazu kommt, dass in der Bewältigung von Lebenspraxis allgemein das temporäre Scheitern die Regel ist: Erst die Krise und damit das potentielle Scheitern ermöglicht neue Orientierungen und Handlungsoptionen.

Scheitern als begriffliches Konstrukt verweist demnach auf soziale Zusammenhänge, deren Wirkungsmechanismen und Entwicklungsdynamik nur bezogen auf konkrete Sachverhalte und ihre Kontexte und somit vor allem fallrekonstruktiv näher bestimmt werden können. Unter Scheitern von Pflegeverhältnissen verstehen wir demzufolge den nicht gelingenden Versuch, den Sozialisationsprozess von Pflegekindern mit Hilfe der Unterbringung in Pflegefamilien so zu rahmen, dass eine für das Kind attraktive Alternative zum Herkunftskontext geschaffen wird. Die geringe Attraktivität des rahmenden Systems zeigt sich im Einzelnen in mindestens zweierlei Hinsicht: auf der Strukturebene und auf der Milieuebene.

Auf der Ebene der Strukturen sozialisatorischer Interaktion zwischen Herkunftsfamilie und Pflegefamilie entsteht Scheitern durch die Nicht-Anerkennung der doppelten Elternschaft als Konstitutionsbedingung von Pflegeverhältnissen und durch die daraus sich ergebenden Folgen für die Beziehungsgestaltung zwischen allen beteiligten Akteuren (insbesondere Herkunftsfamilie und Jugendamt). Exklusive Ansprüche bzw. der Kampf beider Elternsysteme um das Kind führen zu massiven Loyalitäts- und Zugehörigkeitskonflikten beim Kind. Auf der Ebene der Binnenstruktur der Pflegefamilie stellt sich Scheitern dann ein, wenn die Pflegeeltern wenig oder gar keine Impulse für den Identitätsbildungsprozess des Pflegekindes in Interaktionsprozessen geben können. Dann kommt es nicht zu Alternativerfahrungen des Pflegekindes bezogen auf die Interaktionsmuster in seiner Herkunftsfamilie.

Auf der Milieuebene kann die mangelnde Berücksichtigung des Sozialraums der Pflegeeltern zum Misslingen oder Gelingen von Pflegeverhältnissen beitragen. In unseren Studien hat es sich gezeigt, dass fallweise das soziale Milieu, in das eine Pflegefamilie eingebettet ist, erhebliche Ressourcen zur Gestaltung des Aufenthaltes in der Pflegefamilie bereithält. Hier haben wir drei Varianten beobachtet:

» Ein Muster ländlicher Verwandtschaftsbeziehungen führt dazu, dass Gabriele Schubert sich über die engen Grenzen der Pflegefamilie als Kernfamilie hinaus in einem sozialen Milieu bewegen kann, in welches fraglos auch ihre leibliche Mutter zu integrieren ist. Dies hat wesentlich zu einer funktionierenden Kooperation zwischen Pflegefamilie und Herkunftsfamilie beigetragen.

» Das halböffentliche protestantische Pfarrhausmilieu und das Milieu der umgebenden Kirchengemeinde stellt eine zweite Variante von Milieupflege dar.

» Eine dritte Variante der Milieupflege ist die vormoderne Lebensform des »ganzen Hauses«, verkörpert in einem Bauernhof. Interaktionsbeziehungen, wie sie typisch sind für Kernfamilien und die die Tendenz zur Reduktion auf emotionale Beziehungen haben, sind hier eingebettet in den Sachzusammenhang eines Arbeitsmilieus, der bei emotionalen Krisen entlastend wirken kann. Das »ganze Haus« ist allerdings wiederum mehr oder weniger stark nach außen abgegrenzt (»Hofindividualismus«), was fallweise Risiken für die Ablösung der Pflegekinder aus diesen Familien in sich bergen kann.

Das Pflegekinderwesen in Deutschland leidet unter dem Einfluss von ideologischen Positionen, die unversöhnlich einander gegenüberstehen: Die einen betrachten die leibliche Familie als den unbedingten, nicht aufgebbaren Ort des Aufwachsens von Kindern. In dieser Sichtweise ist ausgeschlossen, dass die leibliche Familie auch ein Ort des Grauens und der anhaltenden Gefahr für Leib und Leben des Kindes sein kann.

Während in dieser Sicht die leibliche Familie überhöht wird, wird in einer konkurrierenden Perspektive, die nicht weniger ideologisch ist, die Pflegefamilie überhöht: Nur sie, so lautet das Credo, ist in der Lage, dem Kind jene affektiven Grundlagen zu vermitteln, welcher es zur Entwicklung seiner personalen Autonomie bedarf.

Mit unserer Studie von Biografieverläufen junger Erwachsener, die in einer Pflegefamilie aufgewachsen sind, suchen wir einen Weg zum Verständnis solcher Lebenssituationen jenseits ideologischer Positionen. Wir konzentrieren uns darauf, was in der sozialen Wirklichkeit gegeben ist. Wir befassen uns demgegenüber, so gut es geht, »mit den Sachen selbst« (Edmund Husserl). Dabei zeigt sich, dass Pflegefamilien, unabhängig von ihrem Selbstverständnis und von ihrer Sozialisationspraxis, durchweg einen beachtlichen Beitrag zur Verselbstständigung der ihnen anvertrauten Kinder leisten. Jedoch: Je nach dem, wie geschickt sie in der Regulierung des Verhältnisses von Herkunftsfamilie und Pflegefamilie sind, und in dem Maße, wie sie bereit sind, das Leben ihres Pflegekindes vor dem Eintritt in die Pflegefamilie und dessen nachhaltige Bedeutung auch für die Zukunft des Kindes anzuerkennen, nutzen sie ihre Potenziale unterschiedlich.

Wir tragen in diesem Buch also eine differenzierte Position vor, die jenseits der Ideologie der leiblichen Herkunft einerseits, der Bindungskraft von Pflegefamilien andererseits angesiedelt ist und den Vorzug empirischer Fundierung hat. Die Wirklichkeit von Pflegefamilien, die wir beschreiben, ist nicht schwarz oder weiß, sondern in differenzierten Grautönen gehalten. Ideologen können wir mit derlei Befunden nicht überzeugen, denn Ideologien sind gegenüber der Empirie, welcher Art auch immer, immun.

Literatur

Allert, Tilman, Bieback-Diel, Liselotte, & Oberle, Helmut (1994): *Familie, Milieu und sozialpädagogische Intervention*. Weinheim und München: Juventa.

Allert, Tilman (1997): Zwei zu Drei: soziologische Anmerkungen zur Liebe des Paares, Teil II. *System Familie* Jg. 10 Heft 1, S. 31-43.

Antonovsky, Aaron (1997): *Salutogenese. Zur Entmystifizierung der Gesundheit*. Tübingen: dgvt-Verlag.

Arbeitsgemeinschaft für Erziehungshilfe (AFET) e. V. (Hrsg.) (1999): *Werkstatt: Qualität in der Erziehungshilfe*. Hannover: Eigenverlag (Sonderveröffentlichung).

Axford, Nick, et al. (Hrsg.) (2005): *Forty Years of Research, Policy and Practice in Children's Services. A Festschrift for Roger Bullock*. Chichester (West Sussex): John Wiley corporation.

Beek, Mary, & Schofield, Gillian (2004): *Providing a Secure Base in Long-term Foster Care*. London: British Association for Adoption and Fostering (BAAF).

Berger, Peter, & Kellner, Hansfried (1965) Die Ehe und die Konstruktion der Wirklichkeit. Eine Abhandlung zur Mikrosoziologie des Wissens. *Soziale Welt* Jg. 16, S. 220 – 235.

Bergmann, Jörg R. (2006): *Qualitative Methoden der Medienforschung. Einleitung und Rahmung*. In: Ayaß, Ruth/Bergmann, Jörg (Hrsg.) (2006): *Qualitative Methoden der Medienforschung*. Reinbek bei Hamburg: Rowohlts Enzyklopädie, S. 13-41.

Bertram, Hans (2002): Die multilokale Mehrgenerationenfamilie. Von der neolokalen Gattenfamilie zur multilokalen Mehrgenerationenfamilie. *Berliner Journal für Soziologie* Jg. 12, S. 517 - 529.

Bertram, Hans (2006): Familie und Familienentwicklung im historischen Kontext. Von differenzierungstheoretischen Interpretationen der Familienentwicklung zu sozialhistorischen Mehrebenenmodellen. In: Klein, Michael (Hrsg.) *Themen und Konzepte in der Familiensoziologie der Nachkriegszeit. Familie und Gesellschaft* Band 18. Würzburg: ERGON, S. 49 - 68.

Blandow, Jürgen (1972): *Rollendiskrepanzen in der Pflegefamilie. Analyse einer sozialpädagogischen Institution*. München: Juventa.

Blandow, Jürgen (2004): *Pflegekinder und ihre Familien. Geschichte, Situation und Perspektiven des Pflegekinderwesens*. Weinheim und Basel: Juventa

Blandow, Jürgen, et al. (Hrsg.) (1999): *Spezialisierung und Qualifizierung der Vollzeitpflege durch einen Freien Träger. Unter besonderer Berücksichtigung qualitativer und quantitativer Standards*. Universität Bremen: Unveröffentlichter Abschlussbericht der Wissenschaftlichen Begleitforschung.

Blankenburg, Wolfgang (1997): »Zumuten« und »Zumutbarkeit« als Kategorien der psychiatrischen Praxis. In: Krisor, Matthias, & Pfannkuch, Harald (Hg.) *Gemeindepsychiatrie unter ethischen Aspekten*. Regensburg: Roderer, S. 21-48.

Bohler, Karl Friedrich, & Hildenbrand, Bruno (2003): Fallrekonstruktion in der Klinischen Soziologie: Am Beispiel von Alkoholismus in einem Familienbetrieb. In: Ostermann,

Thomas, & Matthiessen, Peter (Hrsg.) *Einzelfallforschung in der Medizin: Bedeutung, Möglichkeiten, Grenzen*. Frankfurt a. M., S. 85 - 103.

Bohler, Karl Friedrich, & Hildenbrand, Bruno (1997) Familienbiographien Alkoholkranker in der bäuerlichen Landwirtschaft: Zusammenfassung der Forschungsergebnisse. In: Kutsch, Thomas (Hrsg.) *Land- und Agrarsoziologisches Symposium. Bonner Studien zur Wirtschaftssoziologie* Bd. 7. Witterschlick/Bonn: Verlag M. Wehle, S. 121 -140.

Boszormenyi-Nagy, Ivan, & Spark, Geraldine M. (2001): *Unsichtbare Bindungen. Die Dynamik familiärer Systeme*. Stuttgart: Klett-Cotta (7. Auflage).

Böttger, Andreas, & Seus, Lydia (2001): Zwischen Überanpassung und Devianz. Verarmabeitungsformen von Erwerbslosigkeit bei bildungsbenachteiligten Jugendlichen. In: Mansel, Jürgen, Schweins, Wolfgang, & Ulbrich-Herrmann, Matthias (2001): *Zukunftsperspektiven Jugendlicher. Wirtschaftliche und soziale Entwicklungen als Herausforderung und Bedrohung für die Lebensplanung*. Weinheim und München: Juventa, S. 105 - 116.

Bourdieu, Pierre (1997): Widersprüche des Erbes. In: Ders. u. a., *Das Elend der Welt. Zeugnisse und Diagnosen alltäglichen Leidens an der Gesellschaft*. Konstanz: UVK, S. 651 - 658.

Bourdieu, Pierre (1998): *Vom Gebrauch der Wissenschaft – Für eine klinische Soziologie des wissenschaftlichen Feldes*. Konstanz: Universitätsverlag.

Bourdieu, Pierre (2002): *Ein soziologischer Selbstversuch*. Frankfurt a. M.: Suhrkamp.

Bowlby, John (1995): *Elternbindung und Persönlichkeitsentwicklung. Therapeutische Aspekte der Bindungstheorie*. Heidelberg: Dexter-Verlag.

Bronfenbrenner, Urie (1976): *Ökologische Sozialisationsforschung* (hrsgg. von Kurt Lüscher). Stuttgart: Klett-Cotta.

Brücher, Klaus (2005): *Therapeutische Räume. Zur Theorie und Praxis psychotherapeutischer Interaktion*. München: Elsevier.

Buchholz, Michael B. (1993): *Dreiecksgeschichten. Eine klinische Theorie psychoanalytischer Famlientherapie*. Göttingen: Vandenhoeck & Ruprecht.

Cairns, Brian (2004): *Fostering Attachments. Long-term outcomes in family group care*. London: British Association for Adoption and Fostering (BAAF).

Cameron, Theresa (2002): *Foster Care Odyssey. A Black Girl's Story*. Jackson: University Press of Mississippi.

Cicourel, Aaron V. (1995): *The Social Organization of Juvenile Justice*. Edison, N. J. (USA): Transaction Publishers.

Cicourel, Aron V. (1970): *Methode und Messung in der Soziologie*. Frankfurt a. M.: Suhrkamp.

Colla, Herbert (1999): Einleitung zum Handbuch Heimerziehung und Pflegekinderwesen in Europa – Handbook residential and foster care in Europe. In: Colla, Herbert, Gabriel, Thomas, & Milham, Spencer (Hrsg.): *Handbuch Heimerziehung und Pflegekinderwesen in Europa – Handbook residential and foster care in Europe*. Neuwied und Kriftel: Luchterhand, S. 4 - 7.

Conci, Marco (2004): *Sullivan neu entdecken*. Gießen: Psychosozial-Verlag.

Cottier, Michelle (2006): *Subjekt oder Objekt? Die Partizipation von Kindern in Jugend-*

straf- und zivilrechtlichen Kinderschutzverfahren. Eine rechtssoziologische Untersuchung aus der Geschlechterperspektive. Bern: Stämpfli-Verlag.

De la Camp, Cordula (2001): *Zwei Pflegemütter für Bianca. Interviews mit lesbischen und schwulen Pflegeeltern.* Hamburg: Lit.

Deutsche Shell (Hrsg.) (2000): *Jugend 2000. Qualitative Studie und biografische Portraits Bd. 2.* Opladen: Leske & Budrich.

Dilthey, Wilhelm (1974): *Der Aufbau der geschichtlichen Welt in den Geisteswissenschaften.* Frankfurt a. M.: Suhrkamp.

Dührssen, Annemarie (1974; 1958): *Heimkinder und Pflegekinder in ihrer Entwicklung. Eine vergleichende Untersuchung an 150 Kindern in Elternhaus, Heim und Pflegefamilie.* Göttingen: Verlag für Medizinische Psychologie im Verlag Vandenhoeck & Ruprecht.

Eckert-Schirmer, Jutta (1997): *Einbahnstraße Pflegefamilie? Zur (Un)Bedeutung fachlicher Konzepte in der Pflegekinderarbeit.* Konstanz: Arbeitspapier Nr. 23.1. der Sozialwissenschaftlichen Fakultät der Universität Konstanz.

Epstein, William M. (1999): *Children Who Could Have Been. The Legacy Of Child Welfare In Wealthy America.* Madison: University of Wisconsin Press.

Erikson, Erik H. (2002): *Identität und Lebenszyklus.* Frankfurt a. M.: Suhrkamp.

Eschler, Stephan (Hrsg.) 1996): *Jugendhilfe im gesellschaftlichen Umbruch.* Jena: Verlag unverlegt (2. Auflage).

Evangelischer Erziehungshilfeverband e. V. (EREV) (Hrsg.) (2006): *Erziehungsstellen. Grundlagen – Evaluation – Fortbildung.* Hannover: Eigenverlag (Schriftenreihe, Heft 2).

Fairbairn Birtles, Ellinor (2006): Fairbairns richtungsweisende Beiträge. Biografische Anmerkungen zu seinem Leben und Werk. In: Hensel, Bernhard F., Scharff, David E., & Vorspohl, Elisabeth (Hrsg.) (2006): *W.R.D. Fairbairns Bedeutung für die moderne Objektbeziehungstheorie. Theoretische und klinische Weiterentwicklungen.* Gießen: Psychosozial-Verlag.: S. 37 - 57.

Faltermeier, Josef (2001): *Verwirkte Elternschaft? Fremdunterbringung, Herkunftseltern, Neue Handlungsansätze.* Münster: Votum.

Faltermeier, Josef, Glinka, Hans-Jürgen, & Schefold, Werner (Hrsg.) (2003): *Herkunftsfamilien. Empirische Befunde und praktische Anregungen rund um die Fremdunterbringung von Kindern.* Frankfurt a. M: Eigenverlag des Deutschen Vereins für öffentliche und private Fürsorge.

Fanshel, David/Finch, Stephen J./Grundy, John F. (Hrsg.) (1990): *Foster Children in a Life Course Perspective.* New York: Columbia University Press.

Feagin, Joe R., Orum, Anthony M., & Sjoberg, G. (Hrsg.) (1991): *A Case for the Case Study.* Chapel Hill and London.

Festinger, Trudy (1983): *No one ever asked us ... A Postscript to Foster Care.* New York: Columbia University Press.

Fivaz, Elisabeth, Fivaz, Roland, & Kaufmann, Luc (1982): Encadrement du développement. Le point de vue systémique. Fonctions pédagogiques, parentales, thérapeutiques. *Cahiers Critiques de Thérapie Familiale et de Pratiques de Réseau* Vol. 4-5, p. 63 - 74.

Fivaz-Depeursinge, Elisabeth; Corboz-Warnery, Antoinette (2001): *Das primäre Dreieck. Vater, Mutter und Kind aus entwicklungstheoretisch-systemischer Sicht*. Heidelberg: Auer.

Frommknecht-Hitzler, Marlies (1994): *Idealisierung, Idealbildung und Selbstgefühl. Eine Auseinandersetzung mit den Narzißtheorien Freuds und Kohuts*. Würzburg: Königshausen & Neumann.

Funcke, Dorett (2007): *Der abwesende Vater – Wege aus der Vaterlosigkeit. Der Fall Thomas Bernhard*. Münster: LIT.

Gabriel, Thomas (2001): *Forschung zur Heimerziehung. Eine vergleichende Bilanzierung in Großbritannien und Deutschland*. Weinheim und München: Juventa.

Gassmann, Yvonne Rahel (2000): *Zwischen zusammen wachsen und auseinandergehen: eine Studie zur Wahrnehmung und zum Erleben von Pflegebeziehungen durch Pflegeeltern*. Bottenwil (CH): Lysingur.

Gehres, Walter (1997): *Das zweite Zuhause. Institutionelle Einflüsse, Lebensgeschichte und Persönlichkeitsentwicklung von dreißig ehemaligen Heimkindern*. Opladen: Leske & Budrich.

Gehres, Walter (2003): Literaturbericht - Komplexität als Qualitätsmerkmal. Neuere Studien zur Sozialisation in Heim und Pflegefamilie. *Sozialwissenschaftliche Literaturrundschau* Jg. 46 Heft 1, S. 5 - 19.

Gehres, Walter (2005): Jenseits von Ersatz und Ergänzung. Die Pflegefamilie als eine andere Familie. *Zeitschrift für Sozialpädagogik* Jg. 3, S. 246 - 271.

Gehres, Walter (2007a): »Scheitern« von Pflegeverhältnissen – Ein Klärungsversuch zur Sozialisation in Pflegefamilien. *Zeitschrift für Soziologie der Erziehung und Sozialisation* Jg. 27, S. 73 - 87.

Gehres, Walter (2007b): Sozialisation, biografische Entwicklungen und das Jugendhilfesystem. Ein Bericht über Forschungen zur öffentlichen Sozialisation. *Sozialwissenschaftliche Literaturrundschau* Jg. 30, S. 59 - 74.

Geißler, Rainer (1996): *Die Sozialstruktur Deutschlands*. Bonn: Bundeszentrale für politische Bildung (2. Auflage).

Gerhardt, U. (1991): Typenbildung. In: Flick, Uwe, et al. (Hrsg.) *Handbuch qualitative Sozialforschung*. München: Psychologie Verlags Union, S. 435 - 439.

Giegel, Hans-Joachim; Frank, Gerhard; Billerbeck, Ulrich (1987) Industriearbeit und Selbstbehauptung. Opladen: Leske & Budrich.

Glaser, Barney G., & Strauss, Anselm L. (1973; 1998): *Grounded Theory: Strategien qualitativer Sozialforschung*. Bern u. a.: Huber.

Glaser, Barney G./Strauss, Anselm L. (1967): *The Discovery of Grounded Theory. Strategies für Qualitative Research*. Chicago: Aldine.

Goffman, Erving (1973): *Asyle. Über die soziale Situation psychiatrischer Patienten und anderer Insassen*. Frankfurt a. M.: Suhrkamp.

Goffman, Erving (1986): *Interaktionsrituale. Über Verhalten in direkter Kommunikation*. Frankfurt a. M.: Suhrkamp.

Graf, Erich Otto (Hrsg.) (1993): *Heimerziehung unter der Lupe. Beiträge zur Wirkungsanalyse*. Luzern: Edition SZH (Schweizerische Zentralstelle für Heilpädagogik).

Grathoff, Richard (1989): *Milieu und Lebenswelt*. Frankfurt a. M.: Suhrkamp.

Greiffenhagen, Martin (Hrsg.) (1984): *Das evangelische Pfarrhaus. Eine Kultur- und Sozialgeschichte*. Stuttgart: Kreuz.

Gröschner, Rolf (2000): Soziale Elternschaft unter dem Schutz des Grundgesetzes (Art. 6 GG). Beitrag zur Tagung Stieffamilien – Pflegemütter – Tagesmütter in der Evang. Akademie Bad Boll, 28. -31. 1. 2000. In: Evangelischer Pressedienst (Hrsg.): *Epd-Dokumentation: Stieffamilien, Pflegefamilien, Tagesmütter. Die »soziale Familie« und die »soziale Elternschaft« – soziologisch, psychologisch, ethisch und juristisch. Experten bei einer Tagung in der Ev. Akademie Bad Boll*. Teil 2. Frankfurt a.M.: Eigenverlag, S. 50-58.

Güthoff, Friedhelm; Jordan, Erwin (1997): *Gründe und Folgen der Beendigung von Pflegeverhältnissen*. Mit Beiträgen von Thomas Lakies. Münster, Votum.

Halbwachs, Maurice (1966): *Das Gedächtnis*. Berlin und Neuwied: Luchterhand.

Haley, Jay (1981): *Ablöseprobleme Jugendlicher. Familientherapie – Beispiele – Lösungen*. München: J. Pfeiffer.

Happel, Frieka (2003): *Der Einfluss des Vaters auf die Tochter: zur Psychoanalyse weiblicher Identitätsbildung*. Eschborn: Klotz.

Heitkamp, Hermann (1987): *Heimerziehung und Pflegefamilien. Konkurrenz innerhalb der Jugendhilfe? Entwicklungsgeschichte, Strukturbedingungen, gesellschaftliche und sozialpolitische Implikationen*. Wolfegg/Allgäu: Dissertation.

Hennon, Charles B., Hildenbrand, Bruno (2005): Above All, Farming Means Family Farming: Context for Introducing the Articles in this Special Issue. *Journal of Comparative Family Studies* Vol. XXXVI, No. 3, pp. 357-366.

Hennon, Charles B., Hildenbrand, Bruno, Schedle, Andrea (im Druck): Stepfamilies and Children. In: *Handbook of Child Behavioral Issues: Evidence Based Approaches*. Tom P. Gulotta, ed.

Hildenbrand, B. (1983): *Alltag und Krankheit - Ethnographie einer Familie*. Stuttgart: Klett-Cotta.

Hildenbrand, Bruno (1991): *Alltag als Therapie*. Bern: Huber.

Hildenbrand, Bruno (1998) Was ist für wen der Fall? Problemlagen bei der Weitergabe von Ergebnissen von Fallstudien an die Untersuchten und mögliche Lösungen. *Psychotherapie und Sozialwissenschaft* Jg. 1 Heft 4, S. 265 – 280.

Hildenbrand, Bruno (2000): Wandel und Kontinuität in sozialisatorischen Interaktionssystemen: Am Beispiel der Abwesenheit des Vaters. In: Bosse, Hans/Kind, Vera (Hrsg.): *Männlichkeitsentwürfe. Wandlungen und Widerstände im Geschlechterverhältnis*. Frankfurt a.M. & New York: Campus: 168-177.

Hildenbrand, Bruno (2002) Der abwesende Vater als strukturelle Herausforderung in der familialen Sozialisation. In: Walter, Heinz (Hrsg.) *Männer als Väter – Sozialwissenschaftliche Theorie und Empirie*. Gießen: Psychosozial-Verlag, S. 743 – 782.

Hildenbrand, B. (2003): Sinnverstehen in der sozialwissenschaftlichen Forschung. Rezensionsaufsatz. *Sozialwissenschaftliche Literatur Rundschau* Jg 47 Heft 2, S. 49 - 59.

Hildenbrand, B. (2004): *Fallrekonstruktive Familienforschung*. Wiesbaden: VS Verlag für Sozialwissenschaften.

Hildenbrand, B. (2005): *Einführung in die Genogrammarbeit*. Heidelberg: Auer (2. Auflage 2007).

Hildenbrand, B. (2006): Resilienz, Krise und Krisenbewältigung. In: Welter-Enderlin, Rosmarie, Hildenbrand, Bruno (Hrsg.) *Resilienz – Gedeihen trotz widriger Umstände*. Heidelberg: Auer, S. 205-229.

Hildenbrand, Bruno (2007): Sozialisation in der Familie und Generationenbeziehungen. *Familiendynamik* Jg. 32 Heft 3, S. 211 - 228.

Hildenbrand, Bruno (2007a): Mediating Structure and Interaction in Grounded Theory. In: Bryant, Antony, & Charmaz, Kathy (eds.) (2007) : *The SAGE Handbook of Grounded Theory*. Los Angeles, London, New Dehli, Singapore: Sage, S. 511-536.

Hildenbrand, Bruno (2007b): Resilienz, Fallverstehen und Folgerungen für die psychiatrische Praxis. In: Krisor, Matthias, Wunderlich, Kerstin (Hrsg.) *Gerade in schwierigen Zeiten: Gemeindepsychiatrie verankern*. Lengerich: Pabst, S. 32-43.

Hildenbrand, Bruno, & Jahn, Walther (1988): »Gemeinsames Erzählen« und Prozesse der Wirklichkeitskonstruktion im familiengeschichtlichen Gespräch. *Zeitschrift für Soziologie* Jg. 17, S. 203 – 217.

Hildenbrand, Bruno, & Peter, Claudia (2002): Famliengeschichtliche Gespräche zur Rekonstruktion der Entwicklungsdynamik von Krankheiten. In: Schaeffer, Doris, & Müller-Mundt, Gabriele (Hrsg.) *Qualitative Gesundheits- und Pflegeforschung*. Bern u. a.: Huber, S. 247 – 268.

Hoffman, Lynn, & Eckert, Brigitte (2002): *Grundlagen der Familientherapie*. Salzhausen: Iskopress.

Holmes, Jeremy (2006): *John Bowlby und die Bindungstheorie*. München: Ernst Reinhardt (2. Auflage).

Hopf, Christel (2005): *Frühe Bindungen und Sozialisation. Eine Einführung*. Weinheim und München: Juventa.

Hülst, Dirk (1999): George Herbert Mead – Behavioristische Theorie des Symbols. In: ders.: *Symbol und soziologische Symboltheorie. Untersuchungen zum Symbolbegriff in Geschichte, Sprachphilosophie, Psychologie und Soziologie*. Opladen: Leske+Budrich, S. 157 - 194.

Ilien, Albert, & Jeggle, Utz (1981) Die Gegenwart der Vergangenheit. Sozialisation in einer Arbeiterwohngemeinde. In: Walter, Heinz (Hrsg.) *Region und Sozialisation* Bd. II. Stuttgart-Bad Cannstatt: Frommann Holzboog, S. 1 - 60.

Imber-Black, Evan (2000): *Die Macht des Schweigens. Geheimnisse in der Familie*. München: dtv.

Jackson, Sonia (1995): Better outcomes from residential and foster care: the ›Looking After Children‹ programme. In: Colton, Matthew, et al. (Hrsg.) *The Art and Science of Child Care. Research, policy and practice in the European Union*. Aldershot: Arena, S. 33 - 51.

Joas, Hans (2000): Die Entstehung des Konzepts symbolvermittelter Interaktion. In: ders. et al.: *Praktische Intersubjektivität. Die Entwicklung des Werkes von G. H. Mead*. Frankfurt a. M.: Suhrkamp, S. 91 - 119.

Junge, Matthias, & Lechner, Götz (Hrsg.) (2004): *Scheitern. Aspekte eines sozialen Phäno-

mens. Wiesbaden: VS Verlag für Sozialwissenschaften.

Junker, Reinhold, Leber, Aloys, & Leitner / Ute (unter Mitarbeit von Liselotte Bieback) (Hrsg.) (1978): *Pflegekinder in der Bundesrepublik Deutschland. Ein Forschungsbericht*. Frankfurt a. M.: Eigenverlag des Deutschen Vereins für öffentliche und private Fürsorge.

Kardorff, Ernst von (2007) Zur Veränderung der Experten-Laien-Beziehung im Gesundheitswesen und der Rehabilitation. In: Ahrbeck, Bernd, & v. Kardorff, Ernst (Hg.) *Die fragile Dynamik der Seele im gesellschaftlichen Wandel. Festschrift für Helfried Teichmann*. Aachen: Shaker-Verlag.

Keddi, Barbara, Pfeil, Patricia, & Strehmel, Petra (1999): *Lebensthemen junger Frauen – die andere Vielfalt weiblicher Lebensentwürfe. Eine Längsschnittstudie in Bayern und Sachsen*. Opladen: Leske & Budrich.

Kegan, Robert (1986): *Die Entwicklungsstufen des Selbst. Fortschritte und Krisen im menschlichen Leben*. München: Kindt-Verlag.

Kessl, Fabian (2002): Ökonomisierung. In: Schröer, Wolfgang, Struck, Norbert, & Wolff, Mechthild (Hrsg.): *Handbuch Kinder- und Jugendhilfe*. Weinheim und München: Juventa, S. 1113 - 1128.

Kindler, Heinz (2007): *Foster Care in Germany: Policy & Structure*. Ausarbeitung zum Vortrag auf der 1st International Network Conference on Foster Care Research an der Universität Siegen. Unveröffentlicht.

Klosinski, Gunther (1985): Die Telemachie – Die Suche des Sohnes nach dem Vater. *Prax. Psychother. Psychosom* 30, S. 169-179.

Kohli, Martin (1988): Normalbiographie und Individualität. Zur institutionellen Dynamik des gegenwärtigen Lebenslaufregimes. In: Brose, Hanns Georg, & Hildenbrand, Bruno (Hrsg.): *Vom Ende des Individuums zur Individualität ohne Ende*. Opladen: Leske & Budrich, S. 33 - 54.

Kötter, Sabine (1994): *Besuchskontakte in Pflegefamilien. Das Beziehungsdreieck »Pflegeeltern - Pflegekind - Herkunftseltern«*. Regensburg: Roderer Verlag (Theorie und Forschung, Bd. 298, und Psychologie, Bd. 105).

Krähenbühl, Verena, et al. (2001): *Stieffamilien – Struktur, Entwicklung, Therapie*. Freiburg: Lambertus.

Kraimer, Klaus (Hrsg.) (2000): *Die Fallrekonstruktion*. Frankfurt a. M.: Suhrkamp.

Krappmann, Lothar (1997): Die Identitätsproblematik nach Erikson aus einer interaktionistischen Sicht. In: Keupp, Heiner, & Höfer, Renate (Hrsg.): *Identitätsarbeit heute. Klassische und aktuelle Perspektiven der Identitätsforschung*. Frankfurt a. M.: Suhrkamp, S. 66 - 92.

Krappmann, Lothar (2000): *Soziologische Dimensionen der Identität. Strukturelle Bedingungen für die Teilnahme an Interaktionsprozessen*. Stuttgart: Klett-Cotta.

Krappmann, Lothar (2001): Bindungsforschung und Kinder- und Jugendhilfe: Was haben sie einander zu bieten? *Neue Praxis* Jg. 31, Heft 4, S. 338 - 346.

Kumer, Annemarie, Friedlmayer, Stefanie, & Braun, Eveline (Hrsg.) (1988): *Zwischen Aufbruch und Neubeginn. Eine Studie zur Demographie, Familiendynamik und Eingewöhnung von Pflegekindern. Mit einem Beitrag von Werner Leixnering*. Wien: Franz Deuticke Verlag.

Kwapil, Hans (1987): *Erfahrungen mit einer sozialpädagogischen Institution – Ergebnisse einer Studie über Selbstinterpretation und Selbstdarstellung heilpädagogischer Pflegepersonen.* Universität Tübingen: Dissertation.

Lacan, Jacques (1973) Das Spiegelstadium als Bildner der Ichfunktion. In: ders., *Schriften I.* Freiburg im Beisgau, Olten: Walter, S. 61-70.

Lallemand, Suzanne (1998) Sozialanthropologie und Fortsetzungsfamilien. In: Meulders-Klein, Marie-Thérèse, & Théry, Irène (Hrsg.): *Fortsetzungsfamilien – Neue familiale Lebensformen in pluridisziplinärer Betrachtung.* Konstanz: Universitätsverlag, S. 59-80.

Landschaftsverband Westfalen-Lippe – Landesjugendamt (Hrsg.) (2005): *Evaluation zur Qualität der Hilfen zur Erziehung in Westfälischen Pflegefamilien. Ein Studienprojekt zur Qualität des Systems der Westfälischen Pflegefamilien in Kooperation zwischen der Fachhochschule Dortmund, der Fachhochschule Münster und dem Landesjugendamt Westfalen-Lippe.* Münster: Eigenverlag.

Lang, Hans (1986): *Die Sprache und das Unbewusste. Jacues Lacans Grundlegung der Psychoanalyse.* Frankfurt a. M.: Suhrkamp.

Laslett, Peter, & Wall, Richard (1972): *Household and Family in Past Times.* London: Cambridge University Press.

Lehmann, Albrecht (1991): *Im Fremden ungewollt zuhaus – Flüchtlinge und Vertriebene in Westdeutschland 1945 – 1990.* München: Verlag C. H. Beck.

Lenz, K. (2003): Familie – Abschied von einem Begriff. *Erwägen, Wissen, Ethik* Jg. 14 Heft 3, S. 485 - 498.

Lévi-Strauss, Claude (1984): *Die elementaren Strukturen der Verwandtschaft.* Frankfurt a. M.: Suhrkamp.

Lévi-Strauss, Claude (1990): *Mythologica IV (Der nackte Mensch).* Frankfurt a. M.: Suhrkamp.

Levold, Tom (1998): Affektive Kommunikation und systemische Therapie. In: Welter-Enderlin, Rosemarie, & Hildenbrand, Bruno (Hrsg.) (1998): *Gefühle und Systeme. Die emotionale Rahmung beraterischer und therapeutischer Prozesse.* Heidelberg: Auer, S. 18 - 51.

Mahler, Margaret S. (1992): *Studien über die drei ersten Lebensjahre.* Frankfurt a. M.: Fischer.

Maines, David R. (Hrsg.)(2001): *The Faultline of Consciousness. A View of Interactionism in Sociology.* New York: Aldine de Gruyter.

Mannheim, Karl (1928) Das Problem der Generationen. *Kölner Vierteljahreshefte für Soziologie* Jg. 7, S. 157-185, 309-330.

Mannheim, Karl (1964): *Wissenssoziologie. Auswahl aus dem Werk.* Eingeleitet und herausgegeben von Kurt H. Wolff. Berlin und Neuwied: Luchterhand.

Marmann, Alfred (2005): *Kleine Pädagogen. Eine Untersuchung über ›Leibliche Kinder‹ in familiären Settings öffentlicher Ersatzerziehung.* Frankfurt a. M.: IGFH-Eigenverlag.

Matthiessen, Peter (2003) Der diagnostisch-therapeutische Prozeß als Problem der Einzelfallforschung. In: Ostermann, ,Thomas, und Matthiessen, Peter (Hrsg.) *Einzelfallforschung in der Medizin: Bedeutung, Möglichkeiten, Grenzen.* Frankfurt a. M., S. 31-59.

Maywald, Jörg, & Widemann, Peter (Hrsg.) (1997): *Die Vollzeitpflege in Deutschland*. Deutsche Fassung ihres Beitrages auf der 10. Internationalen IFCO-Konferenz »Fostering A Caring Circle« vom 21. bis 25. 7. 1997 in Vancouver.

McDonald, Thomas P., et al. (1996): *Assessing the Long-Term Effects of Foster Care. A Re search Synthesis*. Washington DC: CWLA Press.

Mead, George Herbert (1969): *Philosophie der Sozialität*. Frankfurt a. M.: Suhrkamp.

Mead, George Herbert (2005): *Geist, Identität und Gesellschaft aus der Sicht des Sozialbehaviorismus*. Frankfurt a. M.: Suhrkamp.

Millham, Spencer, et al. (Hrsg.) (1986): *Lost in Care: the Problem of Maintaining Links between Children in Care and their Families*. Aldershot: Grower.

Minuchin, Patricia, Colapinto, Jorge, & Minuchin, Salvador (2000): *Verstrickt im sozialen Netz. Neue Lösungswege für Multiproblem-Familien*. Heidelberg: Auer.

Mitterauer, Michael (1990): *Historisch-anthropologische Familienforschung. Fragestellungen und Zugangsweisen*. Wien, Köln: Böhlau.

Mitterauer, Michael (2003): *Warum Europa? Mittelalterliche Grundlagen eines Sonderwegs*. München: Beck.

Morgenroth, Olaf, & Schaller, Johannes (2004): Zwischen Akzeptanz und Abwehr: Psychologische Ansichten zum Scheitern. In: Junge, Matthias, & Lechner, Götz (Hrsg.) *Scheitern. Aspekte eines sozialen Phänomens*. Wiesbaden: VS Verlag für Sozialwissenschaften, S. 181-198.

Müller-Kohlenberg, Hildegard (1996): *Laienkompetenz im psychosozialen Bereich. Beratung – Erziehung – Therapie*. Opladen: Leske & Budrich.

Müller-Schlottmann, Richard (1998): *Integration vernachlässigter und mißhandelter Kinder. Eine Handreichung für Jugendämter, Beratungsstellen und Pflegeeltern*. Diss. Regensburg, Roderer Verlag.

Nagel, Ulrike (1997): *Engagierte Rollendistanz*. Opladen: Leske & Budrich.

Nave-Herz, Rosemarie (2003). Eine historisch-soziologische Analyse zum Begriff Kindeswohl. In: Kaufmann, Claudia, & Ziegler, Franz (Hrsg.) *Kindeswohl. Le bien de l'enfant. Eine interdisziplinäre Sicht*. Chur: Ruegger, S. 75-83.

Neil, Elsbeth, & Howe, David (2004): *Contact in adoption and permanent foster care. Research, theory and practice*. London: British Association for Adoption and Fostering (BAAF).

Nienstedt, Monika, & Westermann, Armin (2004): *Pflegekinder. Psychologische Beiträge zur Sozialisation von Kindern in Ersatzfamilien*. Münster: Votum.

Nölke, Eberhard (1994): *Lebensgeschichte und Marginalisierung. Hermeneutische Fallrekonstruktionen gescheiterter Sozialisationsverläufe von Jugendlichen*. Wiesbaden: Deutscher Universitätsverlag.

Oevermann, Ulrich (1991): Genetischer Strukturalismus und das sozialwissenschaftliche Problem der Erklärung der Entstehung des Neuen. In: Müller-Doohm, Stefan (Hrsg.), *Jenseits der Utopie*. Frankfurt a. M.: Suhrkamp, S. 267-336.

Oevermann, Ulrich (1990): *Klinische Soziologie. Konzeptualisierung, Begründung, Berufspraxis und Ausbildung*. Unveröffentlichtes Manuskript, Frankfurt a. M.

Oevermann, Ulrich (1994): *Ein Modell der Struktur von Religiosität. Zugleich ein Struk-*

turmodell von Lebenspraxis und sozialer Zeit. Frankfurt a. M.: Unveröffentlichtes Manuskript.

Oevermann, Ulrich (1997): Theoretische Skizze einer revidierten Theorie professionalisierten Handelns. In: Combe, Arno, & Helsper, Werner (Hrsg.) (1997): *Pädagogische Professionalität. Untersuchungen zum Typus pädagogischen Handelns*. Frankfurt a. M.: Suhrkamp, S. 70-182.

Oevermann, U. (2001) Die Soziologie der Generationenbeziehungen und der historischen Generationen aus strukturalistischer Sicht und ihre Bedeutung für die Schulpädagogik. In: Kramer, Ralf-Torsten, Helsper, Werner, & Busse, Susann (Hrsg.) *Pädagogische Generationsbeziehungen*. Opladen: Leske & Budrich.

Oevermann, Ulrich (2004): Sozialisation als Prozess der Krisenbewältigung. In Geulen, Dieter, & Veith, Hermann (Hrsg.) (2004): *Sozialisationstheorie interdisziplinär. Aktuelle Perspektiven*. Stuttgart: Lucius & Lucius, S. 155-181.

Pankofer, Sabine (1997): *Freiheit hinter Mauern: Mädchen in geschlossenen Heimen*. Weinheim und München: Juventa.

Parker, Roy/Ward, et al. (Hrsg.) (1991): *Looking After Children: Assessing Outcomes in Child Care. The Report of an Independent Working Party established by the Department of Health*. London: HMSO Publications Centre.

Parsons, Talcott (1968; 1981; 2005): *Sozialstruktur und Persönlichkeit*. Frankfurt a. M.: Fischer (Neuauflage Eschborn: Klotz).

Peisker, Ingrid (1991): *Die strukturbildende Funktion des Vaters: Beitrag zu einem vernachlässigten Thema*. Pfaffenweiler: Centaurus.

Pfadenhauer, Michaela (2003): *Professionalität. Eine wissenssoziologische Rekonstruktion institutionalisierter Kompetenzdarstellungskompetenz*. Opladen: Leske & Budrich.

Plessner, Helmuth (1975): *Die Stufen des Organischen und der Mensch*. Berlin: Walther de Gruyter.

Ragin, Charles C., & Becker, Howard S., eds. (1992) : *What Is a Case? Exploring the Foundations of Social Inquiry*. Cambridge: Cambridge University Press.

Rehberger, Rainer (2006): Libido, die das Objekt sucht, und die Bindungstheorie Bowlbys heute. In: Hensel, Bernhard F., Scharff, David E., & Vorspohl, Elisabeth (Hrsg.): *W.R.D. Fairbairns Bedeutung für die moderne Objektbeziehungstheorie. Theoretische und klinische Weiterentwicklungen*. Gießen: Psychosozial-Verlag, S. 125 - 140.

Rickert, Heinrich (1899/1986): *Kulturwissenschaft und Naturwissenschaft*. Stuttgart: Reclam.

Riemann, Gerhard (1987): *Das Fremdwerden der eigenen Biographie – Narrative Interviews mit psychiatrischen Patienten*. München: Fink.

Rosa, Hartmut (2005): *Beschleunigung. Die Veränderung der Zeitstrukturen in der Moderne*. Frankfurt a. M.: Suhrkamp.

Rosenbaum, Heidi (1996): *Formen der Familie. Untersuchungen zum Zusammenhang von Familienverhältnissen, Sozialstruktur und sozialem Wandel in der deutschen Gesellschaft des 19. Jahrhunderts*. Frankfurt a. M.: Suhrkamp.

Rowe, Jane, et al. (Hrsg.) (1984): *Long-Term Foster Care*. London: Batsford Academic and Educational.

Schapp, Wilhelm (1976): *In Geschichten verstrickt – Zum Sein von Mensch und Ding*. Wiesbaden: B. Heymann.

Scharff, David E. (2006): Die Entwicklung von Fairbairns Theorie. In: Hensel, Bernhard F., Scharff, David E., & Vorspohl, Elisabeth (Hrsg.): *W.R.D. Fairbairns Bedeutung für die moderne Objektbeziehungstheorie. Theoretische und klinische Weiterentwicklungen*. Gießen: Psychosozial-Verlag, S. 17-36.

Schatzman, Leonard, Strauss, Anselm L. (1973) *Field Research – Strategies for a Natural Sociology*. Englewood Cliffs, N. J.: Prentice Hall.

Schleiffer, Roland (2006): Die Pflegefamilie: eine sichere Basis? Über Bindungsbeziehungen in Pflegefamilien. *Zeitschrift für Sozialpädagogik* Jg. 4 Heft 3, S. 226 - 252.

Schofield, Gillian (2003): *Part of the family. Pathways through foster care*. London: British Association for Adoption and Fostering (BAAF).

Schroer, Markus (2006): *Räume, Orte, Grenzen. Auf dem Weg zu einer Soziologie des Raumes*. Frankfurt a. M.: Suhrkamp.

Schütze, Fritz (1981): Prozessstrukturen des Lebensablaufs. In: Matthes, Joachim (Hrsg.): *Biografie in handlungswissenschaftlicher Perspektive: Kolloquium am SFZ der Universität Erlangen*. Nürnberg: Verlag der Nürnberger Forschungsvereinigung e. V., S. 67 - 156.

Schütze, Fritz (1983) Biographieforschung und narratives Interview. *Neue Praxis* Jg. 13 Heft 2., S. 283 - 293.

Sinclair, Ian (2005): *Fostering Now. Messages from Research*. London and Philadelphia: Jessica Kingsley Publishers.

Sinclair, Ian et al. (2005): *Foster Children. Where They Go and How They Get On*. London & Philadelphia: Jessica Kingsley Publishers.

Soeffner, Hans-Georg (2004): *Auslegung des Alltags – Der Alltag der Auslegung*. Konstanz: Universitätsverlag (2. Auflage).

Sozialpädagogisches Institut im SOS-Kinderdorf e. V. (Hrsg.) (1999): *Qualitätsmanagement in der Jugendhilfe. Erfahrungen und Positionen zur Qualitätsdebatte* (mit Beiträgen von Norbert Struck, Klaus Münstermann und Elfriede Seus-Seberich). München: Eigenverlag.

Steimer, Brigitte (2000): *Suche nach Liebe und Inszenierung von Ablehnung. Adoptiv- und Pflegekinder in einer neuen Familie. Qualitative Auswertung von Erstinterviews*. Freiburg im Breisgau: Lambertus.

Stierlin, Helm (1980): *Eltern und Kinder. Das Drama von Trennung und Versöhnung im Jugendalter*. Frankfurt a. M.: Suhrkamp.

Stiftung zum Wohl des Pflegekindes (2004): *3. Jahrbuch des Pflegekinderwesens*. Idstein.

Strauss, Anselm L. (1969): *Spiegel und Masken. Die Suche nach Identität*. Frankfurt a. M.: Suhrkamp.

Strauss, Anselm L. (1994) *Grundlagen qualitativer Sozialforschung*. München: Fink.

Struck, Norbert (2001): Finanzierung der Erziehungshilfen. In: Birtsch, Vera, Münstermann, Klaus, & Trede, Wolfgang (Hrsg.): *Handbuch Erziehungshilfen. Leitfaden für Ausbildung, Praxis und Forschung*. Münster: Votum, S. 419 - 439.

Sullivan, Harry Stack (1983): *Die interpersonale Theorie der Psychiatrie*. Frankfurt a. M.: Fischer.

Swartz, Teresa Toguchi (2005): *Parenting for the State: An Ethnographic Analysis of Non Profit Foster Care*. New York & London: Routledge.

Swientek, Christine (2001): *Adoptierte auf der Suche … nach ihren Eltern und nach ihrer Identität*. Freiburg im Breigau. Herder spektrum.

Taylor, Claire (2006): *Young People in Care and Criminal Behaviour. Foreword by David Smith*. London & Philadelphia: Jessica Kingsley Publishers.

Textor, Martin R., & Warndorf, Peter Klaus (Hrsg.) (1995): *Familienpflege: Forschung, Vermittlung, Beratung*. Freiburg im Breisgau: Lambertus.

Théry, Irène, & Dhavernas, Marie-Joséphine (1998): Elternschaft an den Grenzen zur Freundschaft: Stellung und Rolle des Stiefelternteils in Fortsetzungsfamilien. In: Meulders-Klein, Marie-Thérèse, & Théry, Irène (Hrsg.): *Fortsetzungsfamilien – Neue familiale Lebensformen in interdisziplinärer Betrachtung*. Konstanz: Universitätsverlag, S.163-204.

Todd, Olivier (1999): *Albert Camus – Ein Leben*. Reinbek bei Hamburg: Rowohlt.

Trede, Wolfgang (2002): Adoption und Vollzeitpflege. In: Schröer, Wolfang, Struck, Norbert, & Wolff, Mechthild (Hrsg.): *Handbuch Kinder- und Jugendhilfe*. Weinheim und München: Juventa, S. 647 - 665.

Vaihinger, Hans (2007; 1911): *Die Philosophie des Als Ob*. Saarbrücken: Verlag Dr. Müller.

Verein zur Förderung des Pflegekinderwesens in Mecklenburg-Vorpommern e.V. (2005): *Bericht über die Tätigkeit des Vereins in den Jahren 1999-2004*. Greifswald: Eigenverlag.

Verein zur Förderung des Pflegekinderwesens in Mecklenburg-Vorpommern (VFP) e. V.: (o. J.): *Kompetenzzentrum »Kinder in fremden Familien«*. Eigenverlag.

Vester, Michael (2001): Von der Integration zur sozialen Destabilisierung. Die Krise des Sozialmodells der Bundesrepublik zu Beginn des 21. Jahrhunderts. In: Mansel, Jürgen, Schweins, Wolfgang, & Ulbrich-Herrmann, Matthias (Hrsg.): *Zukunftsperspektiven Jugendlicher. Wirtschaftliche und soziale Entwicklungen als Herausforderung und Bedrohung für die Lebensplanung*. Weinheim und München: Juventa, S. 19 - 56.

Wagner, Hans-Josef (2004): *Sozialität und Reziprozität. Strukturale Sozialisationstheorie I*. Frankfurt a. M.: Humanities Online.

Walsh, Froma (1998): *Strengthening Family Resilience*. New York & London: The Guilford Press.

Walter, Heinz (Hrsg.) (2002): *Männer als Väter – Sozialwissenschaftliche Theorie und Empirie*. Gießen: Psychosozial-Verlag.

Ward, Harriet / Munro, Emily R., & Dearden, Chris (2006): *Babies and Young Children in Care. Life Pathways, Decision-Making and Practice*. London und Philadelphia: Jessica Kingsley Publishers.

Weber, Marianne (1926/1989) *Max Weber – Ein Lebensbild*. München: dtv.

Weber, Max (1922/1988) *Gesammelte Aufsätze zur Wissenschaftslehre*. Tübingen: Mohr.

Weber-Kellermann, Ingeborg (1990) Dienen lerne beizeiten das Weib … Zum »Geheimdienstmodell« des Frauenlebens im 19. und 20. Jahrhundert. *System Familie* Bd. 3, S. 206 - 226.

Welter-Enderlin, Rosemarie, & Hildenbrand, Bruno (Hrsg.) (1998): *Gefühle und Systeme. Die emotionale Rahmung beraterischer und therapeutischer Prozesse.* Heidelberg: Auer.

Welter-Enderlin, Rosemarie, & Hildenbrand, Bruno (Hrsg.) (2006): *Resilienz – Gedeihen trotz widriger Umstände.* Heidelberg: Auer.

Welter-Enderlin, Rosmarie, Hildenbrand, Bruno (2004) *Systemische Therapie als Begegnung.* Stuttgart: Klett-Cotta (4., erw. Auflage).

Wernet, Andreas (2000): *Einführung in die Interpretationstechnik der Objektiven Hermeneutik.* Opladen: Leske & Budrich.

Westermann, Arnim (o. J.) *Soziologische Dialektik im Ungewissen.* www.agsp.de/html/d170.html.

Wieland, Norbert, et al. (1992): *Ein Zuhause – kein Zuhause. Lebenserfahrungen und -entwürfe heimentlassener junger Erwachsener.* Freiburg im Breisgau: Lambertus.

Wiemann, Irmela (2001): *Wie viel Wahrheit braucht mein Kind?* Reinbek bei Hamburg: Rowohlt.

Wilson, Kate, et al. (2004): *Fostering success. An exploration of the research literature in foster care.* Nottingham University: SCIE (Social Care Insitute for Excellence).

Windelband, Wilhelm (1894): *Geschichte und Naturwissenschaft. Rektoratsrede.* Straßburg: Heitz (3. Aufl.).

Winter, Reinhard (1990): Das Spannungsfeld zwischen Individuum und Familie: Selbstthematisierung in der Familie und familiale Selbstthematisierung. *System Familie* Jg. 3, S. 251–263

Wirth, Louis (1931): Clinical Sociology. *American Journal of Sociology* Jg. 37, S. 49 - 66.

Wohlrab-Sahr, Monika (2002): Prozessstrukturen, Lebenskonstruktionen, biografische Diskurse. Positionen im Feld soziologischer Biografieforschung und mögliche Anschlüsse nach außen. *Bios Jg.* 15, S. 3 - 23.

Wozniak, Danielle F. (2002): *They're all my Children. Foster Mothering in America.* New York: New York University Press.

Zichy, Michael (2006): *Ich im Spiegel. Subjektivität bei Jacques Lacan und Jacques Derrida.* Freiburg im Breisgau: Karl Alber.

Zimmerman, Rosalie B. (1982): Foster Care in Retrospect. *Tulane Studies in Social Welfare* Vol. 14.

Zonabend, Françoise (1980) Namen – wozu? (Die Personennamen in einem französischen Dorf). In: Benoist, Jean Marie (Hrsg.) *Identität – Ein interdisziplinäres Seminar unter Leitung von Claude Lévi-Strauss.* Stuttgart: Klett-Cotta, S. 222 - 249.

Namenregister

Adorno, Theodor W.	119
Allert, Tilman	24f., 129
Aristoteles	29
Axford, Nick	19, 129
Becker, Howard S.	30, 138
Beek, Mary	21, 129
Berger, Peter	31, 129
Bernhard, Thomas	100
Bertram, Hans	54, 90, 129
Billerbeck, Ulrich	36, 132
Blandow, Jürgen	19, 129
Blankenburg, Wolfgang	115, 129
Bohler, Karl Friedrich	29, 47, 81, 89, 129f.
Bourdieu, Pierre	32f., 38, 56, 105, 130
Bronfenbrenner, Urie	105, 130
Brücher, Klaus	118f., 130
Bullock, Roger	19, 129
Camus, Albert	100
Cicourel, Aron V.	33, 130
Colla, Herbert	19, 130
Colton, Matthew	19, 134
Corboz-Warnery, Antoinette	25, 67, 101, 132
Dewe, Bernd	38
Dhavernas, Marie-Joséphine	26, 140
Dilthey, Wilhelm	29, 131
Dührssen, Annemarie	19, 131
Eckert, Brigitte	134
Eckert-Schirmer, Jutta	21, 131
Erikson, Erik H.	51, 68, 83, 131, 135
Eschler, Stephan	85, 131
Faltermeier, Josef	18f., 131
Fanshel, David	19, 131
Feagin, Joe R.	30, 131
Festinger, Trudy	19, 131
Finch, Stephen J.	19, 131
Fivaz-Depeursinge, Elisabeth	25, 67, 101, 119, 131f.
Frank, Gerhard	36, 132
Frisch, Max	33

Frommknecht-Hitzler, Marlies	48, 132
Funcke, Dorett	26, 100, 132
Gassmann, Yvonne-Rahel	19, 132
Geissler, Rainer	55, 132
Gerhardt, Uta	36, 132
Giegel, Hans-Joachim	36, 132
Glaser, Barney	34f., 38, 132
Goffman, Erving	58, 132
Grathoff, Richard	31f., 133
Greiffenhagen, Martin	72, 73, 133
Gröschner, Rolf	16f., 133
Gruen, Arno	32
Grundy, John F.	19, 131
Güthoff, Friedhelm	19, 133
Halbwachs, Maurice	34, 133
Haley, Jay	89, 95, 133
Happel, Frieka	25, 133
Hegel, Georg W. F.	25, 29
Hein, Christoph	64
Heitkamp, Hermann	19, 133
Hennon, Charles B.	26, 47, 133
Hildenbrand, Bruno	15, 20f., 24, 26, 29-33, 36, 38, 47, 78, 84, 101, 107, 115, 118, 120, 129f., 133-136, 140
Hoffmann, Lynn	95, 134
Honneth, Axel	66
Hopf, Christel	20, 134
Howe, David	21, 137
Husserl, Edmund	128
Ilien, Albert	62, 134
Jackson, Sonia	19, 130, 134
Jahn, Walther	31, 134
Jeggle, Utz	62, 134
Joas, Hans	80, 134
Jordan, Erwin	19, 133
Junker, Reinhold	19, 135
Kaufmann, Luc	119, 131
Katzenstein, Henriette	18
Keddi, Barbara	64, 135
Kellner, Hansfried	31, 129
König, René	101
Kötter, Sabine	19, 135
Kraimer, Klaus	30, 135

Krappmann, Lothar	25, 80, 121, 135
Krähenbühl, Verena	26, 101, 107, 135
Kumer, Annemarie	19, 135
Kwapil, Hans	19, 136
Lacan, Jacques	56, 136, 141
Lallemand, Suzanne	53, 61, 136
Laslett, Peter	101, 136
Lehmann, Albrecht	58, 136
Lenz, Karl	32, 136
Lévi-Strauss, Claude	35, 136, 141
Lidz, Theodore	25
Mahler, Margaret S.	25, 136
Mannheim, Karl	32, 136
Marmann, Alfred	19, 136
Matthiessen, Peter	29, 130, 136
Maywald, Jörg	19, 137
McDonald, Thomas P.	19, 137
Mead, George Herbert	25, 80, 134, 137
Millham, Spencer	19, 137
Mitterauer, Michael	17, 101, 137
Müller-Schlottmann, Richard	19, 137
Nagel, Ulrike	36, 137
Neil, Elsbeth	21, 137
Nicholson, Jack	124
Nienstedt, Monika	21, 32, 137
Oevermann, Ulrich	24-26, 32, 34f., 38, 137f.
Orum, Anthony M.	30, 131
Parker, Roy	19, 138
Parsons, Talcott	24, 90, 138
Peisker, Ingrid	25f., 64, 83, 138
Peter, Claudia	33, 134
Plessner, Helmuth	25, 138
Ragin, Charles C.	30, 138
Rehberger, Rainer	20, 138
Rickert, Heinrich	29, 138
Riemann, Gerhard	32, 138
Rosenbaum, Heidi	87, 138
Rowe, Jane	19, 138
Schapp, Wilhelm	34, 139
Schatzman, Leonard	34, 139
Schedle, Andrea	26, 133
Schofield, Gillian	21, 129, 139
Schütze, Fritz	49, 139

Sinclair, Ian	21, 139
Sjoberg, Gideon	30, 131
Soeffner, Hans-Georg	49, 139
Steimer, Brigitte	19, 139
Stierlin, Helm	68, 121, 139
Strauss, Anselm	34f., 38, 49, 132, 139
Swartz, Teresa Toguchi	22f., 140
Taylor, Claire	21, 140
Textor, Martin	19, 140
Théry, Irène	26, 136, 140
Vaihinger, Hans	106f., 140
Vester, Michael	64, 140
Wall, Richard	101, 136
Warbdorf, Peter	19, 139
Ward, Hariet	20, 138, 140
Weber-Kellermann, Ingeborg	70, 140
Weber, Max	29, 36, 79, 140
Welter-Enderlin, Rosmarie	20, 38, 78, 118, 120, 133, 136, 141
Wernet, Andreas	35, 141
Westermann, Armin	21, 28, 32, 137, 141
Widemann, Peter	19, 137
Wilson, Kate	21, 141
Windelband, Wilhelm	29, 141
Winter, Reinhard	31, 141
Wirth, Louis	38, 141
Wohlrab-Sahr, Monika	49, 141
Wozniak, Danielle F.	23, 141
Zimmerman, Rosalie B.	19, 141
Zonabend, Françoise	56, 141

Sachregister

Adoption	13-15, 26
Als Ob	
Als Ob-Familie	106-108, 123
Philosophie des Als Ob	106-108
Bindung	
Erwerb grundlegender Bindung	66f.
Bindungstheorie und Resilienz	20f, 74f.,
Bindungstyp autonomieorientiert	90-92, 98f., 117
Bindungstyp temporär	74f., 81, 117
Bindungstyp vereinnahmend und loyalitätsfördernd	43-45, 56f., 117
Bindungstyp wechselseitig	66-68, 115
Biografie	
Biografische Ausgangslagen	
Elternverlust	64f., 76, 81f.
Früh abwesende Triade	52-54
Früh abwesende Triade durch Verletzen leiblicher Grenzen in Form sexueller Übergriffe	96f.
Frühe Ausgrenzung aus der Triade bei Weiterbestehen familialer Loyalität	82-84
Uneindeutige Triaden	66
Biografische Entwicklung von Pflegekindern	
Verzögerter Ablöseprozess (Wohngemeinschaft mit Kindern der Pflegemutter)	50f.
Integration in erweitertes Verwandtschaftssystem der Pflegefamilie	54-56, 59-62, 62f.
Milieuverankerte Ortlosigkeit	75f.
Eigene Familiengründung	78f.
Familiengründung und bestehende problematische Bindung an die Herkunftsfamilie	92-93f.
Verlängertes psychosoziales Moratorium nach Scheitern der ersten Ehe und Bindung an sozial konstruierte „leibliche" Familie	98, 99f.
Zusammenspiel zwischen fördernden und hindernden Bedingungen bei der Identitätsbildung	82
Co-parenting system	26
Dyade	24f., 103
Eltern	
Elternrecht	16f.

Elternverlust siehe Biografische Ausgangslage	
Elternschaft	106
Doppelte Elternschaft	16f., 41f., 59-62, 106
Fallrekonstruktive Forschung	28-39
Allgemeines und Besonderes	29f.
Geschichten erzählen	34
Beobachtungsprotokolle	34f.
Datenerhebung	33
Einzelfall	30
Erkenntnistheoretische Grundlagen	29f.
Fallbegriff	30, 32
Fallkontrastierung	35
Fallmonografie	31
Fallrekonstruktion: wissenschaftlich und therapeutisch	38
Fallstruktur und Fallstrukturhypothese	30
Fallstrukturreproduktion	31
Fallstrukturtransformation	31
Familiengeschichtliches Gespräch	33f.
Forschungsprozess	36f,
Genogramm	35
Sequenzanalyse	34f.
Theoretical Sampling (Stichprobe)	35f., 104f.
Theoriebildung	31
Typenbildung	36
Familie siehe auch Sozialisation	
Rechtliche Situation	16f.
Sozialisatorische Aufgaben	17
Kernfamilie	101f.
Sozialisatorische Leistungen	123f.
als Generationenzusammenhang	32
als Milieu	31f.
als System sozialisatorischer Interaktion	31
Familie „eigener Art"	125f.
Findelkinder	12, 14f.
Ganzes Haus (Hof) als Modell für eine Pflegefamilie	
Flexible Variante	89f., 98f., 128
Rigide Variante	47, 128
Geschwister	48, 61f., 65-67 und 77f.
Herkunftsfamilie	
Rechtliche Lage	16f.
Ersetzen	106
Ähnliche Sozialbeziehungen und Strukturbedingungen bei Herkunfts- und Pflegefamilien	69-72

Kooperation zwischen Herkunfts- und Pflegefamilie	55f., 60-62, 92
Milieuschwäche	42f., 52-54
Idiografischer Forschungsansatz	29
Kinderrechte	14f.
Kindeswohl	
und Elternrecht	17f.
und familiale Normalitätskonstruktionen	18
und leibliche Zugehörigkeit	17
Laienpflegefamilien	111-113, 118-121
Leibliche Herkunft (und Pflegefamilienzugehörigkeit)	14f., 41f., 56f., 67f. 77f., 93, 98f.
Matching siehe Pflegekind und Pflegeeltern	
Motivation (der Pflegeeltern)	
Reaktivierung vormoderner Familienformen als latente Sinnstruktur	58f.
Wiedergutmachung als latente Sinnstruktur	45-47, 59
Nomothetischer Forschungsansatz	29f.
Pflegefamilie: rechtliche Aspekte	
Rechtslage	16f.
Rückgabeoption	76f.
Pflegefamilie: Konzepte	
Ersatzfamilie: allgemein	21, 114, 128
Ersatzfamilie: radikale Variante	43-45, 111-113, 124
Ersatzfamilie: flexible Variante	55f., 60, 111-113, 124
Ergänzungsfamilie	114, 128
Pflegefamilie als Familie eigener Art	125f.
Fachlich informierte Pflegefamilie	86-88, 114f., 118-121, 124
Milieupflege	72-75, 79-82, 110f., 124, 127f.
Pflegekind und Pflegeeltern	
Ausgangsbedingungen	14f.
Matching durch Erfahrungen mit Krisenbewältigung	45f., 57-59, 71f., 86-88, 108f.
Rahmung, affektive	118-121
Resilienz	93, 103f., 108f.
Scheitern (von Pflegeverhältnissen)	68, 127
Salutogenese	55f., 72-75, 78, 84-86, 98f., 100f., 127f.
Signifikante Andere	21
Zweiten Grades	85, 98
Dritten Grades	85, 98, 100f.
Solidarität, unbedingte (bis auf weiteres)	123f.
Sozialisation	
Sozialisation im Modus des Als Ob siehe Als Ob-Familie	

Strukturmerkmale der leiblich begründeten Familie	24f., 105
Strukturmerkmale der Pflegefamilie	27
Triade	122f.
Stieffamilie	26
Außerfamiliale Sozialisationseinflüsse	121f.
Triade	122f.
Säuglingsforschung	25, 101
Unvollständige Triade	26f., 101, 105f.
Vollständige Triade	24-26, 101, 103, 105
Übergriffe, sexuelle	97
Verlaufskurve	49f.
Verwandtenpflege	66-68, 109f., 124
Zukunftsperspektiven	52, 63, 75f., 78f., 92, 99f.

Über die Autoren

WALTER GEHRES, Jg. 1959, ist zur Zeit als wissenschaftlicher Mitarbeiter und Lehrbeauftragter der Friedrich-Schiller-Universität Jena sowie in der Beratung von Jugendämtern und freien Trägern tätig. Er hat an den Universitäten Frankfurt a. M. und an der FU Berlin Soziologie, Psychologie und Politische Wissenschaften studiert und im Fach Soziologie über Wirkungen von Heimerziehung promoviert. Er war Sozialpädagogischer Einzelfall- und Familienhelfer und Wissenschaftlicher Mitarbeiter in diversen Forschungsprojekten im Bereich der Jugendhilfe, u. a. zwischen 2001 und 2005 in zwei von der Deutschen Forschungsgemeinschaft geförderten Arbeiten über die Sozialisation und Identitätsbildung von Pflegekindern. Zwischen 2004 und 2006 Vertretungsprofessor an der Hochschule Neubrandenburg. Seine laufenden Arbeitsschwerpunkte beziehen sich auf die Entwicklung von bildungsbezogenen Qualitätskriterien und Dokumentationsverfahren für pädagogische Einrichtungen und deren Angebote, Kooperationsformen von Professionellen und Laien in erziehungswissenschaftlichen Tätigkeitsfeldern sowie auf die wissenschaftliche Begleitung der sozialen und beruflichen Integration von Heimkindern beim Übergang in die Selbstständigkeit.

BRUNO HILDENBRAND, Jg. 1948, ist seit 1994 Professor für Sozialisationstheorie und Mikrosoziologie am Institut für Soziologie der Friedrich-Schiller-Universität Jena. Er hat an der Universität Konstanz Soziologie, Politische Wissenschaften und Psychologie studiert und im Fach Soziologie promoviert. Er war wissenschaftlicher Mitarbeiter an der Psychiatrischen Klinik der Philipps-Universität Marburg von 1979 bis 1984, Hochschulassistent an der Johann-Wolfgang-Goethe-Universität Frankfurt am Main von 1984 bis 1989 sowie Fachleiter für Arbeit mit psychisch Kranken und Suchtkranken an der Berufsakademie Villingen-Schwenningen von 1989 bis 1994. Seine laufenden Arbeitsschwerpunkte beziehen sich auf Transformationsprozesse der Kinder- und Jugendhilfe in ländlichen Regionen Ost- und Westdeutschlands (Sonderforschungsbereich 580: Gesellschaftliche Entwicklung nach dem Systemumbruch, gefördert von der Deutschen Forschungsgemeinschaft) und auf die Verbesserung berufsfördernder Integration von Menschen mit Drogenabhängigkeit und Psychosen durch EDV-gestützte Information und Kommunikation (im Rahmen des EU-Programms Equal). Bruno Hildenbrand ist wisssenschaftlicher Beirat der Zeitschrift *Family Process* sowie Center Affiliate an der Miami University, Oxford/Ohio, USA.